中华人民共和国
新法规汇编

2016
第 11 辑

国务院法制办公室 编

中国法制出版社

编辑说明

一、《中华人民共和国新法规汇编》是国家出版的法律、行政法规汇编正式版本，是刊登报国务院备案的部门规章的指定出版物。

二、本汇编收集的内容包括：上一个月内由全国人民代表大会及其常务委员会通过的法律和有关法律问题的决定，国务院公布的行政法规和法规性文件，报国务院备案的部门规章，最高人民法院和最高人民检察院公布的司法解释。另外，还收入了上一个月内报国务院备案的地方性法规和地方政府规章目录。

三、本汇编所收的内容，按下列分类顺序编排：法律，行政法规，法规性文件，国务院部门规章，司法解释。每类中按公布的时间顺序排列。报国务院备案的地方性法规和地方政府规章目录按 1987 年国务院批准的行政区划顺序排列；同一行政区域报备两件以上者，按公布时间顺序排列。

四、本汇编每年出版 12 辑，每月出版 1 辑。本辑为 2016 年度第 11 辑，收入 2016 年 10 月份内公布的法规性文件 7 件，报国务院备案的部门规章 17 件，补收 2016 年 9 月份内公布的法规性文件 6 件，3 月份至 9 月份内公布的司法解释 3 件，共计 33 件。

五、本汇编在编辑出版过程中，得到了国务院有关部门和有关方面以及广大读者的大力支持和协助，在此谨致谢意。

国务院法制办公室

2016 年 11 月

目　录

法规性文件

国务院部门规章

司法解释

附：

法规性文件

国务院办公厅转发民政部等部门关于做好农村最低生活保障制度与扶贫开发政策有效衔接指导意见的通知

（2016 年 9 月 17 日　国办发〔2016〕70 号）

民政部、国务院扶贫办、中央农办、财政部、国家统计局、中国残联《关于做好农村最低生活保障制度与扶贫开发政策有效衔接的指导意见》已经国务院同意，现转发给你们，请认真贯彻执行。

关于做好农村最低生活保障制度与扶贫开发政策有效衔接的指导意见

为贯彻落实党中央、国务院关于打赢脱贫攻坚战的决策部署，切实做好农村最低生活保障（以下简称低保）制度与扶贫开发政策有效衔接工作，确保到 2020 年现行扶贫标准下农村贫困人口实现脱贫，制定本意见。

一、总体要求

（一）指导思想。全面贯彻党的十八大和十八届三中、四中、五中全会精神，深入贯彻习近平总书记系列重要讲话精神特别是关于扶贫开发重要指示精神，认真落实党中央、国务院决策部署，紧紧围绕“五位一体”总体布局和“四个全面”战略布局，牢固树立创新、协调、绿色、开放、共享的发展理念,坚持精准扶贫精准脱贫基本方略,以制度有效衔接为重点,加强部门协作,完善政策措施,健全工作机制,形成制度合力,充分发挥农村低保制度在打赢脱贫攻坚战中的兜底保障作用。

(二)基本原则。

坚持应扶尽扶。精准识别农村贫困人口,将符合条件的农村低保对象全部纳入建档立卡范围,给予政策扶持,帮助其脱贫增收。

坚持应保尽保。健全农村低保制度,完善农村低保对象认定办法,加强农村低保家庭经济状况核查,及时将符合条件的建档立卡贫困户全部纳入农村低保范围,保障其基本生活。

坚持动态管理。做好农村低保对象和建档立卡贫困人口定期核查,建立精准台账,实现应进则进、应退则退。建立健全严格、规范、透明的贫困户脱贫和低保退出标准、程序、核查办法。

坚持资源统筹。统筹各类救助、扶贫资源,将政府兜底保障与扶贫开发政策相结合,形成脱贫攻坚合力,实现对农村贫困人口的全面扶持。

(三)主要目标。通过农村低保制度与扶贫开发政策的有效衔接,形成政策合力,对符合低保标准的农村贫困人口实行政策性保障兜底,确保到2020年现行扶贫标准下农村贫困人口全部脱贫。

二、重点任务

(一)加强政策衔接。在坚持依法行政、保持政策连续性的基础上,着力加强农村低保制度与扶贫开发政策衔接。对符合农村低保条件的建档立卡贫困户,按规定程序纳入低保范围,并按照家庭人均收入低于当地低保标准的差额发给低保金。对符合扶贫条件的农村低保家庭,按规定程序纳入建档立卡范围,并针对不同致贫原因予以精准帮扶。对返贫的家庭,按规定程序审核后,相应纳入临时救助、医疗救助、农村低保等社会救助制度和建档立卡贫困户扶贫开发政策覆盖范围。对不在建档立卡范围内的农村低保家庭、特困人员,各地统筹使用相关扶贫开发政策。贫困人口参加农村基本医疗保险的个人缴费部分由财政给予补贴,对基本医疗保险和大病保险支付后个人自负费用仍有困难的，加大医疗救助、临时救助、慈善救助等帮扶力度，符合条件的纳入重特大疾病医疗救助范围。对农村低保家庭中的老年人、未成年人、重度残疾人、重病患者等重点救助对象，要采取多种措施提高救助水平，保障其基本生活，严格落实困难残疾人生活补贴制度和重度残疾人护理补贴制度。

（二）加强对象衔接。县级民政、扶贫等部门和残联要密切配合，加强农村低保和扶贫开发在对象认定上的衔接。完善农村低保家庭贫困状况评估指标体系，以家庭收入、财产作为主要指标，根据地方实际情况适当考虑家庭成员因残疾、患重病等增加的刚性支出因素，综合评估家庭贫困程度。进一步完善农村低保和建档立卡贫困家庭经济状况核查机制，明确核算范围和计算方法。对参与扶贫开发项目实现就业的农村低保家庭，在核算其家庭收入时，可以扣减必要的就业成本，具体扣减办法由各地根据实际情况研究制定。"十三五"期间，在农村低保和扶贫对象认定时，中央确定的农村居民基本养老保险基础养老金暂不计入家庭收入。

（三）加强标准衔接。各地要加大省级统筹工作力度，制定农村低保标准动态调整方案，确保所有地方农村低保标准逐步达到国家扶贫标准。农村低保标准低于国家扶贫标准的地方，要按照国家扶贫标准综合确定农村低保的最低指导标准。农村低保标准已经达到国家扶贫标准的地方，要按照动态调整机制科学调整。进一步完善农村低保标准与物价上涨挂钩的联动机制，确保困难群众不因物价上涨影响基本生活。各地农村低保标准调整后应及时向社会公布，接受社会监督。

（四）加强管理衔接。对农村低保对象和建档立卡贫困人口实施动态管理。乡镇人民政府（街道办事处）要会同村（居）民委员会定期、不定期开展走访调查，及时掌握农村低保家庭、特困人员和建档立卡贫困家庭人口、收入、财产变化情况，并及时上报县级民政、扶贫部门。县级民政部门要将农村低保对象、特困人员名单提供给同级扶贫部门；县级扶贫部门要将建档立卡贫困人口名单和脱贫农村低保对象名单、脱贫家庭人均收入等情况及时提供给同级民政部门。健全信息公开机制,乡镇人民政府(街道办事处)要将农村低保和扶贫开发情况纳入政府信息公开范围,将建档立卡贫困人口和农村低保对象、特困人员名单在其居住地公示,接受社会和群众监督。

三、工作要求

(一)制定实施方案。按照中央统筹、省负总责、市县抓落实的工作机制,各省(区、市)民政、扶贫部门要会同有关部门抓紧制定本地区实施方案,各市县要进一步明确衔接工作目标、重点任务、实施步骤和行动措施,确保落到实处。2016 年 11 月底前,各省(区、市)民政、扶贫部门要将实施方案报民政部、国务院扶贫办备案。

(二)开展摸底调查。2016 年 12 月底前,县级民政、扶贫部门和残联要指导乡镇人民政府(街道办事处)抓紧开展一次农村低保对象和建档立卡贫困人口台账比对,逐户核对农村低保对象和建档立卡贫困人口,掌握纳入建档立卡范围的农村低保对象、特困人员、残疾人数据,摸清建档立卡贫困人口中完全或部分丧失劳动能力的贫困家庭情况,为做好农村低保制度与扶贫开发政策有效衔接奠定基础。

(三)建立沟通机制。各地要加快健全低保信息系统和扶贫开发信息系统,逐步实现低保和扶贫开发信息系统互联互通、信息共享,不断提高低保、扶贫工作信息化水平。县级残联要与民政、扶贫等部门加强贫困残疾人和重度残疾人相关信息的沟通。县级民政、扶贫部门要定期会商交流农村低保对象和建档立卡贫困人口变化情况,指导乡镇人民政府(街道办事处)及时更新农村低保对象和建档立卡贫困人口数据,加强信息核对,确保信息准确完整、更新及时,每年至少比对一次台账数据。

(四)强化考核监督。各地要将农村低保制度与扶贫开发政策衔接工作分别纳入低保工作绩效评价和脱贫攻坚工作成效考核体系。加大对农村低保制度与扶贫开发政策衔接工作的督促检查力度,加强社会监督,建立第三方评估机制,增强约束力和工作透明度。健全责任追究机制,对衔接工作中出现的违法违纪问题,要依法依纪严肃追究有关人员责任。

四、保障措施

（一）明确职责分工。各地民政、扶贫、农村工作、财政、统计等部门和残联要各负其责，加强沟通协调，定期会商交流情况，研究解决存在的问题。民政部门牵头做好农村低保制度与扶贫开发政策衔接工作；扶贫部门落实扶贫开发政策，配合做好衔接工作；农村工作部门综合指导衔接政策设计工作；财政部门做好相关资金保障工作；统计部门会同有关部门组织实施农村贫困监测，及时提供调整低保标准、扶贫标准所需的相关数据；残联会同有关部门及时核查残疾人情况，配合做好对农村低保对象和建档立卡贫困人口中残疾人的重点帮扶工作。

（二）加强资金统筹。各地财政部门要按照国务院有关要求，结合地方实际情况，推进社会救助资金统筹使用，盘活财政存量资金，增加资金有效供给；优化财政支出结构，科学合理编制预算，提升资金使用效益。中央财政安排的社会救助补助资金，重点向保障任务重、地方财政困难、工作绩效突出的地区倾斜。各地财政、民政部门要加强资金使用管理情况检查，确保资金使用安全、管理规范。

（三）提高工作能力。加强乡镇人民政府（街道办事处）社会救助能力建设，探索建立村级社会救助协理员制度，在乡镇人民政府（街道办事处）现有编制内，根据社会救助对象数量等因素配备相应工作人员，加大业务培训力度，进一步提高基层工作人员服务和管理能力。通过政府购买服务等方式，引入社会力量参与提供农村低保服务。充分发挥第一书记和驻村工作队在落实农村低保制度和扶贫开发政策中的骨干作用。进一步健全社会救助“一门受理、协同办理”工作机制，为农村低保对象和建档立卡贫困人口提供“一站式”便民服务。

（四）强化舆论引导。充分利用新闻媒体和基层政府便民服务窗口、公园广场、医疗机构、村（社区）公示栏等，组织开展有针对性的农村低保制度和扶贫开发政策宣传活动，在全社会努力营造积极参与和支持的浓厚氛围。坚持正确舆论导向，积极弘扬正能量，着力增强贫困群众脱贫信心，鼓励贫困群众在政府扶持下依靠自我奋斗实现脱贫致富。

国务院关于积极稳妥降低企业杠杆率的意见

（2016年9月22日　国发〔2016〕54号）

近年来，我国企业杠杆率高企，债务规模增长过快，企业债务负担不断加重。在国际经济环境更趋复杂、我国经济下行压力仍然较大的背景下，一些企业经营困难加剧，一定程度上导致债务风险上升。为贯彻落实党中央、国务院关于推进供给侧结构性改革、重点做好"三去一降一补"工作的决策部署，促进建立和完善现代企业制度，增强经济中长期发展韧性，现就积极稳妥降低企业杠杆率（以下简称降杠杆）提出以下意见。

一、总体要求

降杠杆的总体思路是：全面贯彻党的十八大和十八届三中、四中、五中全会精神，认真落实中央经济工作会议和政府工作报告部署，**坚持积极的财政政策和稳健的货币政策取向，以市场化、法治化方式，通过推进兼并重组、完善现代企业制度强化自我约束、盘活存量资产、优化债务结构、有序开展市场化银行债权转股权、依法破产、发展股权融资，积极稳妥降低企业杠杆率，助推供给侧结构性改革，助推国有企业改革深化，助推经济转型升级和优化布局，为经济长期持续健康发展夯实基础。**

在推进降杠杆过程中，要坚持以下基本原则：

市场化原则。充分发挥市场在资源配置中的决定性作用和更好发挥政府作用。债权人和债务人等市场主体依据自身需求开展或参与降杠杆，自主协商确定各类交易的价格与条件并自担风险、自享收益。政府通过制定引导政策，完善相关监管规则，维护公平竞争的市场秩序，做好必要的组织协调工作，保持社会稳定，为降杠杆营造良好环境。

法治化原则。依法依规开展降杠杆工作，政府与各市场主体都要严格依法行事，尤其要注重保护债权人、投资者和企业职工合法权益。加强社会信用体系建设，防范道德风险，严厉打击逃废债行为，防止应由市场主体承担的责任不合理地转嫁给政府或其他相关主体。明确政府责任范围，政府不承担损失的兜底责任。

有序开展原则。降杠杆要把握好稳增长、调结构、防风险的关系，注意防范和化解降杠杆过程中可能出现的各类风险。尊重经济规律，充分考虑不同类型行业和企业的杠杆特征，分类施策，有扶有控，不搞“一刀切”，防止一哄而起，稳妥有序地予以推进。

统筹协调原则。降杠杆是一项时间跨度较长的系统工程。要立足当前、着眼长远，标本兼治、综合施策。要把建立规范现代企业制度、完善公司治理结构、强化自身约束机制作为降杠杆的根本途径。降杠杆要综合运用多种手段，与企业改组改制、降低实体经济企业成本、化解过剩产能、促进企业转型升级等工作有机结合、协同推进。

二、主要途径

（一）积极推进企业兼并重组。

1. 鼓励跨地区、跨所有制兼并重组。支持通过兼并重组培育优质企业。进一步打破地方保护、区域封锁，鼓励企业跨地区开展兼并重组。推动混合所有制改革，鼓励国有企业通过出让股份、增资扩股、合资合作等方式引入民营资本。加快垄断行业改革，向民营资本开放垄断行业的竞争性业务领域。

2. 推动重点行业兼并重组。发挥好产业政策的引导作用，鼓励产能过剩行业企业加大兼并重组力度，加快“僵尸企业”退出，有效化解过剩产能，实现市场出清。加大对产业集中度不高、同质化竞争突出行业或产业的联合重组，加强资源整合，发展规模经济，实施减员增效，提高综合竞争力。

3. 引导企业业务结构重组。引导企业精益化经营，突出主业，优化产业链布局，克服盲目扩张粗放经营。通过出售转让非主业或低收益业务回收资金、减少债务和支出，降低企业资金低效占用，提高企业运营效率和经营效益。

4. 加大对企业兼并重组的金融支持。通过并购贷款等措施，支持符合条件的企业开展并购重组。允许符合条件的企业通过发行优先股、可转换债券等方式筹集兼并重组资金。进一步创新融资方式，满足企业兼并重组不同阶段的融资需求。鼓励各类投资者通过股权投资基金、创业投资基金、产业投资基金等形式参与企业兼并重组。

（二）完善现代企业制度强化自我约束。

5. 建立和完善现代企业制度。建立健全现代企业制度、完善公司治理结构，对企业负债行为建立权责明确、制衡有效的决策执行监督机制，加强企业自身财务杠杆约束，合理安排债务融资规模，有效控制企业杠杆率，形成合理资产负债结构。

6. 明确企业降杠杆的主体责任。企业是降杠杆的第一责任主体。强化企业管理层资产负债管理责任，合理设计激励约束制度，处理好企业长期发展和短期业绩的关系，树立审慎经营观念，防止激进经营过度负债。落实企业股东责任，按照出资义务依法缴足出资，根据股权先于债权吸收损失原则承担必要的降杠杆成本。

7. 强化国有企业降杠杆的考核机制。各级国有资产管理部门应切实履行职责，积极推动国有企业降杠杆工作，将降杠杆纳入国有资产管理部门对国有企业的业绩考核体系。统筹运用政绩考核、人事任免、创新型试点政策倾斜等机制，调动地方各级人民政府和国有企业降杠杆的积极性。

（三）多措并举盘活企业存量资产。

8. 分类清理企业存量资产。规范化清理资产，做好闲置存量资产相关尽职调查、资产清查、财产评估等工作，清退无效资产，实现人资分离，使资产达到可交易状态。

9. 采取多种方式盘活闲置资产。对土地、厂房、设备等闲置资产以及各类重资产，采取出售、转让、租赁、回租、招商合作等多种形式予以盘活，实现有效利用。引导企业进入产权交易市场，充分发挥产权交易市场价格发现、价值实现功能。

10. 加大存量资产整合力度。鼓励企业整合内部资源，将与主业相关的资产整合清理后并入主业板块，提高存量资产的利用水平，改善企业经营效益。

11. 有序开展企业资产证券化。按照"真实出售、破产隔离"原则，积极开展以企业应收账款、租赁债权等财产权利和基础设施、商业物业等不动产财产或财产权益为基础资产的资产证券化业务。支持房地产企业通过发展房地产信托投资基金向轻资产经营模式转型。

（四）多方式优化企业债务结构。

12. 推动企业开展债务清理和债务整合。加大清欠力度，减少无效占用，加快资金周转，降低资产负债率。多措并举清理因担保圈、债务链形成的三角债。加快清理以政府、大企业为源头的资金拖欠，推动开展中小企业应收账款融资。对发展前景良好、生产经营较为正常，有技术、有订单，但由于阶段性原因成为资金拖欠源头的企业，鼓励充分调动多方力量，在政策允许范围内，统筹运用盘活资产、发行债券和银行信贷等多种手段，予以必要支持。

13. 降低企业财务负担。加快公司信用类债券产品创新，丰富债券品种，推动企业在风险可控的前提下利用债券市场提高直接融资比重，优化企业债务结构。鼓励企业加强资金集中管理，支持符合条件的企业设立财务公司，加强内部资金融通，提高企业资金使用效率。通过大力发展政府支持的担保机构等措施，提高企业信用等级，降低融资成本。

（五）有序开展市场化银行债权转股权。

14. 以市场化法治化方式开展债转股。由银行、实施机构和企业依据国家政策导向自主协商确定转股对象、转股债权以及转股价格和条件，实施机构市场化筹集债转股所需资金，并多渠道、多方式实现股权市场化退出。

15. 以促进优胜劣汰为目的开展市场化债转股。鼓励面向发展前景良好但遇到暂时困难的优质企业开展市场化债转股,严禁将“僵尸企业”、失信企业和不符合国家产业政策的企业作为市场化债转股对象。

16. 鼓励多类型实施机构参与开展市场化债转股。除国家另有规定外,银行不得直接将债权转为股权。银行将债权转为股权应通过向实施机构转让债权、由实施机构将债权转为对象企业股权的方式实现。鼓励金融资产管理公司、保险资产管理机构、国有资本投资运营公司等多种类型实施机构参与开展市场化债转股;支持银行充分利用现有符合条件的所属机构,或允许申请设立符合规定的新机构开展市场化债转股;鼓励实施机构引入社会资本,发展混合所有制,增强资本实力。

(六)依法依规实施企业破产。

17. 建立健全依法破产的体制机制。充分发挥企业破产在解决债务矛盾、公平保障各方权利、优化资源配置等方面的重要作用。完善破产清算司法解释和司法政策。健全破产管理人制度。探索建立关联企业合并破产制度。细化工作流程规则,切实解决破产程序中的违法执行问题。支持法院建立专门清算与破产审判庭,积极支持优化法官配备并加强专业培训,强化破产司法能力建设。规范和引导律师事务所、会计师事务所等中介机构依法履职,增强破产清算服务能力。

18. 因企制宜实施企业破产清算、重整与和解。对于扭亏无望、已失去生存发展前景的“僵尸企业”,要破除障碍,依司法程序进行破产清算,全面清查破产企业财产,清偿破产企业债务并注销破产企业法人资格,妥善安置人员。对符合破产条件但仍有发展前景的企业,支持债权人和企业按照法院破产重整程序或自主协商对企业进行债务重组。鼓励企业与债权人依据破产和解程序达成和解协议,实施和解。在企业破产过程中,切实发挥债权人委员会作用,保护各类债权人和企业职工合法权益。

19. 健全企业破产配套制度。政府与法院依法依规加强企业破产工作沟通协调,解决破产程序启动难问题,做好破产企业职工安置和权益保障、企业互保联保和民间融资风险化解、维护社会稳定等各方面工作。加快完善清算后工商登记注销等配套政策。

（七）积极发展股权融资。

20. 加快健全和完善多层次股权市场。加快完善全国中小企业股份转让系统，健全小额、快速、灵活、多元的投融资体制。研究全国中小企业股份转让系统挂牌公司转板创业板相关制度。规范发展服务中小微企业的区域性股权市场。支持区域性股权市场运营模式和服务方式创新，强化融资功能。

21. 推动交易所市场平稳健康发展。进一步发展壮大证券交易所主板，深入发展中小企业板，深化创业板改革，加强发行、退市、交易等基础性制度建设，切实加强市场监管，依法保护投资者权益，支持符合条件的企业在证券交易所市场发行股票进行股权融资。

22. 创新和丰富股权融资工具。大力发展私募股权投资基金，促进创业投资。创新财政资金使用方式，发挥产业投资基金的引导作用。规范发展各类股权类受托管理资金。在有效监管的前提下，探索运用股债结合、投贷联动和夹层融资工具。

23. 拓宽股权融资资金来源。鼓励保险资金、年金、基本养老保险基金等长期性资金按相关规定进行股权投资。有序引导储蓄转化为股本投资。积极有效引进国外直接投资和国外创业投资资金。

三、营造良好的市场与政策环境

24. 落实和完善降杠杆财税支持政策。发挥积极的财政政策作用，落实并完善企业兼并重组、破产清算、资产证券化、债转股和银行不良资产核销等相关税收政策。根据需要，采取适当财政支持方式激励引导降杠杆。

25. 提高银行不良资产核销和处置能力。拓宽不良资产市场转让渠道，探索扩大银行不良资产受让主体，强化不良资产处置市场竞争。加大力度落实不良资产转让政策，支持银行向金融资产管理公司打包转让不良资产。推动银行不良资产证券化。多渠道补充银行核心和非核心资本，提高损失吸收能力。

26. 加强市场主体信用约束。建立相关企业和机构及其法定代表人、高级管理人员的信用记录，并纳入全国信用信息共享平台。构建参与各方失信行为联合惩戒机制，依据相关法律法规严格追究恶意逃废债和国有资产流失等违法违规单位及相关人员责任。

27. 强化金融机构授信约束。银行业金融机构应通过建立债权人委员会、联合授信等机制，完善客户信息共享，综合确定企业授信额度，并可通过合同约定等方式，避免过度授信，防止企业杠杆率超出合理水平。对授信银行超过一定数量、授信金额超过一定规模的企业原则上以银团联合方式发放贷款，有效限制对高杠杆企业贷款。

28. 健全投资者适当性管理制度。合理确定投资者参与降杠杆的资格与条件。鼓励具有丰富企业管理经验或专业投资分析能力，并有相应风险承受力的机构投资者参与企业市场化降杠杆。完善个人投资者适当性管理制度，依法建立合格个人投资者识别风险和自担风险的信用承诺制度，防止不合格个人投资者投资降杠杆相关金融产品和超出能力承担风险。

29. 切实减轻企业社会负担。完善减轻企业非债务负担配套政策，落实已出台的各项清理规范涉企行政性、事业性收费以及具有强制垄断性的经营服务收费、行业协会涉企收费政策。加大对企业在降杠杆过程中剥离相关社会负担和辅业资产的政策支持力度。

30. 稳妥做好重组企业的职工分流安置工作。各级人民政府要高度重视降杠杆过程中的职工安置，充分发挥企业主体作用，多措并举做好职工安置工作。鼓励企业充分挖掘内部潜力，通过协商薪酬、转岗培训等方式，稳定现有工作岗位。支持企业依靠现有场地、设施、技术开辟新的就业岗位。对不裁员或少裁员的企业，按规定由失业保险实施稳岗补贴政策。依法妥善处理职工劳动关系，稳妥接续社会保险关系，按规定落实社会保险待遇。积极做好再就业帮扶，落实就业扶持政策，加大职业培训力度，提供公共就业服务，对就业困难人员按规定实施公益性岗位托底安置。

31. 落实产业升级配套政策。进一步落实重点行业产业转型升级和化解过剩产能的配套支持措施，加大对重点企业兼并重组和产业整合的支持力度,发挥产业投资基金作用,吸引社会资本参与,实行市场化运作,推动重点行业破局性、战略性重组,实现产业链整合及产业融合,通过资源重新配置降低企业杠杆率,进一步提升优质企业竞争力。

32. 严密监测和有效防范风险。加强政策协调,强化信息沟通与研判预警,提高防范风险的预见性、有效性,严密监控降杠杆可能导致的股市、汇市、债市等金融市场风险,防止风险跨市场传染。填补监管空白与漏洞,实现监管全覆盖,完善风险处置预案,严守不发生系统性风险的底线。

33. 规范履行相关程序。在降杠杆过程中,涉及政府管理事项的,要严格履行相关核准或备案程序,严禁违法违规操作。为适应开展降杠杆工作的需要,有关部门和单位应进一步明确、规范和简化相关程序,提高行政效率。

34. 更好发挥政府作用。政府在降杠杆工作中的职责是制定规则,完善政策,适当引导,依法监督,维护公平竞争的市场秩序,保持社会稳定,做好职工合法权益保护等社会保障兜底工作,确保降杠杆在市场化、法治化轨道上平稳有序推进。政府在引导降杠杆过程中,要依法依规、遵循规律、规范行为,不干预降杠杆工作中各市场主体的相关决策和具体事务。同时,各级人民政府要切实履行好国有企业出资人职责,在国有企业降杠杆决策中依照法律法规和公司章程行使国有股东权利。

国家发展改革委、人民银行、财政部、银监会等相关部门和单位要建立积极稳妥降低企业杠杆率部际联席会议制度,加强综合协调指导,完善配套措施,组织先行先试,统筹推进各项工作。及时了解新情况,研究、解决降杠杆过程中出现的新问题。通过多种方式,加强舆论引导,适时适度做好宣传报道和政策解读工作,回应社会关切,营造良好的舆论环境。及时归集、整理降杠杆相关信息并进行分析研究,适时开展降杠杆政策效果评估,重大问题及时向国务院报告。

附件

关于市场化银行债权转股权的指导意见

为贯彻落实中央经济工作会议精神和政府工作报告部署，切实降低企业杠杆率，增强经济中长期发展韧性，现就市场化银行债权转股权(以下简称债转股)提出以下指导意见。

一、重要意义

为有效落实供给侧结构性改革决策部署，支持有较好发展前景但遇到暂时困难的优质企业渡过难关，有必要采取市场化债转股等综合措施提升企业持续健康发展能力。在当前形势下对具备条件的企业开展市场化债转股，是稳增长、促改革、调结构、防风险的重要结合点，可以有效降低企业杠杆率，增强企业资本实力，防范企业债务风险；有利于帮助企业降本增效，增强竞争力，实现优胜劣汰；有利于推动企业股权多元化，促进企业改组改制，完善现代企业制度；有利于加快多层次资本市场建设，提高直接融资比重，优化融资结构。

随着社会主义市场经济体制的逐步完善，当前具有开展市场化债转股的较好条件。公司法、证券法、企业破产法、公司注册资本登记管理规定等法律法规已较为完备，为开展市场化债转股提供了重要制度保障；银行、金融资产管理公司和有关企业治理结构更加完善，在资产处置、企业重组和资本市场业务方面积累了丰富经验，为开展债转股提供了市场化的主体条件。

二、总体要求

全面贯彻党的十八大和十八届三中、四中、五中全会精神，认真落实中央经济工作会议和政府工作报告部署，**遵循法治化原则、按照市场化方式有序开展银行债权转股权，紧密结合深化企业改革，切实降低企业杠杆率，助推完善现代企业制度、实现降本增效，助推多层次资本市场建设、提高直接融资比重，助推供给侧结构性改革、**

增强企业竞争力和发展后劲。

开展市场化债转股要遵循以下基本原则：

市场运作，政策引导。充分发挥市场在资源配置中的决定性作用，建立债转股的对象企业市场化选择、价格市场化定价、资金市场化筹集、股权市场化退出等长效机制，政府不强制企业、银行及其他机构参与债转股，不搞拉郎配。政府通过制定必要的引导政策，完善相关监管规则，依法加强监督，维护公平竞争的市场秩序，保持社会稳定，为市场化债转股营造良好环境。

遵循法治，防范风险。健全审慎监管规则，确保银行转股债权洁净转让、真实出售，有效实现风险隔离，防止企业风险向金融机构转移。依法依规有序开展市场化债转股，政府和市场主体都应依法行事。加强社会信用体系建设，防范道德风险，严厉打击逃废债行为，防止应由市场主体承担的责任不合理地转嫁给政府或其他相关主体。明确政府责任范围，政府不承担损失的兜底责任。

重在改革，协同推进。开展市场化债转股要与深化企业改革、降低实体经济企业成本、化解过剩产能和企业兼并重组等工作有机结合、协同推进。债转股企业要同步建立现代企业制度、完善公司治理结构、强化激励约束机制、提升管理水平和创新能力，为长期持续健康发展奠定基础。

三、实施方式

（一）明确适用企业和债权范围。

市场化债转股对象企业由各相关市场主体依据国家政策导向自主协商确定。

市场化债转股对象企业应当具备以下条件：发展前景较好，具有可行的企业改革计划和脱困安排；主要生产装备、产品、能力符合国家产业发展方向，技术先进，产品有市场，环保和安全生产达标；信用状况较好，无故意违约、转移资产等不良信用记录。

鼓励面向发展前景良好但遇到暂时困难的优质企业开展市场化债转股，包括：因行业周期性波动导致困难但仍有望逆转的企业；因高负债而财务负担过重的成长型企业，特别是战略性新兴产业领域的成长型企业；高负债居于产能过剩行业前列的关键性企业以及关系国家安全的战略性企业。

禁止将下列情形的企业作为市场化债转股对象：扭亏无望、已失去生存发展前景的“僵尸企业”；有恶意逃废债行为的企业；债权债务关系复杂且不明晰的企业；有可能助长过剩产能扩张和增加库存的企业。

转股债权范围以银行对企业发放贷款形成的债权为主，适当考虑其他类型债权。转股债权质量类型由债权人、企业和实施机构自主协商确定。

（二）通过实施机构开展市场化债转股。

除国家另有规定外，银行不得直接将债权转为股权。银行将债权转为股权，应通过向实施机构转让债权、由实施机构将债权转为对象企业股权的方式实现。

鼓励金融资产管理公司、保险资产管理机构、国有资本投资运营公司等多种类型实施机构参与开展市场化债转股；支持银行充分利用现有符合条件的所属机构，或允许申请设立符合规定的新机构开展市场化债转股；鼓励实施机构引入社会资本，发展混合所有制，增强资本实力。

鼓励银行向非本行所属实施机构转让债权实施转股，支持不同银行通过所属实施机构交叉实施市场化债转股。银行所属实施机构面向本行债权开展市场化债转股应当符合相关监管要求。

鼓励各类实施机构公开、公平、公正竞争开展市场化债转股，支持各类实施机构之间以及实施机构与私募股权投资基金等股权投资机构之间开展合作。

（三）自主协商确定市场化债转股价格和条件。

银行、企业和实施机构自主协商确定债权转让、转股价格和条件。对于涉及多个债权人的，可以由最大债权人或主动发起市场化债转股的债权人牵头成立债权人委员会进行协调。

经批准，允许参考股票二级市场交易价格确定国有上市公司转股价格，允许参考竞争性市场报价或其他公允价格确定国有非上市公司转股价格。为适应开展市场化债转股工作的需要,应进一步明确、规范国有资产转让相关程序。

完善优先股发行政策,允许通过协商并经法定程序把债权转换为优先股,依法合理确定优先股股东权益。

(四)市场化筹集债转股资金。

债转股所需资金由实施机构充分利用各种市场化方式和渠道筹集,鼓励实施机构依法依规面向社会投资者募集资金,特别是可用于股本投资的资金,包括各类受托管理的资金。支持符合条件的实施机构发行专项用于市场化债转股的金融债券,探索发行用于市场化债转股的企业债券,并适当简化审批程序。

(五)规范履行股权变更等相关程序。

债转股企业应依法进行公司设立或股东变更、董事会重组等,完成工商注册登记或变更登记手续。涉及上市公司增发股份的应履行证券监管部门规定的相关程序。

(六)依法依规落实和保护股东权利。

市场化债转股实施后,要保障实施机构享有公司法规定的各项股东权利,在法律和公司章程规定范围内参与公司治理和企业重大经营决策,进行股权管理。

银行所属实施机构应确定在债转股企业中的合理持股份额,并根据公司法等法律法规要求承担有限责任。

(七)采取多种市场化方式实现股权退出。

实施机构对股权有退出预期的,可与企业协商约定所持股权的退出方式。债转股企业为上市公司的,债转股股权可以依法转让退出,转让时应遵守限售期等证券监管规定。债转股企业为非上市公司的,鼓励利用并购、全国中小企业股份转让系统挂牌、区域性股权市场交易、证券交易所上市等渠道实现转让退出。

四、营造良好环境

(一)规范政府行为。

在市场化债转股过程中,政府的职责是制定规则,完善政策,依法监督,维护公平竞争的市场秩序,保持社会稳定,做好职工合法权益保护等社会保障兜底工作，确保债转股在市场化、法治化轨道上平稳有序推进。

各级人民政府及其部门不干预债转股市场主体具体事务，不得确定具体转股企业，不得强行要求银行开展债转股，不得指定转股债权，不得干预债转股定价和条件设定，不得妨碍转股股东行使股东权利，不得干预债转股企业日常经营。同时，各级人民政府要切实履行好国有企业出资人职责，在国有企业债转股决策中依照法律法规和公司章程行使国有股东权利。

（二）推动企业改革。

要把建立和完善现代企业制度作为开展市场化债转股的前提条件。通过市场化债转股推动企业改组改制，形成股权结构多元、股东行为规范、内部约束有效、运行高效灵活的经营机制，提高企业经营管理水平。

债转股企业要健全公司治理结构，合理安排董事会、监事会和高级管理层，建立权责对等、运转协调、制衡有效的决策执行监督机制。

（三）落实和完善相关政策。

支持债转股企业所处行业加快重组与整合，加大对债转股企业剥离社会负担和辅业资产的支持力度，稳妥做好分流安置富余人员工作，为债转股企业发展创造更为有利的产业与市场环境。

符合条件的债转股企业可按规定享受企业重组相关税收优惠政策。根据需要，采取适当财政支持方式激励引导开展市场化债转股。

（四）强化约束机制。

加强对市场化债转股相关主体的信用约束，建立债转股相关企业和机构及其法定代表人、高级管理人员的信用记录，并纳入全国信用信息共享平台。构建市场化债转股参与各方失信行为联合惩戒机制，依据相关法律法规严格追究违法违规单位及相关人员责任。

强化对债转股企业的财务杠杆约束，在债转股协议中，相关主体应对企业未来债务融资行为进行规范，共同制定合理的债务安排和融资规划，对资产负债率作出明确约定，防止企业杠杆率再次超出合理水平。

规范债转股企业和股东资产处置行为，严格禁止债转股企业任何股东特别是大股东掏空企业资产、随意占用和挪用企业财产等侵害其他股东权益的行为。防范债转股企业和实施机构可能存在的损害中小股东利益的不正当利益输送行为。

建立投资者适当性管理制度，对投资者参与市场化债转股设定适当资格与条件，鼓励具有丰富企业管理和重组经验的机构投资者参与市场化债转股。完善个人投资者适当性管理制度，依法建立合格个人投资者识别风险和自担风险的信用承诺制度，防止不合格个人投资者参与市场化债转股投资和超出能力承担风险。

(五)加强和改进服务与监督。

各部门和单位要健全工作机制，加强协调配合，做好服务与监督工作。要按照分工抓紧完善相关政策，制定配套措施。要加强监督指导，及时研究新情况，解决市场化债转股实施中出现的新问题。加强政策宣传，做好解读、引导工作。

各地人民政府要营造良好的区域金融环境，支持债权人、实施机构、企业自主协商，维护公平竞争的市场秩序，保持社会稳定，做好相关工作。

国家发展改革委、人民银行、财政部、银监会等相关部门和单位要指导银行、实施机构和企业试点先行，有序开展市场化债转股，防止一哄而起；加强全过程监督检查，及时归集、整理市场化债转股相关信息并进行分析研究，适时开展市场化债转股政策效果评估，重大问题及时向国务院报告。

国务院关于加快推进“互联网+政务服务”工作的指导意见

（2016年9月25日　国发〔2016〕55号）

推进“互联网+政务服务”，是贯彻落实党中央、国务院决策部署，把简政放权、放管结合、优化服务改革推向纵深的关键环节，对加快转变政府职能，提高政府服务效率和透明度，便利群众办事创业，进一步激发市场活力和社会创造力具有重要意义。近年来，一些地方和部门初步构建互联网政务服务平台，积极开展网上办事，取得一定成效。但也存在网上服务事项不全、信息共享程度低、可办理率不高、企业和群众办事仍然不便等问题，同时还有不少地方和部门尚未开展此项工作。为加快推进“互联网+政务服务”工作，切实提高政务服务质量与实效，现提出以下意见。

一、总体要求

（一）指导思想。认真落实党的十八大和十八届三中、四中、五中全会精神，深入贯彻习近平总书记系列重要讲话精神，牢固树立创新、协调、绿色、开放、共享的发展理念，按照建设法治政府、创新政府、廉洁政府和服务型政府的要求，优化服务流程，创新服务方式，推进数据共享，打通信息孤岛，推行公开透明服务，降低制度性交易成本，持续改善营商环境，深入推进大众创业、万众创新，最大程度利企便民，让企业和群众少跑腿、好办事、不添堵，共享“互联网+政务服务”发展成果。

（二）基本原则。

坚持统筹规划。充分利用已有资源设施，加强集约化建设，推动政务服务平台整合，促进条块联通，实现政务信息资源互认共享、多方利用。

坚持问题导向。从解决人民群众反映强烈的办事难、办事慢、办事繁等问题出发，简化优化办事流程，推进线上线下融合，及时回应社会关切，提供渠道多样、简便易用的政务服务。

坚持协同发展。加强协作配合和工作联动，明确责任分工，实现跨地区、跨层级、跨部门整体推进，做好制度衔接，为“互联网+政务服务”提供制度和机制保障。

坚持开放创新。鼓励先行先试，运用互联网思维，创新服务模式，拓展服务渠道，开放服务资源，分级分类推进新型智慧城市建设，构建政府、公众、企业共同参与、优势互补的政务服务新格局。

（三）工作目标。2017年底前，各省（区、市）人民政府、国务院有关部门建成一体化网上政务服务平台，全面公开政务服务事项，政务服务标准化、网络化水平显著提升。2020年底前，实现互联网与政务服务深度融合，建成覆盖全国的整体联动、部门协同、省级统筹、一网办理的“互联网+政务服务”体系，大幅提升政务服务智慧化水平，让政府服务更聪明，让企业和群众办事更方便、更快捷、更有效率。

二、优化再造政务服务

（一）规范网上服务事项。各省（区、市）人民政府、国务院各部门要依据法定职能全面梳理行政机关、公共企事业单位直接面向社会公众提供的具体办事服务事项，编制政务服务事项目录，2017年底前通过本级政府门户网站集中公开发布，并实时更新、动态管理。实行政务服务事项编码管理，规范事项名称、条件、材料、流程、时限等，逐步做到“同一事项、同一标准、同一编码”，为实现信息共享和业务协同，提供无差异、均等化政务服务奠定基础。

（二）优化网上服务流程。优化简化服务事项网上申请、受理、审查、决定、送达等流程，缩短办理时限，降低企业和群众办事成本。凡是能通过网络共享复用的材料，不得要求企业和群众重复提交；凡是能通过网络核验的信息，不得要求其他单位重复提供；凡是能实现网上办理的事项，不得要求必须到现场办理。推进办事材料目录化、标准化、电子化，开展在线填报、在线提交和在线审查。建立网上预审机制，及时推送预审结果，对需要补正的材料一次性告知；

积极推动电子证照、电子公文、电子签章等在政务服务中的应用,开展网上验证核对,避免重复提交材料和循环证明。涉及多个部门的事项实行一口受理、网上运转、并行办理、限时办结。建立公众参与机制,鼓励引导群众分享办事经验,开展满意度评价,不断研究改进工作。各级政府及其部门都要畅通互联网沟通渠道,充分了解社情民意,针对涉及公共利益等热点问题,积极有效应对,深入解读政策,及时回应关切,提升政府公信力和治理能力。

(三)推进服务事项网上办理。凡与企业注册登记、年度报告、变更注销、项目投资、生产经营、商标专利、资质认定、税费办理、安全生产等密切相关的服务事项,以及与居民教育医疗、户籍户政、社会保障、劳动就业、住房保障等密切相关的服务事项,都要推行网上受理、网上办理、网上反馈,做到政务服务事项"应上尽上、全程在线"。

(四)创新网上服务模式。加快政务信息资源互认共享,推动服务事项跨地区远程办理、跨层级联动办理、跨部门协同办理,逐步形成全国一体化服务体系。开展政务服务大数据分析,把握和预判公众办事需求,提供智能化、个性化服务,变被动服务为主动服务。引入社会力量,积极利用第三方平台,开展预约查询、证照寄送,以及在线支付等服务;依法有序开放网上政务服务资源和数据,鼓励公众、企业和社会机构开发利用,提供多样化、创新性的便民服务。

(五)全面公开服务信息。各地区各部门要在政府门户网站和实体政务大厅,集中全面公开与政务服务事项相关的法律法规、政策文件、通知公告、办事指南、审查细则、常见问题、监督举报方式和网上可办理程度,以及行政审批涉及的中介服务事项清单、机构名录等信息,并实行动态调整,确保线上线下信息内容准确一致。规范和完善办事指南,列明依据条件、流程时限、收费标准、注意事项等;明确需提交材料的名称、依据、格式、份数、签名签章等要求,并提供规范表格、填写说明和示范文本。除办事指南明确的条件外,不得自行增加办事要求。

三、融合升级平台渠道

(一)规范网上政务服务平台建设。各省(区、市)人民政府、国务院有关部门要依托政府门户网站，整合本地区本部门政务服务资源与数据，加快构建权威、便捷的一体化互联网政务服务平台，提供一站式服务，避免重复分散建设；已经单独建设的，应尽快与政府门户网站前端整合。中央政府门户网站是全国政务服务的总门户，各地区各部门网上政务服务平台要主动做好对接，形成统一的服务入口。推进政府部门各业务系统与政务服务平台的互联互通，加强平台间对接联动，统一身份认证，按需共享数据，做到“单点登录、全网通办”。建立健全政务服务平台电子监察系统，实现全部事项全流程动态监督。利用统一的政务服务资源，积极推进平台服务向移动端、自助终端、热线电话等延伸，为企业和群众提供多样便捷的办事渠道。

（二）推进实体政务大厅与网上服务平台融合发展。适应“互联网+政务服务”发展需要，进一步提升实体政务大厅服务能力，加快与网上服务平台融合，形成线上线下功能互补、相辅相成的政务服务新模式。推进实体政务大厅向网上延伸，整合业务系统，统筹服务资源，统一服务标准，做到无缝衔接、合一通办。完善配套设施，推动政务服务事项和审批办理职权全部进驻实体政务大厅，实行集中办理、一站式办结，切实解决企业和群众办事在政务大厅与部门之间来回跑腿的问题。实体政务大厅管理机构要加强对单位进驻、事项办理、流程优化、网上运行的监督管理，推进政务服务阳光规范运行。

（三）推动基层服务网点与网上服务平台无缝对接。乡镇（街道）政务服务中心和村（社区）便民服务点直接服务基层群众，要充分利用共享的网上政务服务资源，贴近需求做好政策咨询和办事服务，重点围绕劳动就业、社会保险、社会救助、扶贫脱贫等领域，开展上门办理、免费代办等，为群众提供便捷的综合服务。加快将网上政务服务向老少边穷岛等边远贫困地区延伸，实现“互联网+政务服务”基层全覆盖。

四、夯实支撑基础

（一）推进政务信息共享。国家发展改革委牵头整合构建统一的数据共享交换平台体系，贯彻执行《政务信息资源共享管理暂行办法》，打通数据壁垒，实现各部门、各层级数据信息互联互通、充分共享，尤其要加快推进人口、法人、空间地理、社会信用等基础信息库互联互通，建设电子证照库和统一身份认证体系。国务院各部门要加快整合面向公众服务的业务系统，梳理编制网上政务服务信息共享目录，尽快向各省(区、市)网上政务服务平台按需开放业务系统实时数据接口，支撑政务信息资源跨地区、跨层级、跨部门互认共享。切实抓好信息惠民试点工作，2017 年底前，在 80 个信息惠民国家试点城市间初步实现政务服务"一号申请、一窗受理、一网通办"，形成可复制可推广的经验，逐步向全国推行。

(二)加快新型智慧城市建设。创新应用互联网、物联网、云计算和大数据等技术，加强统筹，注重实效，分级分类推进新型智慧城市建设，打造透明高效的服务型政府。汇聚城市人口、建筑、街道、管网、环境、交通等数据信息，建立大数据辅助决策的城市治理新方式。构建多元普惠的民生信息服务体系，在教育文化、医疗卫生、社会保障等领域，积极发展民生服务智慧应用，向城市居民、农民工及其随迁家属提供更加方便、及时、高效的公共服务。提升电力、燃气、交通、水务、物流等公用基础设施智能化水平，实行精细化运行管理。做好分级分类新型智慧城市试点示范工作，及时评估工作成效，发挥创新引领作用。

(三)建立健全制度标准规范。加快清理修订不适应"互联网+政务服务"的法律法规和有关规定，制定完善相关管理制度和服务规范，明确电子证照、电子公文、电子签章等的法律效力，着力解决"服务流程合法依规、群众办事困难重重"等问题。国务院办公厅组织编制国家"互联网+政务服务"技术体系建设指南，明确平台架构，以及电子证照、统一身份认证、政务云、大数据应用等标准规范。

(四)完善网络基础设施。建设高速畅通、覆盖城乡、质优价廉、服务便捷的网络基础设施。将通信基础设施建设纳入地方城乡规划，实现所有设区城市光纤网络全覆盖，推进农村地区行政村光纤通达和升级改造。提升骨干网络容量和网间互通能力，大幅降低上网资费水平。尽快建成一批光网城市，第四代移动通信（4G）网络全面覆盖城市和乡村，80%以上的行政村实现光纤到村。充分依托现有网络资源，推动政务云集约化建设，为网上政务服务提供支撑和保障。

（五）加强网络和信息安全保护。按照国家信息安全等级保护制度要求，加强各级政府网站信息安全建设，健全“互联网+政务服务”安全保障体系。明确政务服务各平台、各系统的安全责任，开展等级保护定级备案、等级测评等工作，建立各方协同配合的信息安全防范、监测、通报、响应和处置机制。加强对电子证照、统一身份认证、网上支付等重要系统和关键环节的安全监控。提高各平台、各系统的安全防护能力，查补安全漏洞，做好容灾备份。建立健全保密审查制度，加大对涉及国家秘密、商业秘密、个人隐私等重要数据的保护力度，提升信息安全支撑保障水平和风险防范能力。

五、加强组织保障

（一）强化组织领导。各地区各部门要高度重视，充分认识“互联网+政务服务”工作对建设廉洁高效、人民满意的服务型政府的重要意义，切实加强组织领导。主要负责同志要亲自部署，狠抓落实，并明确一位负责同志具体分管，协调督促，常抓不懈。各省（区、市）人民政府办公厅、国务院各部门办公厅（室）要牵头负责统筹推进、监督协调本地区本部门“互联网+政务服务”工作，明确工作机构、人员和职责，建立政务服务部门、信息化部门和有关业务单位分工明确、协调有力的工作机制。国务院办公厅要加强对各地区各部门“互联网+政务服务”工作的督促指导，开展督查评估，推动工作取得实效。

（二）强化考核监督。建立“互联网+政务服务”工作绩效考核制度，纳入政府绩效考核体系，加大考核权重，列入重点督查事项，定期通报并公开工作进展和成效。发挥媒体监督、专家评议、第三方评估等作用，畅通群众投诉举报渠道，通过模拟办事、随机抽查等方式，深入了解服务情况，汇聚众智改进服务。在政府门户网站设立曝光纠错栏目，公开群众反映的办事过程中遇到的困难和问题，及时反馈处理结果。完善正向激励机制，对综合评价高、实际效果好的按照有关规定予以表彰奖励；建立健全问责机制，对工作开展不力的予以通报，对不作为、乱作为、慢作为，损害群众合法权益的依法依规进行问责。

（三）加大培训推广力度。将"互联网+政务服务"工作纳入干部教育培训体系，定期组织开展培训。把面向公众办事服务作为公职人员培训的重要内容，提高服务意识、业务能力和办事效率。加强专业人才培养，建设一支既具备互联网思维与技能又精通政务服务的专业化队伍。积极开展试点示范工作，建立交流平台，加强业务研讨，分享经验做法，共同提高政务服务水平。做好宣传推广和引导，方便更多群众通过网络获取政务服务，提高"互联网+政务服务"的社会认知度和群众认同感。

各省（区、市）人民政府、国务院有关部门要根据本意见，抓紧制定工作方案，明确责任单位和进度安排，加强衔接配合，加大财政支持，认真抓好落实。工作方案报国务院办公厅备案。

国务院办公厅关于大力发展装配式建筑的指导意见

（2016年9月27日　国办发〔2016〕71号）

装配式建筑是用预制部品部件在工地装配而成的建筑。发展装配式建筑是建造方式的重大变革，是推进供给侧结构性改革和新型城镇化发展的重要举措，有利于节约资源能源、减少施工污染、提升劳动生产效率和质量安全水平，有利于促进建筑业与信息化工业化深度融合、培育新产业新动能、推动化解过剩产能。近年来，我国积极探索发展装配式建筑，但建造方式大多仍以现场浇筑为主，装配式建筑比例和规模化程度较低，与发展绿色建筑的有关要求以及先进建造方式相比还有很大差距。为贯彻落实《中共中央 国务院关于进一步加强城市规划建设管理工作的若干意见》和《政府工作报告》部署，大力发展装配式建筑，经国务院同意，现提出以下意见。

一、总体要求

（一）指导思想。全面贯彻党的十八大和十八届三中、四中、五中全会以及中央城镇化工作会议、中央城市工作会议精神，认真落实党中央、国务院决策部署，按照“五位一体”总体布局和“四个全面”战略布局，牢固树立和贯彻落实创新、协调、绿色、开放、共享的发展理念，按照适用、经济、安全、绿色、美观的要求，推动建造方式创新，大力发展装配式混凝土建筑和钢结构建筑，在具备条件的地方倡导发展现代木结构建筑，不断提高装配式建筑在新建建筑中的比例。坚持标准化设计、工厂化生产、装配化施工、一体化装修、信息化管理、智能化应用，提高技术水平和工程质量，促进建筑产业转型升级。

（二）基本原则。

坚持市场主导、政府推动。适应市场需求，充分发挥市场在资源配置中的决定性作用，更好发挥政府规划引导和政策支持作用，形成有利的体制机制和市场环境，促进市场主体积极参与、协同配合，有序发展装配式建筑。

坚持分区推进、逐步推广。根据不同地区的经济社会发展状况和产业技术条件，划分重点推进地区、积极推进地区和鼓励推进地区，因地制宜、循序渐进，以点带面、试点先行，及时总结经验，形成局部带动整体的工作格局。

坚持顶层设计、协调发展。把协同推进标准、设计、生产、施工、使用维护等作为发展装配式建筑的有效抓手，推动各个环节有机结合，以建造方式变革促进工程建设全过程提质增效，带动建筑业整体水平的提升。

（三）工作目标。以京津冀、长三角、珠三角三大城市群为重点推进地区，常住人口超过300万的其他城市为积极推进地区，其余城市为鼓励推进地区，因地制宜发展装配式混凝土结构、钢结构和现代木结构等装配式建筑。力争用10年左右的时间,使装配式建筑占新建建筑面积的比例达到30%。同时,逐步完善法律法规、技术标准和监管体系,推动形成一批设计、施工、部品部件规模化生产企业,具有现代装配建造水平的工程总承包企业以及与之相适应的专业化技能队伍。

二、重点任务

(四)健全标准规范体系。加快编制装配式建筑国家标准、行业标准和地方标准,支持企业编制标准、加强技术创新,鼓励社会组织编制团体标准,促进关键技术和成套技术研究成果转化为标准规范。强化建筑材料标准、部品部件标准、工程标准之间的衔接。制修订装配式建筑工程定额等计价依据。完善装配式建筑防火抗震防灾标准。研究建立装配式建筑评价标准和方法。逐步建立完善覆盖设计、生产、施工和使用维护全过程的装配式建筑标准规范体系。

(五)创新装配式建筑设计。统筹建筑结构、机电设备、部品部件、装配施工、装饰装修,推行装配式建筑一体化集成设计。推广通用化、模数化、标准化设计方式,积极应用建筑信息模型技术,提高建筑领域各专业协同设计能力,加强对装配式建筑建设全过程的指导和服务。鼓励设计单位与科研院所、高校等联合开发装配式建筑设计技术和通用设计软件。

(六)优化部品部件生产。引导建筑行业部品部件生产企业合理布局,提高产业聚集度,培育一批技术先进、专业配套、管理规范的骨干企业和生产基地。支持部品部件生产企业完善产品品种和规格,促进专业化、标准化、规模化、信息化生产,优化物流管理,合理组织配送。积极引导设备制造企业研发部品部件生产装备机具,提高自动化和柔性加工技术水平。建立部品部件质量验收机制,确保产品质量。

(七)提升装配施工水平。引导企业研发应用与装配式施工相适应的技术、设备和机具,提高部品部件的装配施工连接质量和建筑安全性能。鼓励企业创新施工组织方式,推行绿色施工,应用结构工程与分部分项工程协同施工新模式。支持施工企业总结编制施工工法，提高装配施工技能，实现技术工艺、组织管理、技能队伍的转变，打造一批具有较高装配施工技术水平的骨干企业。

（八）推进建筑全装修。实行装配式建筑装饰装修与主体结构、机电设备协同施工。积极推广标准化、集成化、模块化的装修模式，促进整体厨卫、轻质隔墙等材料、产品和设备管线集成化技术的应用，提高装配化装修水平。倡导菜单式全装修，满足消费者个性化需求。

（九）推广绿色建材。提高绿色建材在装配式建筑中的应用比例。开发应用品质优良、节能环保、功能良好的新型建筑材料，并加快推进绿色建材评价。鼓励装饰与保温隔热材料一体化应用。推广应用高性能节能门窗。强制淘汰不符合节能环保要求、质量性能差的建筑材料，确保安全、绿色、环保。

（十）推行工程总承包。装配式建筑原则上应采用工程总承包模式，可按照技术复杂类工程项目招投标。工程总承包企业要对工程质量、安全、进度、造价负总责。要健全与装配式建筑总承包相适应的发包承包、施工许可、分包管理、工程造价、质量安全监管、竣工验收等制度，实现工程设计、部品部件生产、施工及采购的统一管理和深度融合，优化项目管理方式。鼓励建立装配式建筑产业技术创新联盟，加大研发投入，增强创新能力。支持大型设计、施工和部品部件生产企业通过调整组织架构、健全管理体系，向具有工程管理、设计、施工、生产、采购能力的工程总承包企业转型。

（十一）确保工程质量安全。完善装配式建筑工程质量安全管理制度，健全质量安全责任体系，落实各方主体质量安全责任。加强全过程监管，建设和监理等相关方可采用驻厂监造等方式加强部品部件生产质量管控；施工企业要加强施工过程质量安全控制和检验检测，完善装配施工质量保证体系；在建筑物明显部位设置永久性标牌，公示质量安全责任主体和主要责任人。加强行业监管，明确符合装配式建筑特点的施工图审查要求，建立全过程质量追溯制度，加大抽查抽测力度，严肃查处质量安全违法违规行为。

三、保障措施

（十二）加强组织领导。各地区要因地制宜研究提出发展装配式建筑的目标和任务，建立健全工作机制，完善配套政策，组织具体实施，确保各项任务落到实处。各有关部门要加大指导、协调和支持力度，将发展装配式建筑作为贯彻落实中央城市工作会议精神的重要工作，列入城市规划建设管理工作监督考核指标体系，定期通报考核结果。

（十三）加大政策支持。建立健全装配式建筑相关法律法规体系。结合节能减排、产业发展、科技创新、污染防治等方面政策，加大对装配式建筑的支持力度。支持符合高新技术企业条件的装配式建筑部品部件生产企业享受相关优惠政策。符合新型墙体材料目录的部品部件生产企业，可按规定享受增值税即征即退优惠政策。在土地供应中，可将发展装配式建筑的相关要求纳入供地方案，并落实到土地使用合同中。鼓励各地结合实际出台支持装配式建筑发展的规划审批、土地供应、基础设施配套、财政金融等相关政策措施。政府投资工程要带头发展装配式建筑，推动装配式建筑“走出去”。在中国人居环境奖评选、国家生态园林城市评估、绿色建筑评价等工作中增加装配式建筑方面的指标要求。

（十四）强化队伍建设。大力培养装配式建筑设计、生产、施工、管理等专业人才。鼓励高等学校、职业学校设置装配式建筑相关课程，推动装配式建筑企业开展校企合作，创新人才培养模式。在建筑行业专业技术人员继续教育中增加装配式建筑相关内容。加大职业技能培训资金投入，建立培训基地，加强岗位技能提升培训，促进建筑业农民工向技术工人转型。加强国际交流合作，积极引进海外专业人才参与装配式建筑的研发、生产和管理。

（十五）做好宣传引导。通过多种形式深入宣传发展装配式建筑的经济社会效益，广泛宣传装配式建筑基本知识，提高社会认知度，营造各方共同关注、支持装配式建筑发展的良好氛围，促进装配式建筑相关产业和市场发展。

国务院办公厅关于印发推动1亿非户籍人口在城市落户方案的通知

（2016年9月30日 国办发〔2016〕72号）

《推动1亿非户籍人口在城市落户方案》已经国务院同意，现印发给你们，请认真贯彻执行。

推动1亿非户籍人口在城市落户方案

促进有能力在城镇稳定就业和生活的农业转移人口举家进城落户，是全面小康社会惠及更多人口的内在要求，是推进新型城镇化建设的首要任务，是扩大内需、改善民生的重要举措。为贯彻落实党中央、国务院关于推动1亿左右农业转移人口和其他常住人口等非户籍人口在城市落户的决策部署，根据《国家新型城镇化规划（2014—2020年）》、《国务院关于进一步推进户籍制度改革的意见》（国发〔2014〕25号）和《国务院关于深入推进新型城镇化建设的若干意见》（国发〔2016〕8号），特制定本方案。

一、总体要求

（一）指导思想。全面贯彻党的十八大和十八届三中、四中、五中全会精神，落实党中央、国务院决策部署，按照“五位一体”总体布局和“四个全面”战略布局，牢固树立和贯彻落实创新、协调、绿色、开放、共享的发展理念，以人的城镇化为核心，以理念创新为先导，以体制机制改革为动力，紧紧围绕推动1亿非户籍人口在城市落户目标，深化户籍制度改革，加快完善财政、土地、社保等配套政策，为促进经济持续健康发展提供持久强劲动力，为维护社会公平正义与和谐稳定奠定坚实基础。

（二）基本原则。

统筹设计，协同推进。统筹推进本地和外地非户籍人口在城市落户，实行相同的落户条件和标准。统筹户籍制度改革与相关配套制度改革创新，优化政策组合，形成工作合力，确保城市新老居民同城同待遇。

存量优先，带动增量。优先解决进城时间长、就业能力强、能够适应城市产业转型升级和市场竞争环境的非户籍人口落户，形成示范效应，逐步带动新增非户籍人口在城市落户。

因地制宜，分类施策。充分考虑城市综合承载能力，实施差别化落户政策，赋予地方更多操作空间，鼓励地方创造典型经验。充分尊重群众自主定居意愿，坚决打破"玻璃门"，严格防止"被落户"。

中央统筹，省负总责。中央政府层面统筹总体方案和制度安排，强化对地方的指导和监督考核。省级政府负总责，全面做好地方方案编制和组织实施等工作。

（三）主要目标。"十三五"期间，城乡区域间户籍迁移壁垒加速破除，配套政策体系进一步健全，户籍人口城镇化率年均提高1个百分点以上，年均转户1300万人以上。到2020年，全国户籍人口城镇化率提高到45%，各地区户籍人口城镇化率与常住人口城镇化率差距比2013年缩小2个百分点以上。

二、进一步拓宽落户通道

（四）全面放开放宽重点群体落户限制。除极少数超大城市外，全面放宽农业转移人口落户条件。以农村学生升学和参军进入城镇的人口、在城镇就业居住5年以上和举家迁徙的农业转移人口以及新生代农民工为重点，促进有能力在城镇稳定就业和生活的农业转移人口举家进城落户。省会及以下城市要全面放开对高校毕业生、技术工人、职业院校毕业生、留学归国人员的落户限制。省会及以下城市要探索实行农村籍高校学生来去自由的落户政策，高校录取的农村籍学生可根据本人意愿，将户口迁至高校所在地；毕业后可根据本人意愿，将户口迁回原籍地或迁入就（创）业地。（公安部牵头）

（五）调整完善超大城市和特大城市落户政策。超大城市和特大城市要以具有合法稳定就业和合法稳定住所（含租赁）、参加城镇社会保险年限、连续居住年限等为主要依据，区分城市的主城区、郊区、新区等区域，分类制定落户政策，重点解决符合条件的普通劳动者落户问题。户籍人口比重低的超大城市和特大城市，要进一步放宽外来人口落户指标控制，加快提高户籍人口城镇化率。（公安部牵头）

（六）调整完善大中城市落户政策。大中城市均不得采取购买房屋、投资纳税等方式设置落户限制。城区常住人口300万以下的城市不得采取积分落户方式。大城市落户条件中对参加城镇社会保险的年限要求不得超过5年，中等城市不得超过3年。（公安部牵头）

三、制定实施配套政策

（七）加大对农业转移人口市民化的财政支持力度并建立动态调整机制。根据不同时期农业转移人口数量规模、不同地区和城乡之间农业人口流动变化、大中小城市农业转移人口市民化成本差异等，对中央和省级财政转移支付规模、结构进行动态调整。落实东部发达地区和大城市、特大城市的主体责任，引导其加大支出结构调整力度，依靠自有财力为农业转移人口提供与当地户籍人口同等的基本公共服务，中央财政根据其吸纳农业转移人口进城落户人数等因素适当给予奖励。（财政部牵头）

（八）建立财政性建设资金对吸纳农业转移人口较多城市基础设施投资的补助机制。加快实施中央预算内投资安排向吸纳农业转移人口落户数量较多城镇倾斜的政策。中央财政在安排城市基础设施建设和运行维护、保障性住房等相关专项资金时，对吸纳农业转移人口较多的地区给予适当支持。鼓励省级政府实施相应配套政策。（国家发展改革委、财政部牵头）

（九）建立城镇建设用地增加规模与吸纳农业转移人口落户数量挂钩机制。按照以人定地、人地和谐的原则，实施城镇建设用地增加规模与吸纳农业转移人口落户数量挂钩政策，完善年度土地利用计划指标分配机制，保障农业转移人口在城镇落户的合理用地需求。规范推进城乡建设用地增减挂钩，建立健全城镇低效用地再开发激励约束机制。（国土资源部牵头）

（十）完善城市基础设施项目融资制度。健全债券信息披露、信用评级、发行管理等方面制度安排。（国家发展改革委、人民银行、证监会按职责分工负责）建立健全规范的地方政府举债融资机制，支持城市基础设施建设。（财政部牵头）采取有效措施推进城市公共服务领域和基础设施领域采用政府和社会资本合作（PPP）模式融资。（财政部、国家发展改革委按职责分工负责）

（十一）建立进城落户农民"三权"维护和自愿有偿退出机制。加快推进农村集体产权制度改革，确保如期完成土地承包权、宅基地使用权等确权登记颁证，积极推进农村集体资产确权到户和股份合作制改革，不得强行要求进城落户农民转让其在农村的土地承包权、宅基地使用权、集体收益分配权，或将其作为进城落户条件。建立健全农村产权流转市场体系，探索形成农户对"三权"的自愿有偿退出机制，支持和引导进城落户农民依法自愿有偿转让上述权益，但现阶段要严格限定在本集体经济组织内部。（中央农办牵头，农业部、国土资源部等参与）

（十二）将进城落户农民完全纳入城镇住房保障体系。加快完善城镇住房保障体系，确保进城落户农民与当地城镇居民同等享有政府提供基本住房保障的权利。住房保障逐步实行实物保障与租赁补贴并举，通过市场提供房源、政府发放租赁补贴方式，支持符合条件的进城落户农民承租市场住房。推进扩大住房公积金缴存面，将农业转移人口纳入覆盖范围，鼓励个体工商户和自由职业者缴存。落实放宽住房公积金提取条件等政策，建立全国住房公积金转移接续平台，支持缴存人异地使用。（住房城乡建设部牵头）

（十三）落实进城落户农民参加城镇基本医疗保险政策。进城落户农民在农村参加的基本医疗保险可规范接入城镇基本医疗保险。完善并落实医保关系转移接续办法和异地就医结算办法，妥善处理医保关系转移中的有关权益，加强医保关系转移接续管理服

务，确保基本医保参保人能跨制度、跨统筹地区连续参保。（人力资源社会保障部牵头，国家卫生计生委等部门参与）

（十四）落实进城落户农民参加城镇养老保险等政策。加快落实基本养老保险关系转移接续政策，推动符合条件的进城落户农民参加当地城乡居民养老保险或城镇职工养老保险，按规定享有养老保险待遇。确保进城落户农民与当地城镇居民同等享有最低生活保障的权利。（人力资源社会保障部、民政部牵头）

（十五）保障进城落户农民子女平等享有受教育权利。各地区要确保进城落户农民子女受教育与城镇居民同城同待遇。加快完善全国中小学生学籍信息管理系统，为进城落户居民子女转学升学提供便利。（教育部牵头）

（十六）推进居住证制度覆盖全部未落户城镇常住人口。切实保障居住证持有人享有国家规定的各项基本公共服务和办事便利。鼓励地方各级政府根据本地实际不断扩大公共服务范围并提高服务标准，缩小居住证持有人与户籍人口享有的基本公共服务的差距。督促各城市根据《居住证暂行条例》，加快制定实施具体管理办法。（公安部牵头）

四、强化监测检查

（十七）健全落户统计体系。加快建立健全全国统一的常住人口城镇化率和户籍人口城镇化率统计指标，准确快捷反映各地区两个指标变动状况，并列入国家和各地区统计公报。（国家统计局牵头，公安部参与）

（十八）强化专项检查。对各地区非户籍人口特别是进城农民落户进展情况进行跟踪监测和监督检查，及时向社会公布有关情况。2018 年组织开展对 1 亿非户籍人口在城市落户情况的中期评估，2020 年进行总结评估。（公安部、国家发展改革委牵头）

（十九）强化政策效果。对国发〔2014〕25 号、国发〔2016〕8 号等国务院文件已明确的相关配套政策，有关部门要加快工作进度，确保在 2016 年底前出台。采取自我评估和第三方评估相结合的方式，对相关配套政策实施情况进行跟踪分析，动态调整完善政策，强化

政策实施效果。（推进新型城镇化工作部际联席会议负责统筹协调，国务院有关部门按职责分工负责）

（二十）强化审计监督。将非户籍人口在城市落户情况和相关配套政策实施情况纳入国家重大政策措施落实情况跟踪审计范围，将审计结果及整改情况作为有关部门考核、任免、奖惩领导干部的重要依据。（审计署牵头）

各地区、各部门要高度重视新型城镇化建设各项相关工作，统一思想，提高认识，加大力度，切实抓好本方案实施，确保1亿非户籍人口在城市落户目标任务如期完成。

国务院办公厅关于印发贫困地区水电矿产资源开发资产收益扶贫改革试点方案的通知

（2016年9月30日　国办发〔2016〕73号）

《贫困地区水电矿产资源开发资产收益扶贫改革试点方案》已经国务院同意，现印发给你们，请认真贯彻执行。

贫困地区水电矿产资源开发资产收益扶贫改革试点方案

《中华人民共和国国民经济和社会发展第十三个五年规划纲要》和《中共中央　国务院关于打赢脱贫攻坚战的决定》提出，对在贫困地区开发水电、矿产资源占用集体土地的，试行给原住居民集体股权方式进行补偿，探索对贫困人口实行资产收益扶持制度。为推动资源开发成果更多惠及贫困人口，促进共享发展，逐步建立贫困地区水电、矿产等资源开发资产收益扶贫制度，制定本方案。

一、总体要求

（一）指导思想。全面贯彻党的十八大和十八届三中、四中、五中全会精神，深入贯彻习近平总书记系列重要讲话精神，认真落实党中央、国务院决策部署，紧紧围绕“五位一体”总体布局和“四个全面”战略布局，牢固树立创新、协调、绿色、开放、共享的新发展理念，坚持精准扶贫、精准脱贫基本方略，以保障农村集体经济组织合法权益为中心，以增加贫困人口资产性收益为目标，以改革试点为突破口，以严格保护生态环境为前提，发挥资源优势，创新贫困地区水电、矿产资源开发占用农村集体土地补偿方式，探索建立集体股权参与项目分红的资产收益扶贫长效机制，走出一条资源开发与脱贫攻坚有机结合的新路子，实现贫困人口共享资源开发成果。

（二）基本原则。

政府引导，群众自愿。将入股分红作为征地补偿的新方式，坚持政府组织引导、统筹推动和监督检查，建立公平、公正、公开的项目收益分配制度，推动实现共享发展。充分尊重贫困地区农村集体经济组织及其成员意愿，保障其知情权、选择权和参与权。

精准扶持，利益共享。把水电、矿产资源开发与脱贫攻坚紧密结合，瞄准建档立卡贫困户，让贫困人口更多分享资源开发收益。统筹兼顾企业、农村集体经济组织及其成员等各方利益，充分调动利益相关方参与改革的积极性和主动性。

封闭运行，控制风险。试点项目严格按照国家审核通过的省级试点方案组织实施、封闭运行，享受试点政策，未经批准不得扩大试点区域和范围。预估预判各类风险，建立风险防范和控制机制，做到风险可控。

探索创新，有序推进。鼓励试点地方和项目单位结合实际，在股权设置、资产管理、收益分配、精准扶持、退出机制等方面进行探索创新。按照生态优先、绿色发展的要求，稳妥选择试点项目，密切跟踪试点进展，及时总结试点经验。

（三）试点目标。在贫困地区选择一批水电、矿产资源开发项目,用3年左右时间组织开展改革试点,探索建立农村集体经济组织成员特别是建档立卡贫困户精准受益的资产收益扶贫长效机制,形成可复制、可推广的操作模式和制度。

二、试点范围、期限与项目选择

（一）试点范围。在集中连片特困地区县和国家扶贫开发工作重点县(以下统称贫困县)开展试点,优先选择革命老区和民族地区贫困县。

（二）试点期限。2016年底启动,2019年底结束。

（三）项目选择。以精准扶贫、精准脱贫为导向,在全国范围内选择不超过20个占用农村集体土地的水电或矿产资源开发项目开展试点。试点项目不限企业所有制性质,但应符合相关规划和产业政策及环境保护要求,并满足以下条件:

1. 水电开发应选择建设周期较短、经济性较好、征地面积和移民人数适量的项目;矿产资源开发应选择以露天开采方式为主、预期盈利能力较强的项目。

2. 2017年内完成审批核准程序并开工建设。

3. 征地范围不跨省(区、市)。

4. 征地及影响范围内的原住居民,应包括一定比例建档立卡贫困户。

5. 出具项目影响区域内原住居民同意参与试点、农村集体经济组织承诺优先分配给建档立卡贫困户集体股权收益等证明材料。

三、试点内容

重点围绕界定入股资产范围、明确股权受益主体、合理设置股权、完善收益分配制度、加强股权管理和风险防控等方面开展试点。

（一）准确界定入股资产范围。依法依规准确界定水电、矿产资源开发项目征收、征用的农村集体土地范围。按照“归属清晰、权责明确、群众自愿”的原则,合理确定以土地补偿费量化入股的农村集体土地数量、类型和范围,并将核定的土地补偿费作为资产入股试点项目,形成集体股权。入股资产应限于农村集体经济组织所有的耕地、林地、草地、未利用地等非建设用地的土地补偿费。

（二）明确入股主体和受益主体。农村集体经济组织为股权持有者，其成员为集体股权受益主体，建档立卡贫困户为优先受益对象。探索建立以组、村、乡镇不同层级农村集体经济组织为入股单位的集体股权制度。

（三）规范集体股权设置办法。农村集体经济组织选择以全额或者部分集体土地补偿费入股试点项目，并以农村集体经济组织为单位设置集体股权。股权设置方法、程序等具体事项由试点项目所在地省级人民政府研究确定。股权设置结果须经项目所在地县级人民政府、项目投资建设单位、被占地农村集体经济组织共同确定。鼓励有条件的地方通过设立项目公司等方式，探索对集体股权实行专业化管理。

（四）保障集体股权收益。试点项目所在省份根据试点项目情况，探索建立集体股权收益保障制度，集体股权保障收益水平由项目投资建设单位和被占地农村集体经济组织根据项目实际情况共同协商确定。项目运行期结束、项目法人解散或破产清算时，应保障集体股权持有者享有对按照公司法和企业破产法有关规定清偿后剩余财产的优先分配权。试点期间，集体股权原则上不得用于质押、担保，对依法转让的集体股权，项目投资建设单位享有优先回购权。集体股权持有者不参与项目经营管理和决策，但应享有知情权、监督权等股东基本权利。

（五）健全收益分配制度。农村集体经济组织要制定经成员认可并符合相关财务制度的收益分配方案，明确分配范围、顺序和比例，纳入村务公开范畴，接受成员监督。收益分配方案应明确建档立卡贫困户享有优先分配权益，并保证其收益不得以任何方式被截留、挪用、扣减。建档立卡贫困户额外享有的集体股权收益分配权益，在其稳定脱贫后应有序退出，由农村集体经济组织重新分配。已脱贫农户享有与本集体经济组织其他成员平等的收益分配权。

（六）保障农村集体经济组织成员权益。依法保障农村集体经济组织成员特别是建档立卡贫困户参与集体股权管理、分享集体股权收益的权利。科学确认农村集体经济组织成员身份，建立健全农村集体经济组织成员登记备案、收益权证书管理等制度。集体股权收益分配制度的制定、调整、废止等，须经本集体经济组织成员会议或成员代表会议讨论通过后方可生效。探索建立农村集体经济组织成员对集体股权收益权的转让、继承、质押、担保等机制。加强集体股权民主监督管理，防止被少数人控制，发生侵蚀、侵吞原住居民利益的行为。

（七）建立风险防控机制。按照政府领导、分级负责、县为基础、项目法人参与的管理体制，强化政府在试点工作中的组织协调、监督管理、风险防控等作用，建立农村集体经济组织及其成员的利益申诉机制，密切关注建档立卡贫困户权益，妥善解决利益纠纷，确保试点工作顺利开展。有关地方和部门要依法加强对项目运营情况的监督，发现项目投资建设单位弄虚作假、隐瞒收益的，要责令其限期整改并依法严肃追究有关人员责任。切实做好试点项目对生态环境影响的跟踪评估与风险防控工作，避免破坏生态环境。

四、保障措施

（一）加大政策支持力度。在安排水电、矿产资源开发领域项目中央补助等资金时，对符合条件的试点项目予以优先支持。农村小水电扶贫工程中央预算内投资优先支持试点项目，中央投资收益专项用于扶持建档立卡贫困户和贫困村相关公共设施建设。试点过程中，利用财政投入形成的相关资产，应折股量化到农村集体经济组织，并在收益分配时对建档立卡贫困户予以倾斜支持，帮助其进一步分享资源开发收益。

（二）加强项目运行保障。依法依规简化试点项目前期工作程序，加快项目核准进度。对水电开发试点项目，优先保障其所发电量全额上网。对矿产资源开发试点项目，降低试点区域矿业企业用地成本，适当延长矿区和尾矿库等依法占用临时用地的使用期限。

（三）做好试点组织实施。省级人民政府是试点工作的责任主体，要建立试点工作机制，组织申报试点项目，制定试点实施方案，统筹协调推进试点工作。县级人民政府是试点工作的实施主体，要明确工作职责，做好试点政策宣讲和工作督导，推动加强试点项目所在地基层党组织建设，确保试点工作稳妥有序推进。由国家发展改革委牵头，会同国土资源部、水利部、农业部、国务院国资委、国家林业局、国家能源局、国务院扶贫办等部门建立改革试点工作协调机制，审核省级试点实施方案，指导和支持各地开展试点工作。改革试点中遇到的重大问题，要及时向国务院报告。

（四）强化跟踪评估指导。国家发展改革委要建立试点项目定期调度机制，会同有关部门加强对试点工作的检查、评估和指导，及时总结推广试点经验。省级人民政府要加强对试点项目的动态跟踪和工作督导，组织试点项目投资建设单位定期上报进展情况，协调解决试点工作中出现的困难和问题，研究制定配套政策措施，确保完成改革试点目标任务。2020 年 1 月底前，各试点项目所在地省级人民政府要向国家发展改革委报送改革试点工作情况报告。国家发展改革委会同有关部门在总结各地试点经验基础上，形成全国改革试点工作总结报告和政策建议，上报国务院。

国务院办公厅关于印发老年教育发展规划（2016—2020 年）的通知

（2016 年 10 月 5 日　国办发〔2016〕74 号）

《老年教育发展规划（2016—2020 年）》已经国务院同意，现印发给你们，请结合实际认真贯彻执行。

老年教育发展规划（2016—2020 年）

老年人是国家和社会的宝贵财富。老年教育是我国教育事业和老龄事业的重要组成部分。发展老年教育，是积极应对人口老龄化、实现教育现代化、建设学习型社会的重要举措，是满足老年人多样化学习需求、提升老年人生活品质、促进社会和谐的必然要求。为贯彻落实《中华人民共和国老年人权益保障法》、《国家中长期教育改革和发展规划纲要（2010—2020 年）》，促进老年教育事业科学发展，制定本规划。

一、规划背景

当前我国已进入老龄化社会，2015 年底我国 60 岁以上老年人口已经达到 2.22 亿，占总人口的 16.1%，预计 2020 年老年人口将达到 2.43 亿，未来 20 年我国人口老龄化形势将更加严峻，“未富先老”的特征日益凸显，对我国社会主义现代化进程产生全面而深远影响，特别是老年人的精神文化和学习需求增长较快，发展老年教育的形势和任务更加紧迫。

世界上较早进入老龄化社会的国家和地区普遍出台终身教育、老年教育领域法律法规，并将老年教育政策作为重要的社会政策。许多国家通过兴办第三年龄大学、推动社区老年人互助学习、倡导老年人利用网络自主学习等多种形式发展老年教育。

党和国家高度重视老龄工作，积极推动老年教育事业发展。目前有 700 多万老年人在老年大学等机构学习，有上千万老年人通过社区教育、远程教育等各种形式参与学习，初步形成了多部门推动、多形式办学的老年教育发展格局。同时必须清醒地看到，我国老年教育还存在资源供给不足，城乡、区域间发展不平衡，保障机制不够健全，部门协调亟待加强，社会力量参与的深度和广度需进一步拓展等问题。解决这些问题，推动老年教育持续健康发展，是当前和今后一个时期积极应对人口老龄化、大力发展老龄服务事业和产业的迫切任务。

二、总体要求

（一）指导思想。全面贯彻党的十八大及十八届三中、四中、五中全会精神和习近平总书记系列重要讲话精神，落实党中央、国务院决策部署，按照“五位一体”总体布局和“四个全面”战略布局，牢固树立和贯彻落实创新、协调、绿色、开放、共享的新发展理念，坚持“党委领导、政府主导、社会参与、全民行动”的老龄工作方针，以扩大老年教育供给为重点,以创新老年教育体制机制为关键,以提高老年人的生命和生活质量为目的,整合社会资源、激发社会活力,提升老年教育现代化水平,让老年人共享改革发展成果,进一步实现老有所教、老有所学、老有所为、老有所乐,努力形成具有中国特色的老年教育发展新格局。

(二)基本原则。

保障权益、机会均等。保障老年人受教育权利,努力让不同年龄层次、文化程度、收入水平、健康状况的老年人均有接受教育的机会。充分利用各种资源,统筹加强组织管理,实现资源共享和协调发展,提高老年教育的可及性,最大限度满足各类老年群体学习需求。

政府主导、市场调节。发挥政府在制定规划、营造环境、加大投入等方面的作用,统筹协调各部门老年教育工作。激发社会活力,继续探索和完善政府购买服务机制,引导社会力量积极参与,带动相关产业发展。

优化布局、面向基层。在办好现有老年教育的基础上,将老年教育的增量重点放在基层和农村,形成以基层需求为导向的老年教育供给结构,优化城乡老年教育布局,促进老年教育与经济社会协调发展。

开放便利、灵活多样。促进各类教育机构开放,运用互联网等科技手段开展老年教育,为全体老年人创造学习条件、提供学习机会、做好学习服务。畅通学习渠道,方便就近学习,办好家门口的老年教育。

因地制宜、特色发展。从区域发展不平衡的实际和多样化的学习需求出发,因地制宜开展老年教育。鼓励结合当地历史、人文资源和民俗民风等特点,推动老年教育特色发展。

(三)主要目标。到2020年,基本形成覆盖广泛、灵活多样、特色鲜明、规范有序的老年教育新格局。老年教育法规制度逐步健全,职责明确、主体多元、平等参与、管办分离的管理体制和运行机制得到完善。老年教育基础能力有较大幅度提升,教育内容不断丰富,形式更加多样。各类老年教育机构服务能力进一步提升,全社会关注支持老年教育、参与举办老年教育的积极性显著提高。以各种形式经常性参与教育活动的老年人占老年人口总数的比例达到20%以上。

三、主要任务

(一)扩大老年教育资源供给。

优先发展城乡社区老年教育。完善基层社区老年教育服务体系,整合利用现有的社区教育机构、县级职教中心、乡镇成人文化技术学校等教育资源,以及群众艺术馆、文化馆、体育场、社区文化活动中心(文化活动室)、社区科普学校等,开展老年教育活动。建立健全"县(市、区)—乡镇(街道)—村(居委会)"三级社区老年教育网络,方便老年人就近学习。发展农村社区老年教育,有效整合乡村教育文化资源,以村民喜爱的形式开展适应农村老年人需求的教育活动。加强对农村散居、独居老人的教育服务。推进城乡老年教育对口支援,鼓励发达地区以建立分校或办学点、选送教师、配送学习资源、提供人员培训等方式,为边远地区和农村社区老年教育提供支援。

促进各级各类学校开展老年教育。推动各级各类学校向区域内老年人开放场地、图书馆、设施设备等资源,为他们便利化学习提供支持,积极接收有学习需求的老年人入校学习。探索院校利用自身教育资源举办老年教育(学校)的模式。推动普通高校和职业院校面向老年人提供课程资源,特别是艺术类、医药卫生类、师范类院校和开设有养生保健、文化艺术、信息技术、家政服务、社会工作、医疗护理、园艺花卉、传统工艺等专业的职业院校,应结合学校特色开发老年教育课程,为社区、老年教育机构及养老服务机构等积极提供支持服务,共享课程与教学资源。推动开放大学和广播电视大学举办"老年开放大学"或"网上老年大学",并延伸至乡镇(街道)、城乡社区,建立老年学习网点。

推动老年大学面向社会办学。部门、行业企业、高校等举办的老年大学要树立新的办学理念,积极创造条件,采取多种形式,提高办学开放度，逐步从服务本单位、本系统离退休职工向服务社会老年人转变。省、市两级老年大学在开展教育教学工作的同时，要在办学模式示范、教学业务指导、课程资源开发等方面对区域内老年教育发挥带动和引领作用，将老年大学集聚的教育资源向基层和社区辐射。加强老年大学与社会教育机构的合作，组建老年教育联盟（集团）。

（二）拓展老年教育发展路径。

丰富老年教育内容和形式。积极开展老年人思想道德、科学文化、养生保健、心理健康、职业技能、法律法规、家庭理财、闲暇生活、代际沟通、生命尊严等方面的教育，帮助老年人提高生活品质，实现人生价值。创新教学方法，将课堂学习和各类文化活动相结合，积极探索体验式学习、远程学习、在线学习等模式，引导开展读书、讲座、参观、展演、游学、志愿服务等多种形式的老年教育活动。鼓励老年人自主学习，支持建立不同类型的学习团队。

探索养教结合新模式。整合利用社区居家养老资源，在社区老年人日间照料中心、托老所等各类社区居家养老场所内，开展形式多样的老年教育。积极探索在老年养护院、城市社会福利院、农村敬老院等养老服务机构中设立固定的学习场所，配备教学设施设备，通过开设课程、举办讲座、展示学习成果等形式，推进养教一体化，推动老年教育融入养老服务体系，丰富住养老人的精神文化生活。关注失能失智及盲聋等特殊老人群体，提供康复教育一体化服务。

积极开发老年人力资源。用好老年人这一宝贵财富，充分发挥老年人的智力优势、经验优势、技能优势，为其参与经济社会活动搭建平台、提供教育支持。发挥老年人在传承中华优秀传统文化、引导全社会特别是青少年培育和践行社会主义核心价值观等方面的积极作用，彰显长者风范。鼓励老年人利用所学所长，在科学普及、环境保护、社区服务、治安维稳等方面积极服务社会、奉献社会。

（三）加强老年教育支持服务。

运用信息技术服务老年教育。加强数字化学习资源跨区域、跨部门共建共享,开展对现有老年教育课程的数字化改造,开发适合老年人远程学习的数字化资源。通过互联网、数字电视等渠道,加强优质老年学习资源对农村、边远、贫困、民族地区的辐射。推动信息技术融入老年教育教学全过程,推进线上线下一体化教学,支持老年人网上学习。运用信息化手段,为老年人提供导学服务、个性化学习推荐等学习支持。

整合文化体育科技资源服务老年教育。推动美术馆、图书馆、文化馆(站、中心)、科技馆、博物馆、纪念馆、公共体育设施、爱国主义示范基地、科普教育基地等向老年人免费开放。鼓励有条件的地区发挥文化、教育、体育、科技等资源优势,结合区域实际,建设不同主题、富有特色的老年教育学习体验基地。充分发挥广播电视、报刊杂志、门户网站等媒体作用,开设贴近老年人生活的专栏专题。

(四)创新老年教育发展机制。

鼓励社会力量参与老年教育。充分激发市场活力,推进举办主体、资金筹措渠道的多元化,通过政府购买服务、项目合作等多种方式,支持和鼓励各类社会力量通过独资、合资、合作等形式举办或参与老年教育。运用市场机制调节供需关系,进一步优化老年教育的市场结构、内容和布局。加强规划指导和外部监管,营造平等参与、公平竞争的市场环境。充分发挥社会组织在老年教育中的作用,鼓励其通过提供师资、开发课程等方式支持开展老年教育。支持老年教育领域社会组织和老年志愿服务团队发展。

促进老年教育与相关产业联动。扩大老年教育消费,发掘与老年教育密切相关的养老服务、旅游、服装服饰、文化等产业价值,促进生活性服务业提档升级,拉动内需,推动投资增长和相关产业发展。

(五)促进老年教育可持续发展。

加强学科建设与人才培养培训。鼓励综合类高校、师范类院校、职业院校开设老年教育相关专业,其他高校也要加强老年教育相关专业建设。支持有条件的高校开展老年教育方向的研究生教育,加快培养老年教育教学、科研和管理人才。鼓励老年教育机构的专任教师和管理人员在职进修老年教育专业课程，攻读相关专业学位。

加强理论与政策研究。依托有关高校、科研院所、老年教育机构等建立若干个老年教育研究基地，开展老年教育基础理论研究、政策研究和应用研究，探讨和解决老年教育发展中的重大理论和实践问题。加强老年教育学术期刊建设，搭建优秀成果共享和推广平台。鼓励社会组织开展老年教育优秀研究成果交流活动。

加强国际交流合作。积极参与有关国际教育组织的活动，加强与国外老年教育机构的交流与合作，借鉴国外老年教育先进理念和做法，宣传推广我国发展老年教育的经验与成果，扩大我国老年教育的国际影响力。

四、重点推进计划

（一）社会主义核心价值观培育计划。将培育和践行社会主义核心价值观作为老年教育的重要内容，编写相关读本，设计形式多样的教育活动项目，将社会主义核心价值观融入老年人学习和活动之中。积极推进校园文化建设，培育优良校风、教风、学风，打造一批在培育和践行社会主义核心价值观方面具有示范作用的老年学校、老年学习团队。

（二）老年教育机构基础能力提升计划。整合资源，改善基层社区老年教育机构设施设备，建设一批在本区域发挥示范作用的乡镇（街道）社区老年人学习场所，建设好村（居委会）老年社区学习点。改善现有老年大学办学条件，提升其教学场所和设施的现代化、规范化水平，进一步增强其社会服务能力。到2020年，全国县级以上城市原则上至少应有一所老年大学，50%的乡镇（街道）建有老年学校，30%的行政村（居委会）建有老年学习点。探索“养、医、体、文”等场所与老年人学习场所的结合，推出一批创新老年教育办学模式的典型。各省（区、市）选取若干个养老服务机构，开展养教结合试点。

（三）学习资源建设整合计划。研究制定老年人学习发展指南，为不同年龄层次的老年人提供包括学习规划在内的咨询服务。探索建立老年教育通用课程教学大纲，促进资源建设规范化、多样化。遴选、开发一批通用型老年学习资源，整合一批优秀传统文化、非物质文化遗产、地方特色老年教育资源，推介一批科普知识和健康知识学习资源，引进一批国外优质学习资源，形成系列优质课程推荐目录。定期举办老年学习资源建设交流活动。到2020年，各省(区、市)都应初步建立起支撑区域内老年教育发展的老年学习资源库。

(四)远程老年教育推进计划。探索以开放大学和广播电视大学为主体建设老年开放大学，开发整合远程老年教育多媒体课程资源。支持国家开放大学率先建设在全国发挥示范作用的老年健康艺术教育体验基地。推动有条件的省(区、市)老年大学、开放大学和广播电视大学建设具有地方特色的示范性老年教育体验基地。到2020年，力争全国50%的县(市、区)可通过远程教育开展老年教育工作。

(五)老有所为行动计划。组织引导离退休老干部、老同志讲好中国故事、弘扬中国精神、传播中国好声音。积极搭建服务平台，建立由离退休干部、专业技术人员及其他有所专长的老同志组成的老年教育兼职教师队伍。推动各类老年社会团体与大中小学校合作，发挥老年人在教育引导青少年继承优良传统、培育科学精神等方面的积极作用。广泛开展老年志愿服务活动，到2020年，力争每个老年大学培育1—2支老年志愿者队伍，老年学校普遍建有志愿者服务组织。

五、保障措施

(一)加强组织实施。建立健全党委领导、政府统筹，教育、组织、民政、文化、老龄部门密切配合，其他相关部门共同参与的老年教育管理体制。各相关部门要按照职责分工，加强沟通协调，通过规划编制、政策制定、指导监督，共同研究解决老年教育发展中的重大问题。老年教育工作要纳入对各级政府相关部门绩效考评内容。各省(区、市)要把老年教育纳入本地区经济社会发展规划和教育事业发展规划，结合实际，提出落实本规划、加快发展老年教育的具体实施方案和举措，分阶段、分步骤组织实施。对各地区在实施本规划中好的做法和经验，要及时总结推广。

(二)推动法规制度建设。研究完善涉及老年教育的相关制度。支持鼓励有条件的地区通过制定相关地方法规促进老年教育事业规范健康发展。在老龄事业相关政策措施中重视支持发展老年教育。探索开展老年教育发展情况调查统计工作，支持社会组织等第三方开展老年教育发展状况评估和研究。

(三)加强队伍建设。鼓励普通高校、职业院校相关专业毕业生及相关行业优秀人才到老年教育机构工作。各级各类学校要鼓励教师参与老年教育相关工作，并纳入本校工作考核，支持教师到校外老年教育机构兼职任教或从事志愿服务。建立老年教育教师岗位培训制度，支持老年教育机构教师、技术和管理人员的专业发展。专职人员在薪酬福利、业务进修、职务(职称)评聘、绩效考核等方面享有同类学校工作人员的同等权利和待遇。鼓励专业社工等参与从事老年教育工作。建立老年教育师资库。加快培养一支结构合理、数量充足、素质优良，以专职人员为骨干、与兼职人员和志愿者相结合的教学和管理队伍。

(四)完善经费投入机制。各地区要采取多种方式努力增加对老年教育的投入，切实拓宽老年教育经费投入渠道，形成政府、市场、社会组织和学习者等多主体分担和筹措老年教育经费的机制。老年教育经费应主要用于老年教育公共服务。鼓励和支持行业企业、社会组织和个人设立老年教育发展基金，企业和个人对老年教育的公益性捐赠支出按照税收法律法规规定享受所得税税前扣除政策。

(五)营造良好氛围。各地区各部门要广泛宣传党和国家关于发展老年教育的方针政策，广泛宣传老年教育发展中的典型经验、案例、做法和成效，努力使全社会关心、支持和参与老年教育的氛围更加浓厚。要充分调动老年人参与学习的积极性和主动性，积极培育老年学习文化，使学习风尚融入老年人生活，使老年教育成为增进老年人福祉的重要内容。

国务院关于激发重点群体活力带动城乡居民增收的实施意见

(2016年10月10日　国发〔2016〕56号)

提高城乡居民收入是全面建成小康社会的重要内容,体现社会主义本质的必然要求。党的十八大提出,要千方百计增加居民收入。党的十八届三中全会提出,要形成合理有序的收入分配格局。党的十八届五中全会提出,在提高发展平衡性、包容性、可持续性的基础上,到2020年国内生产总值和城乡居民人均收入比2010年翻一番。按照党中央、国务院决策部署,为营造激励奋发向上的公平环境,拓宽就业渠道,促进各类社会群体依靠自身努力和智慧,创造社会财富,共享发展红利,现提出以下实施意见。

一、总体要求

(一)基本形势。

改革开放以来,我国城乡居民收入保持持续较快增长,收入分配结构呈现向好趋势。从放权让利到允许一部分人、一部分地区先富起来,到要素参与分配,适应我国国情的分配制度基本确立,收入分配政策推动了经济社会发展,促进了各类社会群体依靠自身努力和智慧,创造社会财富,共享发展红利,为深化改革开放注入了动力和活力。

当前,经济运行的新常态特征更加明显,新技术、新产业、新业态加速成长,培育壮大新动能,改造提升传统动能,正在不断创造出新的就业岗位,为促进城乡居民收入稳定增长提供了有力支撑。但受国内外多重因素影响,经济下行压力也正在向收入分配领域传导。既要降低经济运行成本、保持经济中高速增长,又要提高居民收入、不断增进人民福祉,实现居民收入增长和经济增长同步、劳动报酬提高和劳动生产率提高同步任重而道远。同时,部分劳动者人力资本积累不足、增收困难，部分市场主体等待观望，部分地区行业收入增长潜在动能不强，部分收入分配政策指向宽泛、聚焦不够。为推动解决相关问题，必须进一步深化收入分配制度改革，调整优化收入分配政策，拓宽就业创业渠道，努力营造激励奋发向上的公平环境。

（二）指导思想。

全面贯彻落实党的十八大和十八届三中、四中、五中全会精神，深入贯彻习近平总书记系列重要讲话精神，统筹推进“五位一体”总体布局，协调推进“四个全面”战略布局，牢固树立和贯彻落实创新、协调、绿色、开放、共享的发展理念，按照党中央、国务院决策部署，坚持以人民为中心的发展思想，做到发展为了人民、发展依靠人民、发展成果由人民共享。围绕加快实施创新驱动发展战略、推动大众创业万众创新、培育发展新动能、改造提升传统动能，着力推进供给侧结构性改革，不断深化简政放权、放管结合、优化服务改革，进一步深化收入分配制度改革，强化收入分配政策激励导向，分群体施策，不断激发全体劳动者的积极性、主动性、创造性，实现经济增长与居民增收互促共进，使全体人民在共建共享发展中有更多获得感，朝着共同富裕方向稳步前进。

（三）基本原则。

坚持多种激励方式相结合。物质激励和精神激励并用，综合运用增加薪资报酬、强化权利保护、优化评优奖励、提升职业技能、增进社会认同等多种激励手段，调动不同群体的积极性、主动性和创造性。完善绩效考核制度，将激励与考核挂钩。

坚持多条增收渠道相结合。多管齐下，不断拓展居民增收渠道，努力提高工资性、经营性收入，合理提高转移性收入，有效保护股权、债权、物权和知识产权等无形财产权益，着力增加居民财产性收入。

坚持促增收与降成本相结合。有效降低社会保险费率等劳动用工成本和阻碍劳动力流动的制度成本，助力各类市场主体轻装上阵，增加就业吸纳能力，切实将居民收入提高建立在经济发展质量效益提升、劳动生产率提高、企业综合成本降低的基础上。

坚持鼓励创收致富与缩小收入差距相结合。在初次分配中鼓励全体劳动者通过诚实劳动、辛勤劳动、创造性劳动创收致富，同时完善税收、社会保障等再分配调节手段，规范收入分配秩序，切实保障困难群众基本生活，有效抑制通过非市场因素获利，不断缩小不同群体间的收入差距。

坚持积极而为与量力而行相结合。在集中更多财力保障民生的同时，综合考虑国情、发展阶段、经济周期等因素，制定财力支撑可持续、社会预期可把握的目标任务和政策措施，不吊胃口、不养懒汉，切实将福利水平提高建立在经济和财力可持续增长的基础上，通过大众创业万众创新激发创造活力，增强居民收入增长的可持续性。

（四）主要目标。

到2020年，城镇就业规模逐步扩大，劳动生产率不断提高，就业质量稳步提升；城乡居民人均收入比2010年翻一番；宏观收入分配格局持续优化，居民可支配收入占国内生产总值（GDP）的比重继续提高；居民内部收入差距持续缩小，中等收入者比重上升，现行标准下农村贫困人口全部实现脱贫，共建共享的格局初步形成。

二、实施七大群体激励计划

瞄准技能人才、新型职业农民、科技人员等增收潜力大、带动能力强的七大群体，深化收入分配制度改革，在发展中调整收入分配结构，推出差别化收入分配激励政策。持续推动大众创业万众创新，创造更大市场空间和更多就业岗位，着力营造公开公平公正的体制机制和竞争环境，不断培育和扩大中等收入群体，逐步形成合理有序的收入分配格局，带动城乡居民实现总体增收。

（一）技能人才激励计划。

完善多劳多得、技高者多得的技能人才收入分配政策，引导加大人力资本投资，提高技能人才待遇水平和社会地位，大力弘扬新时期工匠精神，培养高水平大国工匠队伍，带动广大产业工人增技能、增本领、增收入。

完善技术工人薪酬激励机制。优化职业技能标准等级设置，向上增加等级级次，拓宽技术工人晋升通道。引导企业合理确定技术工人薪酬水平，促进高等级技术工人薪酬水平合理增长。加大对技能要素参与分配的激励力度，探索建立企业首席技师制度，鼓励企业采取协议薪酬、持股分红等方式，试行年薪制和股权制、期权制，提高技能人才收入水平。

贯通职业资格、学历等认证渠道。统筹考虑技能培训、职业教育和高等教育，建立职业资格与相应的职称、学历可比照认定制度。完善职业资格与职业教育学历"双证书"制度。研究制定高技能人才与工程技术人才的职业发展贯通办法。健全青年技能人才评价选拔制度，适当突破年龄、资历和比例等限制，完善高技能人才评价使用机制。

营造崇尚技能的社会氛围。定期组织开展全国性或区域性技术大赛或岗位练兵，大力宣传劳动模范、大国工匠和技术创新人才。鼓励地方对重点领域紧缺的技术工人在大城市落户、购租住房、子女上学等方面予以支持。培育精益求精的工匠精神，支持技能人才分享品质品牌增值收益。

（二）新型职业农民激励计划。

在加快推进新型城镇化、有序推进农业转移人口市民化的同时，加大对新型职业农民的培育和支持力度，加快职业化进程，带动广大农民共享现代化成果。

提高新型职业农民增收能力。将新型职业农民培育纳入教育培训发展相关规划，支持职业学校办好涉农专业，定向培养新型职业农民，完善国家助学和培训补贴政策，鼓励农民通过"半农半读"等方式就地就近接受职业教育培训。继续实施新型职业农民培育工程、现代青年农场主计划等项目，启动新型农业经营主体带头人轮训计划，努力提高妇女参训比例。

挖掘现代农业增收潜力。鼓励农民采用节本增效技术，培育农业社会化服务组织，支持农业废弃物资源化利用，降低农业生产成本。加快建立农业信贷担保体系，改进农业保险产品和服务，支持农民发展现代农业。完善农产品初加工补助政策,促进农产品深加工向优势产区和关键物流节点集中,支持优势产区产地批发市场建设,延长农业产业链条。扶持发展一乡(县)一业、一村一品,培育农业科技创新应用企业集群,引导产业集聚发展。推动“互联网+”现代农业,大力发展农产品电子商务,探索农业新型业态。推动农业全产业链改造升级,鼓励农民共享一二三产业融合发展的增值收益,增加经营性收入。

拓宽新型职业农民增收渠道。积极培育家庭农场、专业大户、农民合作社、农业企业等新型农业经营主体和农业社会化服务主体,发展适度规模经营。支持农民工、大学生等人员返乡创业,推进土地经营权入股发展农业产业化经营试点。稳步推进农村集体产权制度改革,发展多种形式的股份合作,推进农村集体资产股份权能改革试点,完善农村集体经济组织相关政策和法律规定,发展壮大农村集体经济,探索将财政资金投入农业农村形成的经营性资产折股量化到户。加快推进农村土地征收、集体经营性建设用地入市、宅基地制度改革试点,多渠道增加农民集体和个人分享的增值收益、股权收益、资产收益。

(三)科研人员激励计划。

深化事业单位分类改革,实行以增加知识价值为导向的激励机制,提高科研人员成果转化收益分享比例,通过工资性收入、项目激励、成果转化奖励等多重激励引导科研人员潜心研究工作,激发科技创新热情。

完善工资水平决定机制。在加强行业薪酬调查和信息发布基础上,探索建立体现行业特点的高校、科研机构薪酬调查比较制度。鼓励科研事业单位聘用高端科研人员实行协议薪酬。赋予科研单位更大的人财物支配权,保障科研人员的合理工资待遇水平。

改进科研项目及其资金管理。发挥科研项目资金对科研人员的激励引导作用。全面取消劳务费比例限制,调整劳务费开支范围。完善间接费用管理,项目承担单位结合一线科研人员实际贡献公开公正安排绩效支出。改进项目结转结余资金管理办法。下放科研项目部分经费预算调整审批权,砍掉科研管理中的繁文缛节,推行有利于人才创新的经费审计方式,充分尊重智力劳动的价值和科研规律。

健全绩效评价和奖励机制。深入落实促进科技成果转化法,完善单位内部科技成果转化中对科研人员进行现金和股权、期权奖励办法。实施国有科技型企业股权和分红激励。探索完善科研人员股权奖励个人所得税递延纳税政策。鼓励企事业单位提供资金、资源支持职工创新,营造宽容失败、勇于突破的创新氛围。鼓励社会资本设立专项奖励基金,补偿优秀科研人员的智力投入。多渠道募资,加大对基础性和前沿性科研课题的长期资助力度,加大对青年科研人才的创新奖励力度。对社会科学研究机构和智库推行政府购买服务制度。加大对科技创新成果的知识产权保护力度。

(四)小微创业者激励计划。

进一步降低创业成本,健全创新创业成果利益分配机制,在更大范围、更高层次、更深程度上推进大众创业万众创新,引导和支持小微创业者在“双创”中实现创收致富。

清除创业壁垒,提升创业参与率。深化商事制度改革,支持各地结合实际放宽新注册企业场所登记条件限制,推动“一址多照”、集群注册等住所登记改革。优化审批流程,推行“一表申请、一窗受理、一次告知”。

加大扶持力度,提高创业成功率。支持并规范多层次、专业化创业服务平台建设,建设一批高水平的“双创”示范基地。完善通过政府采购促进中小企业发展的政策措施,通过评审优惠、预留份额等方式对包括初创企业在内的小微企业加大扶持力度。落实扶持创业的各项优惠政策。对创业失败的失业登记人员及时提供各种就业服务。

探索创业成果利益分配机制。进一步完善创新型中小企业上市股权激励和员工持股计划的制度规则。研究完善商业模式知识产权保护制度,研究制定文化创意等创新成果保护办法,加大小微企业知识产权维权援助工作力度。加快建设全国知识产权运营公共服务平台，完善知识产权质押融资等金融服务机制。依法查处垄断行为，鼓励龙头企业与小微创业者探索分享创业成果新模式，支持有实力的企业承担技术服务、信息服务等公共平台功能。支持自由职业者的智力创造和高端服务，使其能够获得与智力付出相匹配的合理回报。

(五)企业经营管理人员激励计划。

完善产权保护制度、依法保护产权，进一步稳定预期、优化环境，激发企业家创业热情，推动经济增长、就业增加、效益提升、职工增收实现良性互动。

完善国有企业经营管理人员激励方式。完善对组织任命的国有企业负责人的薪酬激励机制，合理确定基本年薪、绩效年薪和任期激励收入。研究制定在国有企业建立职业经理人制度的指导意见，对市场化选聘的职业经理人实行市场化薪酬分配机制，采取多种方式探索完善中长期激励机制。稳妥有序推进混合所有制企业员工持股试点，探索通过实行员工持股建立激励约束长效机制。

强化民营企业家创业激励。消除各种隐性壁垒，解决政策执行中存在的“玻璃门”、“弹簧门”、“旋转门”等问题，鼓励民营企业家扩大投资，参与国有企业改革。坚持依法平等保护产权，严肃查处侵犯非公有制企业和个人合法权益、合法经营、合法收入的行为，营造公平、公正、透明、稳定的法治化环境。规范司法程序，严格执行先定罪后没收或处置嫌疑人财产的规定，最大限度减少对涉案非公有制企业正常生产经营活动的影响。减少对企业点对点的直接资助，增加普惠性政策，促进公平竞争。

(六)基层干部队伍激励计划。

完善工资制度，健全不同地区、不同岗位差别化激励办法，建立阳光化福利保障制度，充分调动基层干部队伍工作积极性，同步完善相关人员激励机制。

完善工资制度。提高基本工资在工资性收入中的比重，落实基本工资正常调整机制。完善作为激励手段和收入补充的津贴补贴制度。落实艰苦边远地区津贴标准正常调整机制。实施地区附加津贴制度，根据地区经济社会发展、物价消费水平等差异，适当参考企业相当人员工资水平，将规范后的工作性津贴和生活性补贴纳入地区附加津贴，实现同城同待遇。推进公务员工资调整制度化，定期开展公务员和企业相当人员工资水平的调查比较。

健全差别化激励机制。建立健全公务员绩效考核体系，考核结果与工资收入挂钩。完善公务员奖金制度，强化省级政府统筹调控责任。赋予地方一定的考核奖励分配权，重点向基层一线人员和业绩突出人员倾斜。完善公务员职务与职级并行制度，充分发挥职级对基层公务员的激励作用。

明确福利标准和保障范围。明确应享有的各项福利待遇名称、发放标准及发放范围。推进公务员职务消费和福利待遇货币化改革，规范改革性补贴，形成以货币福利为主，实物福利为补充的福利体系，实现阳光透明操作，接受社会监督。符合条件的乡镇公务员可以按规定纳入当地住房保障范围，为符合条件的公立医院医务人员就近提供公租房保障。

（七）有劳动能力的困难群体激励计划。

鼓励引导低保对象、建档立卡贫困人口以及残疾人等困难群体中具备劳动能力和劳动条件者提升人力资本，主动参加生产劳动，通过自身努力增加收入。

推进产业扶贫济困。实施贫困村“一村一品”产业推进行动。强化贫困地区农民合作社、龙头企业与建档立卡贫困户的利益联结机制。深入实施电商、旅游、光伏扶贫工程。加大对贫困地区农产品品牌推介营销支持力度。引导和支持贫困地区青年通过发展电子商务增收致富。

建立低保与就业联动机制。鼓励、引导具备就业能力的困难人员积极就业，增强其就业动力。对实现就业的低保对象，在核算其家庭收入时，可扣减必要的就业成本。具备劳动能力、劳动条件但未就业的低保对象，无正当理由连续3次拒绝接受有关部门介绍的与其健康状况、劳动能力相适应的工作的，可减发或停发其本人的低保金。

完善相关专项救助制度。加强专项救助制度与低保救助制度的统筹衔接,在重点保障城乡低保对象、特困人员的基础上,将医疗、教育、住房等专项救助向建档立卡贫困户家庭、低收入家庭或其他有特殊困难的家庭延伸,形成阶梯式救助模式。

三、实施六大支撑行动

坚持按劳分配为主体、多种分配方式并存,坚持初次分配和再分配调节并重,完善劳动、资本、知识、技术、管理等要素按贡献参与分配的初次分配机制,健全以税收、社会保障、转移支付为主要手段的再分配调节机制,以就业促进、技能提升、托底保障、增加财产性收入、收入分配秩序规范、收入监测为重点,制定综合配套政策,为实现城乡居民增收提供服务支撑、能力支撑和技术支撑。

(一)就业促进行动。

全面提升就业岗位创造能力。推动经济向中高端水平迈进、生产制造向生产服务延伸,创造更多高质量的就业机会。鼓励新型劳动密集产业发展,引导和支持沿海劳动密集型产业向中西部地区有序转移。鼓励发展家政、养老、护理等生活性服务业和手工制作等民族地区特色产业,吸纳更多中低技能劳动者特别是建档立卡贫困户家庭劳动者就业。推动上游能源原材料行业脱困发展,稳定就业岗位。大力发展城乡社区服务,扩大劳动力市场的包容性。

有效提升劳动力市场流动能力。推进户籍、住房、教育、社会保障等制度改革,消除制约劳动力流动就业的体制机制障碍。充分发挥中心城市、新兴产业带动效应,吸纳更多困难地区、困难行业劳动力跨地区、跨行业、跨所有制流动就业。总结推广返乡创业试点经验,引导劳动力由东向西、由劳务输入地向输出地回流,创造更多就地就近就业机会。

不断提升劳动力市场供求匹配能力。健全覆盖城乡的公共就业创业服务体系,全面提升公共就业创业服务水平。完善失业登记办法,建立健全公共就业服务提供机制,保障城镇常住人员享有与本地户籍人员同等的劳动就业权利。加强人力资源市场建设,探索利用移动互联网等现代信息技术手段及时发布劳动力市场供求信息，全面提高公共就业服务效能。积极打造人力资源服务全产业链，在产业集聚、创业创新集中地区，支持建设一批包括招聘、培训、薪酬、咨询、健康服务等多位一体、一站式管理、订单式服务的人力资源产业园。

（二）职业技能提升行动。

加强职业技能实训基地建设。分类指导建设一批布局合理、功能突出、高效实用的多层次职业技能实训基地。加大政府支持力度，鼓励社会投资，放宽职业技能培训教育机构外资准入限制，改善实训条件，提高实训效能。

推行企业新型学徒制。企校结合，推行以"招工即招生、入企即入校、企校双师联合培养"为主要内容的企业新型学徒制。实施技师培训项目，加快急需紧缺工种高技能人才培养，为培育支柱产业和战略性新兴产业提供人才支撑。

完善职业技能培训体系。实施以新生代农民工为重点的职业技能提升计划，开展农村贫困家庭子女、未升学初高中毕业生、农民工、退役军人免费接受职业培训行动。以就业为导向对困难人员实施职业培训，把职业技能培训和推荐就业安置紧密结合起来。加大青年就业见习工作力度，帮助青年获得相应工作经验或经历，提高就业竞争力。

（三）托底保障行动。

完善基本生活保障制度。完善最低工资保障制度。加大转移支付力度，着力提高低收入者收入。健全低保制度，完善低保对象认定办法，建立健全低保标准动态调整机制，在保障家庭基本生活的同时，兼顾就业激励目标。

提升精准兜底保障能力。完善多层次的救助体系，积极发展医疗、教育、住房、就业等专项救助和临时救助，确保面临特定困难的人员获得相应救助。探索将支出型贫困家庭纳入救助范围。

扩大基本保障覆盖范围。完善社会保障制度，实施全民参保计划，基本实现法定人员全覆盖。将城镇私营单位在岗职工平均工资纳入缴费基数统计口径范围，形成合理的社会保险和住房公积金缴费基数,避免对低收入群体的制度性挤出。划转部分国有资本充实社保基金,加大国有资本收益补贴社会保障力度,化解社会保险基金缺口等长期风险。积极发展慈善事业。

(四)财产性收入开源清障行动。

拓宽居民财产投资渠道。在风险可控的前提下,加快发展直接融资,促进多层次资本市场平稳健康发展。加强金融产品和金融工具创新,改善金融服务,向居民提供多元化的理财产品,满足居民日益增长的财富管理需求。

加强对财产性收入的法治保障。加强资本市场诚信和透明度建设,完善上市公司信息披露、财务管理和分红制度,切实维护中小投资者利益。在拆迁、征地、征用公民财产过程中,依法保护公民财产权利不受侵犯。

合理调节财产性收入。平衡劳动所得与资本所得税负水平,着力促进机会公平,鼓励更多群体通过勤劳和发挥才智致富。完善资本所得、财产所得税收征管机制。

(五)收入分配秩序规范行动。

规范现金管理。推行非现金结算。全面推行银行代发工资模式。

堵塞非正规收入渠道。继续遏制以权力、行政垄断等非市场因素获取收入,取缔非法收入。

进一步发挥税收调节收入分配的作用。健全包括个人所得税在内的税收体系,逐步建立综合和分类相结合的个人所得税制度,进一步减轻中等以下收入者税收负担,发挥收入调节功能,适当加大对高收入者的税收调节力度。完善鼓励回馈社会、扶贫济困的税收政策。

(六)收入监测能力提升行动。

建立个人收入和财产信息系统。在确保信息安全和规范利用的前提下,多渠道、多层级归集居民和非居民个人的收入、财产等相关信息,运用大数据、云计算等技术,创新收入监测方式方法,提升居民收入信息监测水平。

完善收入分配统计与核算。完善居民收入分配相关统计指标，增加群体分类。加快建立电子化居民收入调查统计系统。加强中等收入者标准研究。加强国民总收入(GNI)核算和境外净要素收入统计。

建立收入分配政策评估体系。建立宏观经济、相关政策和微观数据的综合评估机制，对有关政策的执行情况和效果进行评估。借鉴国际经验，引入收入分配微观模拟模型。

四、强化组织实施

(一)加强协调配合。充分发挥深化收入分配制度改革部际联席会议的统筹协调作用，形成政策合力，将重点群体增收激励计划落到实处。各地区可根据实际情况，研究制定本地区促进居民增收的具体办法，建立健全统筹协调工作机制，对重点群体实施精准激励。

(二)鼓励先行先试。选择部分省(区、市)开展城乡居民增收综合配套政策试点。选择部分地区和科研单位开展专项激励计划和收入监测试点。定期总结试点经验，重点提出可复制、可推广的经验做法和政策措施。

(三)加强督查考核。各地区、各部门要把落实收入分配政策、增加城乡居民收入作为重要任务，对各项具体细化措施和试点方案建立评估评价机制，每年进行专项和综合考核。深化收入分配制度改革部际联席会议要适时组织开展专项督查，确保各项政策措施落到实处。

(四)加强舆论引导。营造鼓励增收致富的良好社会环境，大力弘扬勤劳致富精神，加强依法保护产权、弘扬企业家精神、改善民生等方面的舆论引导，做好政策解读和宣传，不断激发全体劳动者的积极性、主动性、创造性。

国务院关于印发全国农业现代化规划（2016—2020年）的通知

（2016年10月17日　国发〔2016〕58号）

现将《全国农业现代化规划（2016—2020年）》印发给你们，请认真贯彻执行。

全国农业现代化规划（2016—2020年）

为贯彻落实《中华人民共和国国民经济和社会发展第十三个五年规划纲要》的部署，大力推进农业现代化，特编制本规划。

第一章　认清形势　准确把握发展新特征

一、农业现代化建设成效显著

“十二五”以来，党中央、国务院不断加大强农惠农富农政策力度，带领广大农民群众凝心聚力、奋发进取，农业现代化建设取得了巨大成绩。综合生产能力迈上新台阶。粮食连年增产，产量连续三年超过12000亿斤。肉蛋奶、水产品等“菜篮子”产品丰产丰收、供应充足，农产品质量安全水平稳步提升，现代农业标准体系不断完善。物质技术装备达到新水平。农田有效灌溉面积占比、农业科技进步贡献率、主要农作物耕种收综合机械化率分别达到52%、56%和63%，良种覆盖率超过96%，现代设施装备、先进科学技术支撑农业发展的格局初步形成。适度规模经营呈现新局面。以土地制度、经营制度、产权制度、支持保护制度为重点的农村改革深入推进，家庭经营、合作经营、集体经营、企业经营共同发展，多种形式的适度规模经营比重明显上升。产业格局呈现新变化。农产品加工业与农业总产值比达到2.2:1,电子商务等新型业态蓬勃兴起,发展生态友好型农业逐步成为社会共识。农民收入实现新跨越。农村居民人均可支配收入达到11422元,增幅连续六年高于城镇居民收入和国内生产总值增幅,城乡居民收入差距缩小到2.73:1。典型探索取得新突破。东部沿海、大城市郊区、大型垦区的部分县市已基本实现农业现代化,国家现代农业示范区已成为引领全国农业现代化的先行区。农业现代化已进入全面推进、重点突破、梯次实现的新时期。

二、农业现代化发展挑战加大

"十三五"时期,农业现代化的内外部环境更加错综复杂。在居民消费结构升级的背景下,部分农产品供求结构性失衡的问题日益凸显。优质化、多样化、专用化农产品发展相对滞后,大豆供需缺口进一步扩大,玉米增产超过了需求增长,部分农产品库存过多,确保供给总量与结构平衡的难度加大。在资源环境约束趋紧的背景下,农业发展方式粗放的问题日益凸显。工业"三废"和城市生活垃圾等污染向农业农村扩散,耕地数量减少质量下降、地下水超采、投入品过量使用、农业面源污染问题加重,农产品质量安全风险增多,推动绿色发展和资源永续利用十分迫切。在国内外农产品市场深度融合的背景下,农业竞争力不强的问题日益凸显。劳动力、土地等生产成本持续攀升,主要农产品国内外市场价格倒挂,部分农产品进口逐年增多,传统优势农产品出口难度加大,我国农业大而不强、多而不优的问题更加突出。在经济发展速度放缓、动力转换的背景下,农民持续增收难度加大的问题日益凸显。农产品价格提升空间较为有限,依靠转移就业促进农民收入增长的空间收窄,家庭经营收入和工资性收入增速放缓,加快缩小城乡居民收入差距、确保如期实现农村全面小康任务艰巨。

三、农业现代化条件更加有利

展望"十三五",推进农业现代化的有利条件不断积蓄。发展共识更加凝聚。党中央、国务院始终坚持把解决好"三农"问题作为全部工作的重中之重,加快补齐农业现代化短板成为全党和全社会的共识,为开创工作新局面汇聚强大推动力。外部拉动更加强劲。新型工业化、信息化、城镇化快速推进,城乡共同发展新格局加快建立,为推进"四化"同步发展提供强劲拉动力。转型基础更加坚实。农业基础设施加快改善,农产品供给充裕,农民发展规模经营主动性不断增强,为农业现代化提供不竭源动力。市场空间更加广阔。人口数量继续增长,个性化、多样化、优质化农产品和农业多种功能需求潜力巨大,为拓展农业农村发展空间增添巨大带动力。创新驱动更加有力。农村改革持续推进,新一轮科技革命和产业革命蓄势待发,新主体、新技术、新产品、新业态不断涌现,为农业转型升级注入强劲驱动力。

综合判断,"十三五"时期,我国农业现代化建设仍处于补齐短板、大有作为的重要战略机遇期,必须紧紧围绕全面建成小康社会的目标要求,遵循农业现代化发展规律,加快发展动力升级、发展方式转变、发展结构优化,推动农业现代化与新型工业化、信息化、城镇化同步发展。

第二章　更新理念　科学谋划发展新思路

一、战略要求

——发展定位。农业的根本出路在于现代化,农业现代化是国家现代化的基础和支撑。没有农业现代化,国家现代化是不完整、不全面、不牢固的。在新型工业化、信息化、城镇化、农业现代化中,农业现代化是基础,不能拖后腿。

——发展主线。新形势下农业主要矛盾已经由总量不足转变为结构性矛盾,推进农业供给侧结构性改革,提高农业综合效益和竞争力,是当前和今后一个时期我国农业政策改革和完善的主要方向。

——战略重点。坚持以我为主、立足国内、确保产能、适度进口、科技支撑的国家粮食安全战略,确保谷物基本自给、口粮绝对安全。坚定不移地深化农村改革、加快农村发展、维护农村和谐稳定，突出抓好建设现代农业产业体系、生产体系、经营体系三个重点，紧紧扭住发展现代农业、增加农民收入、建设社会主义新农村三大任务。

二、指导思想

全面贯彻党的十八大和十八届三中、四中、五中全会精神，深入贯彻习近平总书记系列重要讲话精神，按照“五位一体”总体布局和“四个全面”战略布局，牢固树立创新、协调、绿色、开放、共享的发展理念，认真落实党中央、国务院决策部署，以提高质量效益和竞争力为中心，以推进农业供给侧结构性改革为主线，以多种形式适度规模经营为引领，加快转变农业发展方式，构建现代农业产业体系、生产体系、经营体系，保障农产品有效供给、农民持续增收和农业可持续发展，走产出高效、产品安全、资源节约、环境友好的农业现代化发展道路，为实现“四化”同步发展和如期全面建成小康社会奠定坚实基础。

三、基本原则

——坚持农民主体地位。以维护农民权益与增进农民福祉为工作的出发点和落脚点，尊重农民经营自主权和首创精神，激发广大农民群众创新、创业、创造活力，让农民成为农业现代化的自觉参与者和真正受益者。

——坚持优产能调结构协调兼顾。以保障国家粮食安全为底线，更加注重提高农业综合生产能力，更加注重调整优化农业结构，提升供给体系质量和效率，加快形成数量平衡、结构合理、品质优良的有效供给。

——坚持生产生活生态协同推进。妥善处理好农业生产、农民增收与环境治理、生态修复的关系，大力发展资源节约型、环境友好型、生态保育型农业，推进清洁化生产，推动农业提质增效、绿色发展。

——坚持改革创新双轮驱动。把体制机制改革和科技创新作为两大动力源，统筹推进农村土地制度、经营制度、集体产权制度等各项改革，着力提升农业科技自主创新能力，推动农业发展由注重物质要素投入向创新驱动转变。

——坚持市场政府两手发力。充分发挥市场在资源配置中的决定性作用，更好发挥政府在政策引导、宏观调控、支持保护、公共服务等方面作用，建立主体活力迸发、管理顺畅高效、制度保障完备的现代管理机制。

——坚持国内国际统筹布局。顺应全方位对外开放的大趋势，实施互利共赢的开放战略，加快形成进出有序、优势互补的农业对外合作局面，实现补充国内市场需求、促进结构调整、提升农业竞争力的有机统一。

——坚持农业现代化和新型城镇化相辅相成。引导农村剩余劳动力有序向城镇转移，积极发展小城镇，加快农业转移人口市民化进程，为发展多种形式适度规模经营、提高农业质量效益、实现农业现代化创造条件。

四、发展目标

到2020年，全国农业现代化取得明显进展，国家粮食安全得到有效保障，农产品供给体系质量和效率显著提高，农业国际竞争力进一步增强，农民生活达到全面小康水平，美丽宜居乡村建设迈上新台阶。东部沿海发达地区、大城市郊区、国有垦区和国家现代农业示范区基本实现农业现代化。以高标准农田为基础、以粮食生产功能区和重要农产品生产保护区为支撑的产能保障格局基本建立；粮经饲统筹、农林牧渔结合、种养加一体、一二三产业融合的现代农业产业体系基本构建；农业灌溉用水总量基本稳定，化肥、农药使用量零增长，畜禽粪便、农作物秸秆、农膜资源化利用目标基本实现。

专栏1 “十三五”农业现代化主要指标					
类别	指　标	2015年基期值	2020年目标值	年均增速〔累计〕	指标属性
粮食供给保障	粮食（谷物）综合生产能力（亿吨）	5	5.5	〔0.5〕	约束性
	小麦稻谷自给率（%）	100	100	–	约束性
农业结构	玉米种植面积（亿亩）	5.7	5	〔-0.7〕	预期性
	大豆种植面积（亿亩）	0.98	1.4	〔0.42〕	预期性
	棉花种植面积（万亩）	5698	5000	〔-698〕	预期性
	油料种植面积（亿亩）	2.1	2	〔-0.1〕	预期性
	糖料种植面积（万亩）	2610	2400	〔-210〕	预期性
	肉类产量（万吨）	8625	9000	0.85%	预期性
	奶类产量（万吨）	3870	4100	1.16%	预期性
	水产品产量（万吨）	6699	6600	-0.3%	预期性
	畜牧业产值占农业总产值比重（%）	28	>30	〔>2〕	预期性
	渔业总产值占农业总产值比重（%）	10	>10	–	预期性
	农产品加工业与农业总产值比	2.2	2.4	〔0.2〕	预期性
质量效益	农业劳动生产率（万元/人）	3	>4.7	>9.4%	预期性
	农村居民人均可支配收入增幅（%）	–	–	>6.5	预期性
	农产品质量安全例行监测总体合格率（%）	97	>97	–	预期性
可持续发展	耕地保有量（亿亩）	18.65	18.65	–	约束性
	草原综合植被盖度（%）	54	56	〔2〕	约束性
	农田灌溉水有效利用系数	0.532	>0.55	〔>0.018〕	预期性
	主要农作物化肥利用率（%）	35.2	40	〔4.8〕	约束性
	主要农作物农药利用率（%）	36.6	40	〔3.4〕	约束性
	农膜回收率（%）	60	80	〔20〕	约束性
	养殖废弃物综合利用率（%）	60	75	〔15〕	约束性

续 表

技术装备	农田有效灌溉面积(亿亩)	9.88	>10	〔>0.12〕	预期性
	农业科技进步贡献率(%)	56	60	〔4〕	预期性
	农作物耕种收综合机械化率(%)	63	70	〔7〕	预期性
规模经营	多种形式土地适度规模经营占比(%)	30	40	〔10〕	预期性
	畜禽养殖规模化率(%)	54	65	〔11〕	预期性
	水产健康养殖示范面积比重(%)	45	65	〔20〕	预期性
支持保护	全国公共财政农林水事务支出总额(亿元)	17380	>17380	–	预期性
	农业保险深度(%)	0.62	0.9	〔0.28〕	预期性

备注:1. 小麦稻谷自给率是指小麦稻谷国内生产能力满足需求的程度。
2. 农业保险深度是指农业保费收入与农林牧渔业增加值的比值。

第三章　创新强农　着力推进农业转型升级

创新是农业现代化的第一动力,必须着力推进供给创新、科技创新和体制机制创新,加快实施藏粮于地、藏粮于技战略和创新驱动发展战略,培育更健康、更可持续的增长动力。

一、推进农业结构调整

(一)调整优化种植结构。坚持有保有压,推进以玉米为重点的种植业结构调整。稳定冬小麦面积,扩大专用小麦面积,巩固北方粳稻和南方双季稻生产能力。减少东北冷凉区、北方农牧交错区、西北风沙干旱区、太行山沿线区、西南石漠化区籽粒玉米面积,推进粮改饲。恢复和增加大豆面积,发展高蛋白食用大豆,保持东北优势区油用大豆生产能力,扩大粮豆轮作范围。在棉花、油料、糖料、蚕桑优势产区建设一批规模化、标准化生产基地。推动马铃薯主食产业开发。稳定大中城市郊区蔬菜保有面积,确保一定的自给率。在海南、广东、云南、广西等地建设国家南菜北运生产基地。(农业

部牵头，国家发展改革委、财政部、水利部、商务部等部门参与）

（二）提高畜牧业发展质量。统筹考虑种养规模和资源环境承载力，推进以生猪和草食畜牧业为重点的畜牧业结构调整，形成规模化生产、集约化经营为主导的产业发展格局，在畜牧业主产省（区）率先实现现代化。保持生猪生产稳定、猪肉基本自给，促进南方水网地区生猪养殖布局调整。加快发展草食畜牧业，扩大优质肉牛肉羊生产，加强奶源基地建设，提高国产乳品质量和品牌影响力。发展安全高效环保饲料产品，加快建设现代饲料工业体系。（农业部牵头，工业和信息化部、质检总局、食品药品监管总局等部门参与）

（三）推进渔业转型升级。以保护资源和减量增收为重点，推进渔业结构调整。统筹布局渔业发展空间，合理确定湖泊和水库等公共水域养殖规模，稳定池塘养殖，推进稻田综合种养和低洼盐碱地养殖。大力发展水产健康养殖，加强养殖池塘改造。降低捕捞强度，减少捕捞产量，加大减船转产力度，进一步清理绝户网等违规渔具和“三无”（无捕捞许可证、无船舶登记证书、无船舶检验证书）渔船。加快渔政渔港等基础设施建设，完善全国渔政执法监管指挥调度平台。规范有序发展远洋渔业，完善远洋捕捞加工、流通、补给等产业链，建设海外渔业综合服务基地。（农业部牵头，国家发展改革委、财政部、国家海洋局等部门参与）

（四）壮大特色农林产品生产。开展特色农产品标准化生产示范，推广名优品种和适用技术，建设一批原产地保护基地，培育一批特色明显、类型多样、竞争力强的专业村、专业乡镇。实施木本粮油建设工程和林业特色产业工程，发展林下经济。（农业部、国家林业局牵头，国家发展改革委、财政部等部门参与）

二、增强粮食等重要农产品安全保障能力

（一）建立粮食生产功能区和重要农产品生产保护区。全面完成永久基本农田划定，将15.46亿亩基本农田保护面积落地到户、上图入库，实施最严格的特殊保护。优先在永久基本农田上划定和建设粮食生产功能区和重要农产品生产保护区。优先将水土资源匹配较好、相对集中连片的稻谷小麦田划定为粮食生产功能区，对大豆、棉花、糖料蔗等重要农产品划定生产保护区，明确保有规模，加大建设力度，实行重点保护。（国家发展改革委、国土资源部、农业部牵头，财政部、环境保护部、水利部、国家统计局、国家粮食局等部门参与）

（二）大规模推进高标准农田建设。整合完善建设规划，统一建设标准、监管考核和上图入库。统筹各类农田建设资金，做好项目衔接配套，形成高标准农田建设合力。创新投融资方式，通过委托代建、先建后补等方式支持新型经营主体和工商资本加大高标准农田投入，引导政策性银行和开发性金融机构加大信贷支持力度。（国家发展改革委牵头，财政部、国土资源部、水利部、农业部、人民银行、中国气象局、银监会等部门参与）

三、提高技术装备和信息化水平

（一）全面提高自主创新能力。坚持以科技创新为引领，激发创新活力，农业科技创新能力总体上达到发展中国家领先水平。深化农业科技体制改革，强化企业在技术创新中的主体地位。实施一批重点科技计划，尽快突破一批具有自主知识产权的重大技术及装备。强化技术集成创新，深入开展粮棉油糖绿色增产模式攻关和整建制绿色高产高效创建，加强沙化草原治理、盐碱地改造等技术模式攻关。改善农业重点学科实验室、科学实验站（场）研究条件，推进现代农业产业技术体系建设，打造现代农业产业科技创新中心。实施农业科研杰出人才培养计划，建设国家农业科技创新联盟。加强生物安全监管，促进现代农业生物技术健康发展。（科技部、农业部牵头，国家发展改革委、财政部、人力资源社会保障部、质检总局、中科院等部门参与）

（二）推进现代种业创新发展。保障国家种业安全，加强杂种优势利用、分子设计育种、高效制繁种等关键技术研发，培育和推广适应机械化生产、高产优质、多抗广适的突破性新品种，完善良种繁育基地设施条件，健全园艺作物良种苗木繁育体系，推进主要农作物新一轮品种更新换代。建设畜禽良种繁育体系，推进联合育种和全基因组选择育种，加快本品种选育和新品种培育，推动主要畜禽品种国产化。提升现代渔业种业创新能力，建设一批水产种质资源保护库、种质资源场、育种创新基地、品种性能测试中心。加强种质资源普查、收集、保护与评价利用。深入推进种业领域科研成果权益改革，加快培育一批具有国际竞争力的现代种业企业。（农业部、科技部牵头，国家发展改革委、财政部、国土资源部、国家林业局、中科院等部门参与）

（三）增强科技成果转化应用能力。健全农业科技成果使用、处置和收益管理制度，深化基层农技推广体系改革，完善科技推广人员绩效考核和激励机制，构建以基层农技推广机构为主导、科研院校为支撑、农业社会化服务组织广泛参与的新型农技推广体系，探索建立集农技推广、信用评价、保险推广、营销于一体的公益性、综合性农业服务组织。加强农业知识产权保护和应用。建设全国农业科技成果转移服务中心，推行科技特派员制度，推进国家农业科技园区建设。（科技部、农业部牵头，国家发展改革委、教育部、财政部、国家知识产权局、银监会、保监会等部门参与）

（四）促进农业机械化提档升级。提升小麦生产全程机械化质量，提高水稻机械栽插、玉米马铃薯甘蔗机械收获水平，尽快突破棉油糖牧草等作物生产全程机械化和丘陵山区机械化制约瓶颈。推进农机深耕深松作业，力争粮食主产区年度深耕深松整地面积达到30%左右。积极发展畜牧业和渔业机械化，提升设施农业、病虫防治装备水平，发展农用航空。（农业部牵头，国家发展改革委、科技部、工业和信息化部、财政部、国家粮食局等部门参与）

（五）推进信息化与农业深度融合。加快实施“互联网+”现代农业行动，加强物联网、智能装备的推广应用，推进信息进村入户，提升农民手机应用技能，力争到2020年农业物联网等信息技术应用比例达到17%、农村互联网普及率达到52%、信息进村入户村级信息服务站覆盖率达到80%。建设全球农业数据调查分析系统，定期发布重要农产品供需信息，基本建成集数据监测、分析、发布和服务于一体的国家数据云平台。加强农业遥感基础设施建设，建立重要农业资源台账制度。健全农村固定观察点调查体系。（农业部、国家发展改革委牵头，工业和信息化部、财政部、国土资源部、环境保护部、水利部、商务部、国家统计局、国家林业局、中科院、中国气象局等部门参与）

四、深化农业农村改革

（一）稳定完善农村基本经营制度。稳定农村土地承包关系并保持长久不变，落实集体所有权，稳定农户承包权，放活土地经营权，完善“三权”分置办法。加快推进农村承包地确权登记颁证，力争2018年底基本完成。在有条件的地方稳妥推进进城落户农民土地承包权有偿退出试点。健全县乡农村经营管理体系，加强土地流转和规模经营的管理服务。（中央农办、农业部牵头，国家发展改革委、财政部、人力资源社会保障部、国土资源部、国务院法制办等部门参与）

（二）积极发展多种形式适度规模经营。继续坚持和完善家庭联产承包责任制，在尊重农民意愿和保护农民权益的前提下，更好地发挥村集体统筹协调作用，引导农户依法自愿有序流转土地经营权，鼓励农户通过互换承包地、联耕联种等多种方式，实现打掉田埂、连片耕种，解决农村土地细碎化问题，提高机械化水平和生产效率。支持通过土地流转、土地托管、土地入股等多种形式发展适度规模经营，加强典型经验总结和推广。加快建立新型经营主体支持政策体系，扩大新型经营主体承担涉农项目规模，建立新型经营主体生产经营信息直报制度。实施农业社会化服务支撑工程，扩大农业生产全程社会化服务创新试点和政府购买公益性服务机制创新试点范围，推进代耕代种、病虫害统防统治等服务的专业化、规模化、社会化。（农业部牵头，中央农办、国家发展改革委、财政部、国土资源部、水利部、人民银行、税务总局、工商总局、国家统计局、银监会、保监会、供销合作总社等部门参与）

（三）深化农村集体产权制度改革。着力推进农村集体资产确权到户和股份合作制改革，赋予农民对集体资产股份占有、收益、有偿退出及抵押、担保、继承权。有序推进农村集体资产股份权能改革试点，到 2020 年基本完成经营性资产折股量化到本集体经济组织成员，健全非经营性资产集体统一运行管护机制。加快建立城乡统一用地市场，在符合规划、用途管制和依法取得前提下，推进农村集体经营性建设用地与国有建设用地同等入市、同权同价。稳妥推进农村土地征收、集体经营性建设用地入市、宅基地制度改革等试点，加强经验总结，适时修订完善相关法律法规。完善集体林权制度，引导林权规范有序流转，鼓励发展家庭林场、股份合作林场。（中央农办、农业部、国土资源部、国家林业局牵头，国家发展改革委、财政部、住房城乡建设部、人民银行、国务院法制办等部门参与）

（四）打造农业创新发展试验示范平台。发挥国家现代农业示范区引领作用，率先实现基础设施完备化、技术应用集成化、生产经营集约化、生产方式绿色化、支持保护系统化。推动农村改革试验区先行先试，率先突破制约农业现代化发展的体制机制障碍。推进农业可持续发展试验示范区建设，探索农业资源高效利用、生态修复保护、突出问题治理、循环农业发展等模式。发挥农垦在农业现代化建设中的排头兵作用和国有农业经济中的骨干作用，加快实施农垦国际大粮商战略，推进垦区集团化、农场企业化改革，推动农垦联合联盟联营。深化黑龙江省“两大平原”现代农业综合配套改革、重庆市和成都市统筹城乡综合配套改革试验。（农业部、国家发展改革委牵头，财政部、国土资源部、环境保护部等部门参与）

专栏2　创新强农重大工程

（一）高标准农田建设工程。

以粮食主产区为重点，优先建设确保口粮安全的高标准农田，开展农田灌排设施、机耕道路、农田林网、输配电设施、农机具存放设施和土壤改良等田间工程建设，大规模改造中低产田，到 2020 年确保建成 8 亿亩、力争完成 10 亿亩集中连片、旱涝保收、稳产高产、生态友好的高标准农田。加快大中型灌区建设及续建配套、大中型灌排泵站更新改造，因地制宜实施田间渠系、“五小水利”等工程。建设国家耕地质量调查监测网络，建立耕地质量大数据平台。（国家发展改革委牵头，财政部、国土资源部、水利部、农业部等部门参与）

续表

（二）现代种业建设工程。 完善种质资源保护利用体系，建设一批国家种质资源库（圃）。建设海南、甘肃、四川三大国家级育种制种基地和100个区域性良种繁育基地。改善育种科研、种子生产、种业监管等基础设施条件，建成一批品种测试站、种畜禽及水产良种场。加强种子质量检测、进境种苗和种用动物检疫能力建设。（农业部、国家发展改革委牵头，科技部、财政部、国土资源部、质检总局等部门参与） （三）现代农业科技创新驱动工程。 加强农业科技创新条件建设，改善200个农业重点实验室创新条件，提升200个国家农业科学观测站基础设施水平，建设200个现代化科学实验基地。提升农业机械化水平，创建500个全程机械化示范县。建设和改造升级一批农业高新技术产业示范区、国家农业科技园区和现代农业产业科技创新中心，培育1万家左右的农业高新技术企业。（农业部、科技部牵头，国家发展改革委、财政部等部门参与） （四）智慧农业引领工程。 对大田种植、畜禽养殖、渔业生产等进行物联网改造，建成10个农业物联网应用示范省、100个农业物联网应用示范区、1000个农业物联网应用示范基地。建设村级益农信息社，到2020年基本覆盖所有行政村。建设全球农业数据调查分析系统，改造升级国家农业数据中心。建设基于卫星遥感、航空无人机、田间观测一体化的农业遥感应用与研究中心。（农业部、国家发展改革委牵头，工业和信息化部、财政部等部门参与） （五）种养结合循环农业工程。 开展畜禽规模养殖场（小区）、水产养殖场和屠宰场标准化改造，改善养殖和屠宰加工条件，完善粪污处理等设施，推进循环利用。建设300个种养结合循环农业发展示范县，促进种养业绿色发展。以畜禽规模养殖场为重点，建设大型沼气工程、生物质燃气提纯利用及有机肥加工设施，发展以沼气为纽带的生态循环农业。（农业部、国家发展改革委牵头，财政部、环境保护部、国家能源局等部门参与）

第四章　协调惠农　着力促进农业均衡发展

协调是农业现代化的内在要求，必须树立全面统筹的系统观，着力推进产业融合、区域统筹、主体协同，加快形成内部协调、与经济社会发展水平和资源环境承载力相适应的农业产业布局，促进农业现代化水平整体跃升。

一、推进农村一二三产业融合发展

（一）协同推进农产品生产与加工业发展。统筹布局农产品生产基地建设与初加工、精深加工发展及副产品综合利用，扩大产地初加工补助项目实施区域和品种范围，加快完善粮食、“菜篮子”产品和特色农产品产后商品化处理设施。鼓励玉米等农产品精深加工业向优势产区和关键物流节点转移，加快消化粮棉油库存。提升主食产业化水平，推动农产品加工副产物循环、全值、梯次利用。（农业部牵头，国家发展改革委、工业和信息化部、财政部、国土资源部、商务部、国家粮食局等部门参与）

（二）完善农产品市场流通体系。在优势产区建设一批国家级、区域级产地批发市场和田头市场，推动公益性农产品市场建设。实施农产品产区预冷工程，建设农产品产地运输通道、冷链物流配送中心和配送站。打造农产品营销公共服务平台，推广农社、农企等形式的产销对接，支持城市社区设立鲜活农产品直销网点，推进商贸流通、供销、邮政等系统物流服务网络和设施为农服务。（国家发展改革委、商务部、农业部牵头，财政部、交通运输部、食品药品监管总局、国家粮食局、国家邮政局、供销合作总社等部门参与）

（三）发展农业新型业态。加快发展农产品电子商务，完善服务体系，引导新型经营主体对接各类电子商务平台，健全标准体系和冷链物流体系，到“十三五”末农产品网上零售额占农业总产值比重达到8%。推动科技、人文等元素融入农业，稳步发展农田艺术景观、阳台农艺等创意农业，鼓励发展工厂化、立体化等高科技农业，积极发展定制农业、会展农业等新型业态。（农业部、商务部牵头，国家发展改革委、工业和信息化部、供销合作总社等部门参与）

（四）拓展农业多种功能。依托农村绿水青山、田园风光、乡土文化等资源，大力发展生态休闲农业。采取补助、贴息、鼓励社会资本以市场化原则设立产业投资基金等方式，支持休闲农业和乡村旅游重点村改善道路、宽带、停车场、厕所、垃圾污水处理设施等条件，建设魅力村庄和森林景区。加强重要农业文化遗产发掘、保护、传承和利用,强化历史文化名村(镇)、传统村落整体格局和历史风貌保护,传承乡土文化。(农业部、国家旅游局牵头,国家发展改革委、财政部、住房城乡建设部、水利部、文化部、国家林业局、国家文物局等部门参与)

(五)创新一二三产业融合机制。以产品为依托,发展订单农业和产业链金融,开展共同营销,强化对农户的技术培训、贷款担保等服务。以产业为依托,发展农业产业化,建设一批农村一二三产业融合先导区和农业产业化示范基地,推动农民合作社、家庭农场与龙头企业、配套服务组织集群集聚。以产权为依托,推进土地经营权入股发展农业产业化经营,通过"保底+分红"等形式增加农民收入。以产城融合为依托,引导二三产业向县域重点乡镇及产业园区集中,推动农村产业发展与新型城镇化相结合。(国家发展改革委、农业部牵头,中央农办、财政部、人民银行、银监会、保监会等部门参与)

二、促进区域农业统筹发展

(一)优化发展区。对水土资源匹配较好的区域,提升重要农产品生产能力,壮大区域特色产业,加快实现农业现代化。(农业部、国家发展改革委牵头,财政部、国土资源部、环境保护部等部门参与)

东北区。合理控制地下水开发利用强度较大的三江平原地区水稻种植规模,适当减少高纬度区玉米种植面积,增加食用大豆生产。适度扩大生猪、奶牛、肉牛生产规模。提高粮油、畜禽产品深加工能力,加快推进黑龙江等垦区大型商品粮基地和优质奶源基地建设。

华北区。适度调减地下水严重超采地区的小麦种植,加强果蔬、小杂粮等特色农产品生产。稳定生猪、奶牛、肉牛肉羊养殖规模,发展净水渔业。推动京津冀现代农业协同发展。

长江中下游区。稳步提升水稻综合生产能力,巩固长江流域"双低"(低芥酸、低硫甙)油菜生产,发展高效园艺产业。调减重金属污染区水稻种植面积。控制水网密集区生猪、奶牛养殖规模，适度开发草山草坡资源发展草食畜牧业，大力发展名优水产品生产。

华南区。稳定水稻面积，扩大南菜北运基地和热带作物产业规模。巩固海南、广东天然橡胶生产能力，稳定广西糖料蔗产能，加强海南南繁基地建设。稳步发展大宗畜产品，加快发展现代水产养殖。

（二）适度发展区。对农业资源环境问题突出的区域，重点加快调整农业结构，限制资源消耗大的产业规模，稳步推进农业现代化。（农业部、国家发展改革委牵头，财政部、国土资源部、环境保护部等部门参与）

西北区。调减小麦种植面积，增加马铃薯、饲用玉米、牧草、小杂粮种植。扩大甘肃玉米良种繁育基地规模，稳定新疆优质棉花种植面积，稳步发展设施蔬菜和特色园艺。发展适度规模草食畜牧业，推进冷水鱼类资源开发利用。

北方农牧交错区。推进农林复合、农牧结合、农牧业发展与生态环境深度融合，发展粮草兼顾型农业和草食畜牧业。调减籽粒玉米种植面积，扩大青贮玉米和优质牧草生产规模，发展奶牛和肉牛肉羊养殖。

西南区。稳定水稻面积，扩大马铃薯种植，大力发展特色园艺产业，巩固云南天然橡胶和糖料蔗生产能力。合理开发利用草地资源和水产资源，发展生态畜牧业和特色渔业。

（三）保护发展区。对生态脆弱的区域，重点划定生态保护红线，明确禁止类产业，加大生态建设力度，提升可持续发展水平。（环境保护部、农业部、国家发展改革委牵头，财政部、国土资源部、国家海洋局等部门参与）

青藏区。严守生态保护红线，加强草原保护建设。稳定青稞、马铃薯、油菜发展规模，推行禁牧休牧轮牧和舍饲半舍饲，发展牦牛、藏系绵羊、绒山羊等特色畜牧业。

海洋渔业区。控制近海养殖规模，拓展外海养殖空间。扩大海洋牧场立体养殖、深水网箱养殖规模,建设海洋渔业优势产业带。

三、推动经营主体协调发展

(一)加快构建新型职业农民队伍。加大农村实用人才带头人、现代青年农场主、农村青年创业致富“领头雁”和新型经营主体带头人培训力度,到“十三五”末,实现新型经营主体带头人轮训一遍。将新型职业农民培育纳入国家教育培训发展规划,鼓励农民采取“半农半读”等方式就近就地接受职业教育。建立教育培训、规范管理、政策扶持相衔接配套的新型职业农民培育制度,提高农业广播电视学校教育培训能力。(农业部、人力资源社会保障部牵头,中央组织部、教育部、财政部、水利部、国家林业局、共青团中央等部门参与)

(二)提升新型经营主体带动农户能力。培育发展家庭农场,提升农民合作社规范化水平,鼓励发展农民合作社联合社,落实财政补助形成的资产转交合作社持有和管护政策。强化农业产业化龙头企业联农带农激励机制,带动农户发展适度规模经营,带动农民合作社、家庭农场开拓市场。加强工商资本租赁农户承包地监管和风险防范,强化土地流转、订单等合同履约监督。(农业部牵头,国家发展改革委、财政部、工商总局、供销合作总社等部门参与)

(三)促进农村人才创业就业。建立创业就业服务平台,强化信息发布、技能培训、创业指导等服务。加大政府创业投资引导基金对农民创业支持力度,中小企业专项资金要按规定对农民工和大学生返乡创业予以支持。实施农民工等人员返乡创业行动计划,开展百万乡村旅游创客行动,引导有志投身现代农业建设的农村青年、返乡农民工、农村大中专毕业生创办领办家庭农场、农民合作社和农业企业。(人力资源社会保障部、农业部牵头,国家发展改革委、教育部、工业和信息化部、财政部、共青团中央等部门参与)

专栏3 协调惠农重大工程
（一）农村一二三产业融合发展工程。 开展“百县千乡万村”农村一二三产业融合发展试点示范，打造一批农村产业融合领军企业，培育一批产业融合先导区。改善农产品初加工、深加工、休闲农业和乡村旅游设施条件，建设规模化、标准化原料生产基地及农产品加工技术集成基地，打造1500个“一村一品”示范村镇。（国家发展改革委牵头，工业和信息化部、财政部、农业部、商务部、国家林业局、国家旅游局、国家粮食局等部门参与） （二）新型经营主体培育工程。 创建示范家庭农场、农民合作社示范社、产业化示范基地、社会化服务示范组织。实施现代农业人才支撑计划。开展新型经营主体带头人培育行动，实施现代青年农场经营者、农村实用人才和新型职业农民培育工程。（农业部牵头，国家发展改革委、财政部、人力资源社会保障部、共青团中央等部门参与）

第五章 绿色兴农 着力提升农业可持续发展水平

绿色是农业现代化的重要标志，必须牢固树立绿水青山就是金山银山的理念，推进农业发展绿色化，补齐生态建设和质量安全短板，实现资源利用高效、生态系统稳定、产地环境良好、产品质量安全。

一、推进资源保护和生态修复

（一）严格保护耕地。落实最严格的耕地保护制度，坚守耕地红线，严控新增建设用地占用耕地。完善耕地占补平衡制度，研究探索重大建设项目国家统筹补充耕地办法，全面推进建设占用耕地耕作层土壤剥离再利用。大力实施农村土地整治，推进耕地数量、质量、生态“三位一体”保护。实施耕地质量保护与提升行动，力争到“十三五”末全国耕地质量提升0.5个等级（别）以上。（国土资源部、农业部牵头，国家发展改革委、财政部、环境保护部、住房城乡建设部、水利部等部门参与）

（二）节约高效用水。在西北、华北等地区推广耐旱品种和节水保墒技术，限制高耗水农作物种植面积。在粮食主产区、生态环境脆弱区、水资源开发过度区等重点地区加快实施田间高效节水灌溉工程，完善雨水集蓄利用等设施。推进农业水价综合改革，建立节水奖励和精准补贴机制，增强农民节水意识。推进农业灌溉用水总量控制和定额管理。加强人工影响天气能力建设，加大云水资源开发利用力度。（水利部牵头，国家发展改革委、财政部、国土资源部、农业部、中国气象局等部门参与）

（三）加强林业和湿地资源保护。严格执行林地、湿地保护制度，深入推进林业重点生态工程建设，搞好天然林保护，确保“十三五”末森林覆盖率达到23.04%、森林蓄积量达到165亿立方米。开展湿地保护和恢复，加强湿地自然保护区建设。继续推进退耕还林、退耕还湿，加快荒漠化石漠化治理。（国家林业局牵头，国家发展改革委、财政部、环境保护部、水利部、农业部等部门参与）

（四）修复草原生态。加快基本草原划定和草原确权承包工作，全面实施禁牧休牧和草畜平衡制度，落实草原生态保护补助奖励政策。继续推进退牧还草、退耕还草、草原防灾减灾和鼠虫草害防治等重大工程，建设人工草场和节水灌溉饲草料基地，扩大舍饲圈养规模。合理利用南方草地资源，保护南方高山草甸生态。（农业部牵头，国家发展改革委、财政部、水利部等部门参与）

（五）强化渔业资源养护。建立一批水生生物自然保护区和水产种质资源保护区，恢复性保护产卵场、索饵场、越冬场和洄游通道等重要渔业水域，严格保护中华鲟、长江江豚、中华白海豚等水生珍稀濒危物种。促进渔业资源永续利用，扩大水生生物增殖放流规模，建设人工鱼礁、海洋牧场。建立海洋渔业资源总量管理制度，加强渔业资源调查，健全渔业生态环境监测网络体系，实施渔业生态补偿。（农业部牵头，国家发展改革委、财政部、环境保护部、国家海洋局等部门参与）

（六）维护生物多样性。加强农业野生植物资源和畜禽遗传资源保护，建设一批野生动植物保护区。完善野生动植物资源监测和保存体系，开展濒危动植物物种专项救护，遏制生物多样性减退速度。强化外来物种入侵和遗传资源丧失防控。（农业部、国家林业局、质检总局牵头，国家发展改革委、环境保护部、海关总署等部门参与）

二、强化农业环境保护

（一）开展化肥农药使用量零增长行动。集成推广水肥一体化、机械深施等施肥模式，集成应用全程农药减量增效技术，发展装备精良、专业高效的病虫害防治专业化服务组织，力争到“十三五”末主要农作物测土配方施肥技术推广覆盖率达到90%以上，绿色防控覆盖率达到30%以上。（农业部牵头，工业和信息化部、财政部、环境保护部等部门参与）

（二）推动农业废弃物资源化利用无害化处理。推进畜禽粪污综合利用，推广污水减量、厌氧发酵、粪便堆肥等生态化治理模式，建立第三方治理与综合利用机制。完善病死畜禽无害化处理设施，建成覆盖饲养、屠宰、经营、运输整个链条的无害化处理体系。推动秸秆肥料化、饲料化、基料化、能源化、原料化应用，率先在大气污染防治重点区域基本实现全量化利用。健全农田残膜回收再利用激励机制，严禁生产和使用厚度0.01毫米以下的地膜，率先在东北地区实现大田生产地膜零增长。（农业部、国家发展改革委牵头，工业和信息化部、财政部、国土资源部、环境保护部、国家能源局等部门参与）

（三）强化环境突出问题治理。推广应用低污染、低消耗的清洁种养技术，加强农业面源污染治理，实施源头控制、过程拦截、末端治理与循环利用相结合的综合防治。控制华北等地下水漏斗区用水总量，调整种植结构，推广节水设施。综合治理耕地重金属污染，严格监测产地污染，推进分类管理，开展修复试点。扩大黑土地保护利用试点规模，在重金属污染区、地下水漏斗区、生态严重退化地区实行耕地轮作休耕制度试点。（国家发展改革委牵头，财政部、国土资源部、环境保护部、水利部、农业部、国家林业局等部门参与）

三、确保农产品质量安全

（一）提升源头控制能力。探索建立农药、兽药、饲料添加剂等投入品电子追溯码监管制度，推行高毒农药定点经营和实名购买，推广健康养殖和高效低毒兽药，严格饲料质量安全管理。落实家庭农场、农民合作社、农业产业化龙头企业生产档案记录和休药期制度。

(农业部牵头,工业和信息化部、食品药品监管总局等部门参与)

(二)提升标准化生产能力。加快构建农兽药残留限量标准体系,实施农业标准制修订五年行动计划。创建农业标准化示范区,深入推进园艺作物、畜禽水产养殖、屠宰标准化创建,基本实现全国"菜篮子"产品生产大县规模种养基地生产过程标准化、规范化。(农业部、质检总局牵头,食品药品监管总局等部门参与)

(三)提升品牌带动能力。构建农业品牌制度,增强无公害、绿色、有机农产品影响力,有效保护农产品地理标志,打造一批知名公共品牌、企业品牌、合作社品牌和农户品牌。(农业部牵头,商务部、质检总局、食品药品监管总局等部门参与)

(四)提升风险防控能力。建立健全农产品质量安全风险评估、监测预警和应急处置机制,深入开展突出问题专项整治。启动动植物保护能力提升工程,实现全国动植物检疫防疫联防联控。加强人畜共患传染病防治,建设无规定动物疫病区和生物安全隔离区,完善动物疫病强制免疫和强制扑杀补助政策。强化风险评估,推进口岸动植物检疫规范化建设,健全国门生物安全查验机制。(农业部、质检总局牵头,国家发展改革委、财政部、国家卫生计生委、海关总署、食品药品监管总局等部门参与)

(五)提升农产品质量安全监管能力。建立农产品追溯制度,建设互联共享的国家农产品质量安全监管追溯管理信息平台,农业产业化龙头企业、"三品一标"(无公害、绿色、有机农产品和农产品地理标志)获证企业、农业示范基地率先实现可追溯。创建国家农产品质量安全县,全面提升质量安全水平。开展农产品生产者信用体系建设,打造农产品生产企业信用信息系统,加大信用信息公开力度。(农业部牵头,国家发展改革委、工业和信息化部、商务部、工商总局、质检总局、食品药品监管总局、国家粮食局等部门参与)

专栏4　绿色兴农重大工程

（一）农业资源与生态环境保护工程。

1. 水土资源保护。加强重点区域耕地保护，建设东北黑土地保护示范区、西北旱作节水农业示范区、南方酸性水稻土污染综合治理示范区。发展节水农业，加快实施东北节水增粮、西北节水增效、华北节水压采、南方节水减排等区域规模化高效节水灌溉工程，新增高效节水灌溉面积1亿亩。（农业部、水利部牵头，国家发展改革委、财政部、国土资源部、环境保护部等部门参与）

2. 生态保护修复。实施新一轮退耕退牧还林还草工程。稳定扩大退牧还草范围，合理布局草原围栏和退化草原补播改良，开展毒害草、黑土滩和农牧交错带已垦草原治理。加强长江中上游、黄河沿线及贵州草海等自然湿地保护，综合治理功能降低、生物多样性减少的湿地。在粮食主产区营造农田防护林网，提升防护林体系综合功能。（国家发展改革委、农业部、国家林业局牵头，科技部、财政部、环境保护部等部门参与）

3. 水生珍稀濒危物种抢救性保护。建设中华鲟产卵场、救护中心、保种中心，江豚迁地保护区，以及珍稀濒危物种保护繁育中心、遗传基因库，建设一批水生生物自然保护区、水产种质资源保护区。（农业部牵头，国家发展改革委、财政部、环境保护部等部门参与）

4. 农业废弃物资源化利用无害化处理示范。在种养密集区域，创建一批示范县，完善畜禽粪污和秸秆综合利用、病死畜禽无害化处理、农田残膜回收再利用设施，探索农业废弃物资源化利用模式。（农业部、国家发展改革委牵头，工业和信息化部、财政部、国土资源部、环境保护部、国家能源局等部门参与）

（二）农业生产安全保障工程。

改善动物疫病控制净化设施，强化外来动植物疫病虫害和有害生物查验截获、检测鉴定、除害处理、监测防控体系建设。建设草原生物灾害监测点、草原火灾监测点和草原固定监测点，完善区域性草原生物灾害防治站、防火站和雪灾防灾设施，加强草原火险预报预警。完善区域性渔船避灾设施，建设一批中心渔港和一级渔港、二级渔港、避风锚地及内陆渔港。建设区域农机安全应急救援中心，提高快速救援、维修和作业实时监测能力。建设森林防火大型装备队伍、风力灭火机械化队伍、以水灭火机械化队伍。（农业部、国家发展改革委、国家林业局牵头，财政部等部门参与）

（三）农产品质量安全工程。

强化农业执法监管能力建设。健全农产品质量安全监管追溯体系，完善国家农产品质量安全监管追溯管理信息平台，建立省级监管指挥调度中心和县级追溯点。提升基层农产品质量安全监管能力，改善监管条件。建设50家国家农产品质量安全风险评估实验室和50家主产区实验站。（农业部牵头，国家发展改革委、财政部、商务部、质检总局、食品药品监管总局、国家粮食局等部门参与）

第六章　开放助农　着力扩大农业对外合作

开放是农业现代化的必由之路，必须坚持双向开放、合作共赢、共同发展，着力加强农业对外合作，统筹用好国内国际两个市场两种资源，提升农业对外开放层次和水平。

一、优化农业对外合作布局

统筹考虑全球农业资源禀赋、农产品供求格局和投资政策环境等因素，分区域、国别、产业、产品确定开放布局。加强与“一带一路”沿线国家在农业投资、贸易、技术和产能领域的合作，与生产条件好的农产品出口国开展调剂型、紧缺型农产品供给能力合作。强化与粮食进口国和主要缺粮国的种养业技术合作，增强其生产能力。（农业部、国家发展改革委、商务部牵头，外交部、财政部、国家粮食局等部门参与）

专栏5　农业对外合作重点领域
粮食产业：示范生产基地以及粮食仓储、加工物流。
经济作物产业：大豆、天然橡胶、糖料、棕榈油、棉花、剑麻和茧丝绸生产、加工物流。
畜牧产业：畜禽养殖、加工物流。
渔业产业：远洋捕捞、水产养殖以及渔业码头、加工厂、冷库等远洋渔业配套服务。
农产品仓储物流业：农产品港口码头、仓储和物流。
农机装备产业：先进适用农机设备生产、维修、保养以及大型农机装备研发。
农资产业：种子、农药、化肥、饲料、兽药。
森林产业：森林资源开发利用、木材加工。

二、提升农业对外合作水平

（一）培育大型跨国涉农企业集团。培育一批具有国际竞争力和品牌知名度的生产商、流通商和跨国农业企业集团，支持企业在农产品生产、加工、仓储、港口和物流等环节开展跨国全产业链布局，在农机、农药、种子、化肥等农业投入品领域开展国际产能合作。支持企业以境外资产和股权抵质押获得贷款，鼓励符合条件的企业通过境内外上市、发行债券等方式融资，支持保险机构开发农业对外合作保险产品。（农业部牵头，农业对外合作部际联席会议其他

各成员单位参与）

（二）推进农业科技对外合作。鼓励农业科研院校、企业在发达国家建立海外农业科学联合实验室，在发展中国家设立农业重点实验室、技术实验示范基地和科技示范园区，促进成果分享和技术出口。积极参与涉农国际规则、标准制定，承担国际标准化组织等工作，推进农业标准和农产品认证互认与合作。鼓励我国科技特派员到中亚、东南亚、非洲等地开展科技创业，引进国际人才到我国开展农村科技创业。（农业部、科技部、质检总局牵头，农业对外合作部际联席会议其他各成员单位参与）

（三）完善农业对外合作服务体系。统筹农业对外合作资金渠道，加大对农业对外合作支持力度。建设农业对外合作公共信息服务平台，强化行业协会、中介组织、企业联盟在推动和规范农业对外合作中的作用。支持大专院校加强农业国际合作教育，培养跨国农业研究、投资与经营管理人才。在“一带一路”沿线以及非洲、拉美等区域和国家，建立一批境外农业合作园区。（商务部、农业部牵头，农业对外合作部际联席会议其他各成员单位参与）

（四）提高农业引进来质量。加强先进技术装备引进，鼓励引进全球农业技术领先的企业、机构和管理团队。推行准入前国民待遇加负面清单管理模式，鼓励外资投向现代农机装备制造业、特色产业、农产品加工业、农业废弃物资源化利用。完善海外高层次农业人才引进支持政策，强化与世界一流涉农高等院校、科研机构、国际组织的人才合作。（农业部、国家发展改革委、商务部牵头，外交部、人力资源社会保障部等部门参与）

三、促进农产品贸易健康发展

（一）促进优势农产品出口。巩固果蔬、茶叶、水产等传统出口产业优势，建设一批出口农产品质量安全示范基地（区），培育一批有国际影响力的农业品牌，对出口基地的优质农产品实施检验检疫配套便利化措施，落实出口退税政策。鼓励建设农产品出口交易平台，建设境外农产品展示中心，用“互联网＋外贸”推动优势农产品出口。加强重要农产品出口监测预警，积极应对国际贸易纠纷。

（商务部、质检总局牵头，国家发展改革委、财政部、农业部、海关总署、国家粮食局等部门参与）

（二）加强农产品进口调控。把握好重要农产品进口时机、节奏，完善进口调控政策，适度增加国内紧缺农产品进口。积极参加全球农业贸易规则制定，加强粮棉油糖等大宗农产品进口监测预警，健全产业损害风险监测评估、重要农产品贸易救济、贸易调整援助等机制。加强进口农产品检验检疫监管，强化边境管理，打击农产品走私。（国家发展改革委、商务部牵头，财政部、农业部、海关总署、质检总局、国家粮食局等部门参与）

专栏6　开放助农重大工程
（一）农业对外合作支撑工程。 支持农业对外合作企业在境内外建设育种研发、加工转化、仓储物流、港口码头等设施。开展农业对外合作"扬帆出海"培训，打造农业企业家、技术推广专家、研究学者、行政管理人员、国际组织后备人才等五支队伍，建立农业对外合作人才储备库。（农业部牵头，外交部、国家发展改革委、财政部、商务部、国家粮食局等部门参与） （二）优势农产品出口促进工程。 选择一批特色鲜明、技术先进、优势明显的农产品出口大县，建设一批规模化、标准化生产基地，培育一批精通国际规则、出口规模大的龙头企业。（农业部牵头，国家发展改革委、财政部、商务部、质检总局等部门参与）

第七章　共享富农　着力增进民生福祉

共享是农业现代化的本质要求，必须坚持发展为了人民、发展依靠人民，促进农民收入持续增长，着力构建机会公平、服务均等、成果普惠的农业发展新体制，让农民生活得更有尊严、更加体面。

一、推进产业精准脱贫

（一）精准培育特色产业。以促进贫困户增收为导向，精选市场潜力大、覆盖面广、发展有基础、有龙头带动的优势特色产业，实施贫困村"一村一品"产业推进行动。到2020年，贫困县初步形成优势特色产业体系，贫困乡镇、贫困村特色产业增加值显著提升，每个建档立卡贫困户掌握1－2项实用技术。（农业部、国务院扶贫办牵

头，国家发展改革委、财政部、国家林业局等部门参与）

（二）精准帮扶贫困农户。支持有意愿、有实力、带动能力强的新型经营主体，扩大优势特色产业发展规模，与贫困户建立稳定的带动关系。支持有劳动能力的贫困人口就地转为护林员等生态保护人员。探索资产收益扶贫，通过财政涉农资金投入设施农业、养殖、光伏、水电、乡村旅游等项目形成的资产折股量化以及土地托管、吸引土地经营权入股等方式，让贫困户分享更多资产收益。（农业部、国务院扶贫办牵头，国家发展改革委、工业和信息化部、财政部、水利部、国家林业局、国家旅游局、国家能源局等部门参与）

（三）精准强化扶持政策。贫困县可统筹整合各级财政安排的农业生产发展和农村基础设施建设资金，因地制宜扶持发展特色产业。加大扶贫小额信贷、扶贫贴息贷款政策实施力度。加强扶贫再贷款使用管理和考核评估，引导金融机构优先和主要支持带动贫困户就业发展的企业和建档立卡贫困户。鼓励金融机构开发符合贫困地区特色产业发展特点的金融产品和服务方式，鼓励保险机构在贫困地区开展农产品价格保险、特色产品保险和扶贫小额贷款保证保险，地方给予保费补贴支持。（财政部、人民银行牵头，国家发展改革委、农业部、国家林业局、银监会、证监会、保监会、国务院扶贫办等部门参与）

（四）精准实施督查考核。动态跟踪贫困户参与产业脱贫信息，对产业扶贫进行精准化管理。建立产业扶贫考核指标体系，对重点部门、重点地区产业扶贫情况进行考核。加强对产业扶贫资金项目的监督检查，委托第三方机构对产业扶贫工作开展评估。（农业部、国务院扶贫办牵头，国家发展改革委、财政部、国家林业局等部门参与）

二、促进特殊区域农业发展

（一）推进新疆农牧业协调发展。以高效节水型农业为主攻方向，适度调减高耗水粮食作物、退减低产棉田，做大做强特色林果产业，有序发展设施蔬菜和冷水渔业，加快发展畜牧业，努力建成国家优质商品棉基地、优质畜产品基地、特色林果业基地和农牧产品精

深加工出口基地。(农业部牵头,国家发展改革委、财政部、商务部、国家林业局等部门参与)

(二)推进西藏和其他藏区农牧业绿色发展。以生态保育型农业为主攻方向,稳定青稞生产,适度发展蔬菜生产,积极开发高原特色农产品,扩大饲草料种植面积,发展农畜产品加工业,保护草原生态,努力建成国家重要的高原特色农产品基地。(农业部牵头,国家发展改革委、财政部等部门参与)

(三)推进革命老区、民族地区、边疆地区农牧业加快发展。以优势特色农业为主攻方向,突出改善生产设施,建设特色产品基地,保护与选育地方特色农产品品种,推广先进适用技术,提升加工水平,培育特色品牌,形成市场优势。(农业部牵头,国家发展改革委、财政部等部门参与)

三、推动城乡基础设施和基本公共服务均等化

(一)改善农村基础设施条件。实施农村饮水安全巩固提升工程,提高贫困地区农村饮水安全保障水平。实施新一轮农村电网改造升级工程,实现城乡电力公共服务一体化。强化农村道路建设,实现所有具备条件的建制村通硬化路、通客车。推动有条件地区燃气向农村覆盖,充分利用农村有机废弃物发展沼气。加大农村危房改造力度,全面完成贫困地区存量危房改造任务。(国家发展改革委牵头,财政部、环境保护部、住房城乡建设部、交通运输部、水利部、农业部、国家林业局、国家能源局等部门参与)

(二)建设美丽宜居乡村。分类分村编制乡村建设规划,合理引导农村人口集中居住。实施乡村清洁工程,加强人居环境整治,改善垃圾、污水收集处理和防洪排涝设施条件。加强农村河道堰塘整治、水系连通、水土保持设施建设,改善农村生活环境和河流生态。(住房城乡建设部、环境保护部、水利部牵头,国家发展改革委、财政部、国土资源部、农业部等部门参与)

(三)推动城乡基本公共服务均衡配置。把社会事业发展重点放在农村和接纳农业转移人口较多的城镇,推动城镇公共服务向农村延伸。加快农村教育、卫生计生、社保、文化等事业发展,全面改善农村义务教育薄弱学校基本办学条件，建立城乡统筹的养老保险、医疗保险制度，巩固城乡居民大病保险，引导公共文化资源向农村倾斜。（国家发展改革委牵头，教育部、民政部、财政部、人力资源社会保障部、文化部、国家卫生计生委等部门参与）

（四）推进农业转移人口市民化。深化户籍制度改革，全面实行居住证制度，统筹推动农业转移人口就业、社保、住房、子女教育等方面改革，推进有能力在城镇稳定就业和生活的农业转移人口举家进城落户，保障进城落户居民与城镇居民享有同等权利和义务。实施支持农业转移人口市民化若干财政政策，建立城镇建设用地增加规模同吸纳农业转移人口落户数量挂钩机制，实现 1 亿左右农业转移人口和其他常住人口在城镇定居落户。（国家发展改革委牵头，教育部、公安部、财政部、人力资源社会保障部、国土资源部、住房城乡建设部等部门参与）

专栏 7　共享富农重大工程

（一）特色产业扶贫工程。

重点支持贫困村、贫困户发展种养业和传统手工业，实施电商扶贫、光伏扶贫、乡村旅游扶贫工程，确保到 2020 年 3000 万以上贫困人口脱贫。对生态敏感和脆弱地区的贫困人口，加大生态补偿力度和生态保护修复工程实施力度，创造更多就业岗位。（农业部、国务院扶贫办牵头，国家发展改革委、工业和信息化部、商务部、国家林业局、国家旅游局、国家能源局等部门参与）

（二）农民收入倍增行动。

支持农民依托特色产业增收、规模经营增收、加工增值增收、功能拓展增收、节本降耗增收、转移就业增收，重点加大对低收入农户的支持，确保 2020 年农民收入比 2010 年翻一番。（农业部牵头，中央农办、国家发展改革委、财政部、国家林业局、国务院扶贫办等部门参与）

第八章　强化支撑　加大强农惠农富农政策力度

一、完善财政支农政策

（一）健全财政投入稳定增长机制。在厘清政府和市场边界的基础上，将农业农村作为国家财政支出和固定资产投资的重点保障领域，建立健全与事权和支出责任相适应的涉农资金投入保障机制，确保国家固定资产投资用于农业农村的总量逐步增加。（财政部、国家发展改革委牵头，有关部门参与）

（二）整合优化农业建设投入。统筹整合各类建设性质相同、内容相近、投向相似的固定资产投资资金，实施一批打基础、管长远、影响全局的重大工程。鼓励采取投入补助等方式实施建设项目。鼓励社会资本主导设立农业产业投资基金、农垦产业发展股权投资基金。（国家发展改革委、财政部牵头，农业部、人民银行、银监会、证监会等部门参与）

（三）调整优化农业补贴政策。逐步扩大"绿箱"补贴规模和范围，调整改进"黄箱"政策。完善农业三项补贴政策，将种粮农民直接补贴、农作物良种补贴、农资综合补贴合并为农业支持保护补贴。优化农机购置补贴政策，加大保护性耕作、深松整地、秸秆还田等绿色增产技术所需机具补贴力度。完善结构调整补助政策，继续支持粮改饲、粮豆轮作，加大畜禽水产标准化健康养殖支持力度，落实渔业油价补贴政策。健全生态建设补贴政策，提高草原生态保护奖补标准，开展化肥减量增效、农药减量控害、有机肥增施和秸秆资源化利用试点，探索建立以绿色生态为导向的农业补贴制度。完善主产区利益补偿政策，加大对产粮（油）大县、商品粮大省奖励力度，逐步将农垦系统纳入国家农业支持和民生改善政策覆盖范围。（财政部牵头，国家发展改革委、国土资源部、环境保护部、农业部、国家粮食局等部门参与）

二、创新金融支农政策

（一）完善信贷支持政策。强化开发性金融、政策性金融对农业发展和农村基础设施建设的支持，建立健全对商业银行发展涉农金融业务的激励和考核机制，稳步推进农民合作社内部信用合作。针对金融机构履行支农责任情况，实施差别化的货币信贷政策措施。健全覆盖全国的农业信贷担保体系，建立农业信贷担保机构的监督考核和风险防控机制。稳妥推进农村承包土地的经营权和农民住房财产权抵押贷款试点，对稳粮增收作用大的高标准农田、先进装备、设施农业、加工流通贷款予以财政贴息支持。建立新型经营主体信用评价体系，对信用等级较高的实行贷款优先等措施。开展粮食生产规模经营主体营销贷款试点，推行农业保险保单质押贷款。（人民银行、银监会牵头，中央农办、国家发展改革委、财政部、住房城乡建设部、农业部、证监会、保监会、开发银行、农业发展银行等部门和单位参与）

（二）加大保险保障力度。逐步提高产粮大县主要粮食作物保险覆盖面，扩大畜牧业保险品种范围和实施区域，探索建立水产养殖保险制度，支持发展特色农产品保险、设施农业保险。研究出台对地方特色优势农产品保险的中央财政以奖代补政策，将主要粮食作物制种保险纳入中央财政保费补贴目录。创新开发新型经营主体"基本险+附加险"的保险产品，探索开展收入保险、农机保险、天气指数保险，加大农业对外合作保险力度。建立农业补贴、涉农信贷、农产品期货和农业保险联动机制，扩大"保险+期货"试点，研究完善农业保险大灾风险分散机制。（保监会、财政部、农业部牵头，国家发展改革委、人民银行、中国气象局、证监会等部门参与）

三、完善农业用地政策

新型经营主体用于经营性畜禽养殖、工厂化作物栽培、水产养殖以及规模化粮食生产的生产设施、附属设施和配套设施的用地，可按设施农用地管理。在各省（区、市）年度建设用地指标中单列一定比例，专门用于新型经营主体进行辅助设施建设。支持新型经营主体将集中连片整理后新增加的部分耕地，按规定用于完善规模经营配套设施。（国土资源部、农业部牵头，国家发展改革委等部门参与）

四、健全农产品市场调控政策

继续执行并完善稻谷、小麦最低收购价政策。积极稳妥推进玉米收储制度改革，综合考虑农民合理收益、财政承受能力、产业链协调发展等因素，建立玉米生产者补贴制度。调整完善棉花、大豆目标价格政策。继续推进生猪等目标价格保险试点。探索建立鲜活农产品调控目录制度，合理确定调控品种和调控工具。改革完善重要农产品储备管理体制，推进政策性职能和经营性职能相分离，科学确定储备规模，完善吞吐调节机制。发展多元化的市场购销主体。稳步推进农产品期货等交易，创设农产品期货品种。（国家发展改革委、财政部牵头，中央农办、农业部、商务部、人民银行、证监会、保监会、国家粮食局、中储粮总公司等部门和单位参与）

第九章 落实责任 保障规划顺利实施

一、加强组织领导

建立农业部牵头的农业现代化建设协调机制，统筹研究解决规划实施过程中的重要问题和重大建设项目，推进规划任务的组织落实、跟踪调度、检查评估，重大情况及时向国务院报告。根据国民经济和社会发展情况以及国内外市场形势，适时完善规划目标任务。各省（区、市）要建立规划落实的组织协调机制，统筹推进本地区农业现代化工作。（农业部牵头，有关部门参与）

二、逐级衔接落实

各地各部门要把推进农业现代化作为农业农村工作的重大任务。各省（区、市）要按照本规划提出的目标任务，抓紧制定本地区农业现代化推进规划或实施方案，落实规划任务，细化政策措施。各部门要根据规划的任务分工，强化政策配套，协同推进规划实施。加强规划监测评估，委托第三方机构对规划目标任务完成情况进行中期评估和期末评估，评估结果向社会公布。（农业部牵头，有关部门参与）

三、完善考核机制

完善粮食安全省长责任制和“菜篮子”市长负责制的考核机制，将高标准农田建设情况纳入地方各级政府耕地保护责任目标考核内容，把保障农产品质量和食品安全作为衡量党政领导班子政绩的重要考核内容。建立农业现代化监测评价指标体系，分级评价各地农业现代化进程和规划实施情况，定期发布评价结果。根据各地实际，探索将粮食生产功能区、重要农产品生产保护区和“农业灌溉用水总量基本稳定，化肥、农药使用量零增长，畜禽粪便、农作物秸秆、农膜资源化利用”等规划目标任务完成情况纳入地方政府绩效考核指标体系。（农业部牵头，中央组织部、国家发展改革委、国土资源部、水利部、商务部、国家粮食局等部门参与）

四、强化法治保障

依法构建现代农业治理体系，加快保障国家粮食安全与农产品质量安全、健全农业支持保护体系、完善农村基本经营制度、保护集体与农民权益、保护农业资源环境等领域的立法修法工作。强化普法宣传，采取群众喜闻乐见的方式宣传贯彻农业法律知识，增强农村干部和农民群众尊法学法守法用法意识和能力。深入推进农业综合执法，改善执法条件，建设执法信息化平台和指挥中心，促进依法护农、依法兴农。（农业部、国务院法制办牵头，中央农办、国家发展改革委、财政部、环境保护部、食品药品监管总局、国家粮食局等部门参与）

国务院关于开展第二次全国污染源普查的通知

（2016年10月20日　国发〔2016〕59号）

根据《全国污染源普查条例》规定，国务院决定于2017年开展第二次全国污染源普查。现将有关事项通知如下：

一、普查目的和意义

全国污染源普查是重大的国情调查，是环境保护的基础性工作。开展第二次全国污染源普查，掌握各类污染源的数量、行业和地区分布情况，了解主要污染物产生、排放和处理情况，建立健全重点污染源档案、污染源信息数据库和环境统计平台，对于准确判断我国当前环境形势，制定实施有针对性的经济社会发展和环境保护政策、规划，不断改善环境质量，加快推进生态文明建设，补齐全面建成小康社会的生态环境短板具有重要意义。

二、普查对象和内容

普查对象是中华人民共和国境内有污染源的单位和个体经营户。范围包括:工业污染源,农业污染源,生活污染源,集中式污染治理设施,移动源及其他产生、排放污染物的设施。

普查内容包括普查对象的基本信息、污染物种类和来源、污染物产生和排放情况、污染治理设施建设和运行情况等。

本次普查的具体范围和内容,由国务院批准的普查方案确定。

三、普查时间安排

本次普查标准时点为2017年12月31日,时期资料为2017年度资料。2016年第四季度至2017年底为普查前期准备阶段,重点做好普查方案编制、普查工作试点以及宣传培训等工作。2018年为全面普查阶段,各地组织开展普查,通过逐级审核汇总形成普查数据库,年底完成普查工作。2019年为总结发布阶段,重点做好普查工作验收、数据汇总和结果发布等工作。

四、普查组织和实施

在全国范围内开展污染源普查,涉及范围广、参与部门多、普查任务重、技术要求高、工作难度大。各地区、各部门要按照"全国统一领导、部门分工协作、地方分级负责、各方共同参与"的原则组织实施普查。同时,按照信息共享和厉行节约的要求,充分利用有关部门现有统计、监测和各专项调查等相关资料,借鉴和采纳国家有关经济普查、农业普查等成果。

为加强组织领导,国务院决定成立第二次全国污染源普查领导小组,负责领导和协调全国污染源普查工作。领导小组办公室设在环境保护部,负责普查的日常工作。领导小组成员单位要按照各自职责协调落实相关工作。

县级以上地方人民政府成立相应的污染源普查领导小组及其办公室,按照全国污染源普查领导小组的统一规定和要求,做好本行政区域内的污染源普查工作。要充分利用报刊、广播、电视、网络等各种媒体,广泛深入地宣传全国污染源普查的重要意义和有关要求,为普查工作的顺利实施营造良好的社会氛围。对普查工作中遇到的各种困难和问题,要及时采取措施,切实予以解决。

军队、武装警察部队的污染源普查工作由中央军委后勤保障部按照国家统一规定和要求组织实施。

新疆生产建设兵团的污染源普查工作由新疆生产建设兵团按照国家统一规定和要求组织实施。

五、普查经费保障

第二次全国污染源普查工作经费,按照分级保障原则,由同级财政予以保障。中央财政负担部分,由相关部门按要求列入部门预算。地方财政负担部分,由同级地方财政根据工作需要统筹安排。

六、普查工作要求

污染源普查对象有义务接受污染源普查领导小组办公室、普查人员依法进行的调查,并如实反映情况,提供有关资料,按照要求填报污染源普查表。任何地方、部门、单位和个人都不得迟报、虚报、瞒报和拒报普查数据,不得伪造、篡改普查资料。

各级普查机构及其工作人员,对普查对象的技术和商业秘密,必须履行保密义务。

附件

国务院第二次全国污染源普查领导小组人员名单

组　长:张高丽　国务院副总理

副组长:陈吉宁　环境保护部部长

宁吉喆　国家统计局局长

丁向阳　国务院副秘书长

成　员:郭卫民　国务院新闻办副主任

张　勇　国家发展改革委副主任

辛国斌　工业和信息化部副部长

黄　明　公安部副部长

刘　昆　财政部副部长
汪　民　国土资源部副部长
翟　青　环境保护部副部长
倪　虹　住房城乡建设部副部长
戴东昌　交通运输部副部长
陆桂华　水利部副部长
张桃林　农业部副部长
孙瑞标　税务总局副局长
刘玉亭　工商总局副局长
田世宏　质检总局党组成员、国家标准委主任
钱毅平　中央军委后勤保障部副部长

领导小组办公室主任由环境保护部副部长翟青兼任。

国务院办公厅关于调整国务院深化医药卫生体制改革领导小组组成人员的通知

（2016年10月21日　国办发〔2016〕75号）

根据工作需要和人员变动情况，国务院决定对国务院深化医药卫生体制改革领导小组（以下简称领导小组）组成人员进行调整。现将调整后的名单通知如下：

组　长：刘延东　国务院副总理
副组长：李　斌　卫生计生委主任
　　　　徐绍史　发展改革委主任
　　　　楼继伟　财政部部长
　　　　尹蔚民　人力资源社会保障部部长
　　　　江小涓　国务院副秘书长
成　员：郭卫民　新闻办副主任

李晓全　中央编办副主任
庄荣文　中央网信办副主任
王晓涛　发展改革委副主任
林蕙青　教育部副部长
徐南平　科技部副部长
辛国斌　工业和信息化部副部长
宫蒲光　民政部副部长
余蔚平　财政部副部长
游　钧　人力资源社会保障部副部长
房爱卿　商务部副部长
王贺胜　卫生计生委副主任
孟建民　国资委副主任
吴　浈　食品药品监管总局副局长
袁曙宏　法制办副主任
韩文秀　国研室副主任
黄　洪　保监会副主席
马建中　中医药局副局长
焦开河　全国总工会副主席
李清杰　中央军委后勤保障部卫生局局长
贾　勇　中国残联副理事长

王贺胜同志兼任领导小组办公室主任，王晓涛、余蔚平、游钧同志兼任领导小组办公室副主任，卫生计生委体制改革司司长梁万年任领导小组办公室专职副主任。

国务院关于加快发展康复辅助器具产业的若干意见

（2016年10月23日　国发〔2016〕60号）

康复辅助器具是改善、补偿、替代人体功能和实施辅助性治疗以及预防残疾的产品。康复辅助器具产业是包括产品制造、配置服务、研发设计等业态门类的新兴产业。我国是世界上康复辅助器具需求人数最多、市场潜力最大的国家。近年来，我国康复辅助器具产业规模持续扩大，产品种类日益丰富，供给能力不断增强，服务质量稳步提升，但仍存在产业体系不健全、自主创新能力不够强、市场秩序不规范等问题。当前，我国经济发展进入新常态，全球新一轮科技革命与产业变革日益加快，给提升康复辅助器具产业核心竞争力带来新的机遇与挑战。发展康复辅助器具产业有利于引导激发新消费、培育壮大新动能、加快发展新经济，推动经济转型升级；有利于积极应对人口老龄化，满足残疾人康复服务需求，推进健康中国建设，增进人民福祉。为加快康复辅助器具产业发展，现提出以下意见。

一、总体要求

（一）指导思想。全面贯彻党的十八大和十八届三中、四中、五中全会精神，按照“四个全面”战略布局和党中央、国务院决策部署，牢固树立创新、协调、绿色、开放、共享的发展理念，以服务于人的全面发展为导向，以扩大有效供给为目标，以增强自主创新能力为动力，充分发挥市场在资源配置中的决定性作用和更好发挥政府作用，完善市场机制，激发市场活力，促进社会投资，进一步发挥社会力量在康复辅助器具产业发展中的主体作用，推动产业跨越式发展，更好地满足人民群众多层次、多样化的需求。

（二）基本原则。

坚持市场主导、政府引导。遵循产业发展规律，以需求为导向，发挥各类市场主体积极性和创造力。注重规划、政策、标准的引导规范作用，营造良好市场环境。

坚持自主创新、开放合作。政产学研用协同，推动康复辅助器具技术、管理、品牌、商业模式创新，着眼全球加强交流合作，提升市场竞争力。

坚持问题导向、突出重点。瞄准制约康复辅助器具产业发展的薄弱环节，补短板、破难题，优化资源要素配置，持续扩大有效供给，促进产业转型升级。

坚持统筹兼顾、协调发展。立足全局，将康复辅助器具产业发展融入“中国制造2025”、“互联网+”、现代服务业发展进程，促进业态融合，推动产业全面发展。

（三）发展目标。到2020年，康复辅助器具产业自主创新能力明显增强，创新成果向现实生产力高效转化，创新人才队伍发展壮大，创新驱动形成产业发展优势。产业规模突破7000亿元，布局合理、门类齐备、产品丰富的产业格局基本形成，涌现一批知名自主品牌和优势产业集群，中高端市场占有率显著提高。产业发展环境更加优化，产业政策体系更加完善，市场监管机制更加健全，产品质量和服务水平明显改善，统一开放、竞争有序的市场环境基本形成。

二、主要任务

（四）增强自主创新能力。深入实施创新驱动发展战略，推进大众创业、万众创新，形成以人才为根本、市场为导向、资本为支撑、科技为核心的全面创新，提高康复辅助器具产业关键环节和重要领域创新能力。

激励创新人才。实施以增加知识价值为导向的分配政策和更加积极的创新人才培养、引进政策，提高创新成果转化收益分享比例，打造生物医学工程、临床医学、材料科学、信息系统学、制造科学等多学科人才聚合创新机制，造就一批创新创业领军人才和高水平创新团队。

搭建创新平台。统筹企业、科研院所、高等院校等创新资源，搭建康复辅助器具科技创新平台和基础共性技术研发平台，建立协同创新机制，加强相关基础理论、基础工艺、基础材料、基础元器件、基础技术研发和系统集成能力。支持各类研发机构通过公开竞争方式承接政府科研项目。

促进成果转化。以“互联网+技术市场”为核心，充分利用现有技术交易网络平台，促进康复辅助器具科技成果线上线下交易。依托康复辅助器具研发、生产、应用的优势单位，开展康复辅助器具产业创业孵化和双创示范工作。支持行业组织开展产业创新评选活动，推介康复辅助器具创新产品目录、科技成果及转化项目信息。加强国际交流合作，加快引进吸收国外先进科技成果。

（五）促进产业优化升级。优化产业空间布局，显著提升产业发展整体素质和产品附加值，推动康复辅助器具产业向中高端迈进。

优化产业空间布局。依托长三角、珠三角、京津冀等区域产业集聚优势和资金、技术、人才等优势，打造一批示范性康复辅助器具产业园区和生产基地，建设国际先进研发中心和总部基地，发展区域特色强、附加值高、资源消耗低的康复辅助器具产业。支持中西部地区根据资源环境承载能力，因地制宜发展劳动密集型康复辅助器具产业。

促进制造体系升级。实施康复辅助器具产业智能制造工程，开展智能工厂和数字化车间建设示范，促进工业互联网、云计算、大数据在研发设计、生产制造、经营管理、销售服务等全流程、全产业链的综合集成应用，加快增材制造、工业机器人、智能物流等技术装备应用，推动形成基于消费需求动态感知的研发、制造和产业组织方式。推广节能环保技术、工艺、装备应用，积极构建绿色制造体系。

大力发展生产性服务。大力推进康复辅助器具全产业链整合优化，重点发展研发设计、融资租赁、信息技术服务、检验检测认证、电子商务、服务外包和品牌建设等生产性服务，促进产业要素高效流动和合理配置。推进面向产业集群和中小型企业的专业化公共服务平台建设，整合优化生产服务系统。重点围绕市场营销和品牌服务，发展现代销售体系，增强产业链上下游企业协同能力。

提高国际合作水平。支持企业着眼全球优化资源配置，开展境外并购和股权投资、创业投资，加强技术、产能、贸易等国际合作，建立海外研发中心、生产基地、销售网络和服务体系，巩固优势产品出口，持续拓展中高端产品国际国内市场份额。鼓励境外企业和科研机构在我国设立全球研发生产机构，加快产业合作由加工制造环节向研发设计、市场营销、品牌培育等高附加值环节延伸。

（六）扩大市场有效供给。推动康复辅助器具产品创新和配置服务深度融合，实现品质化、精细化、便利化发展，在满足人民群众基本需求的基础上，适应消费需求升级，打造"中国制造"品牌。

培育市场主体。支持企业战略合作和兼并重组，促进规模化、集约化、连锁化经营。培育一批全球范围内配置要素资源、布局市场网络、具有跨国经营能力的领军企业，鼓励创新型、创业型和劳动密集型中小微企业专注于细分市场发展，走"专精特新"和与大企业协作配套发展的道路。组建一批产业联盟或产业联合体。加快公办机构改革，推进服务型单位职能转型，有条件的生产型单位转制为企业。扶持社会力量兴办非营利性康复辅助器具配置服务机构。支持通过线上线下相结合的方式，举办高层次、高水平、高品质的康复辅助器具博览会、展览会和交易平台。支持行业组织开展康复辅助器具创新创业竞赛活动。

丰富产品供给。将老年人、伤病人护理照料，残疾人生活、教育和就业辅助，残疾儿童抢救性康复等作为优先发展领域，推动"医工结合"，支持人工智能、脑机接口、虚拟现实等新技术在康复辅助器具产品中的集成应用，支持外骨骼机器人、照护和康复机器人、仿生假肢、虚拟现实康复训练设备等产品研发，形成一批高智能、高科技、高品质的康复辅助器具产品。积极拓展改善普通人群生活品质的产品。加强传统中医康复技术、方法创新，形成和推广一批具有自主知识产权、疗效确切、中医特色突出的康复辅助器具。培育一批国际国内知名品牌、知名产品。

增强服务能力。大力推广康复医师、康复治疗师与康复辅助器具配置人员团队协作，重点推进骨科、眼科、耳科、康复科等医疗服务与康复辅助器具配置服务衔接融合，促进康复辅助器具在养老、助残、医疗、健康、教育、通信、交通、文体娱乐等领域广泛应用。开展康复辅助器具社区租赁和回收再利用服务试点。整合利用相关资源，建立国家康复辅助器具产品服务信息平台，完善产品目录和配置指引，促进供需有效衔接。健全主体多元、覆盖城乡、方便可及的配置服务网络。

加强质量管理。强化企业质量安全主体责任，开展质量管理示范活动，鼓励企业建立覆盖产品全生命周期的质量管理体系并通过相关认证，加强质量安全培训，优化质量控制技术。开展企业产品和服务标准自我声明公开和监督制度试点。建立强制性和自愿性相结合的产品、服务认证体系和质量追溯体系，完善服务回访制度。加强产品质量监督抽查、风险预警和缺陷产品强制召回、产品伤害监测验证评估等工作，发布产品和服务质量“红黑榜”。培育发展一批质量检验机构。

（七）营造良好市场环境。深化康复辅助器具产业领域“放管服”改革，加快建立权责明确、公平公正、透明高效、法治保障的市场监管格局，平等保护各类市场主体合法权益。

完善法规政策体系。健全完善促进康复辅助器具产业发展的法规政策体系，研究制定康复辅助器具产品和配置服务管理制度、康复辅助器具与医疗器械管理服务衔接办法。探索建立康复辅助器具产品分类分级认证制度，推进康复辅助器具产品认证国际互认。持续推进商事制度改革，降低市场准入门槛，简化注册登记流程，健全监管服务机制，营造良好营商环境。

发挥标准导向作用。加快重点产品、管理、服务标准制修订，健全康复辅助器具标准体系，充分发挥标准对市场的规范作用。将康复辅助器具配置服务纳入国家级服务业标准化试点范围。加强康复辅助器具标准国际合作，积极采用适合我国康复辅助器具产业发展的国际先进标准，积极参与国际标准制定，推动我国优势技术标准成为国际标准。建立标准分类实施和监督机制。培育一批康复辅助器具检验、检测、认证机构。

维护良好市场秩序。健全统一规范、权责明确、公正高效、法治保障的市场监管体系。严格执行反不正当竞争法、反垄断法,严肃查处违法违规行为,打击侵犯知识产权和制售假冒伪劣商品行为,维护公平竞争市场秩序。充分发挥全国企业信用信息公示系统、全国信用信息共享平台和“信用中国”网站作用,建立康复辅助器具企业信用信息公示、动态评价、守信激励和失信惩戒机制。支持行业组织完善自律惩戒机制,在行业标准制定、数据统计、信息披露、反不正当竞争等方面充分发挥作用。

三、政策支持

(八)落实税收价格优惠。符合条件的康复辅助器具企业可依法享受研发费用加计扣除和固定资产加速折旧政策。对符合条件的公益性捐赠支出依法在所得税税前扣除。经认定为高新技术企业的康复辅助器具企业,按规定享受企业所得税优惠。落实生产和装配伤残人员专门用品的企业和单位有关税收优惠政策。落实康复辅助器具配置服务企业用水、用电、用气、用热与工业企业同价政策。

(九)强化企业金融服务。培育壮大创业投资和资本市场,提高信贷支持的灵活性和便利性,发展知识产权质押融资和专利保险,开展股权众筹融资等试点,通过国家设立的科技成果转化引导基金、新兴产业创业投资引导基金、中小企业发展基金等吸引社会资本协同发力,按照市场化方式支持符合基金投向的康复辅助器具产业创新。支持符合条件的企业发行企业债、公司债和资产支持证券。支持企业通过发行短期融资券、中期票据、中小企业集合票据等非金融企业债务融资工具筹集资金。鼓励商业银行、保险公司、证券公司等金融机构在风险可控、商业可持续的前提下开发适合康复辅助器具企业的金融产品。

(十)加强财政资金引导。将康复辅助器具产业纳入众创、众包、众扶、众筹相关财政以及新兴产业投资支持范围。地方财政可利用奖励引导、资本金注入、应用示范补助等方式,支持非营利性康复辅助器具配置服务机构建设,以及具有良好示范效应、较强公共服务性质的康复辅助器具项目。健全政府采购机制,国产产品能够满足要求的原则上须采购国产产品。将符合条件的高端康复辅助器具产品纳入首台(套)重大技术装备保险补偿试点范围。

(十一)完善消费支持措施。鼓励有条件的地方研究将基本的治疗性康复辅助器具逐步纳入基本医疗保险支付范围。完善康复辅助器具工伤保险支付制度,合理确定支付范围。支持商业保险公司创新产品设计,将康复辅助器具配置纳入保险支付范围。鼓励金融机构创新消费信贷产品,支持康复辅助器具消费。有条件的地方可以对城乡贫困残疾人、重度残疾人基本型康复辅助器具配置给予补贴。

(十二)加强人才队伍建设。鼓励将康复辅助器具相关知识纳入临床医学、生物医学工程相关专业教育以及医师、护士、特殊教育教师、养老护理员、孤残儿童护理员等专业人员继续教育范围。依托科研院所、高等院校、企业设立康复辅助器具方面的博士后科研工作站。支持企业、院校合作建立实用型人才培养基地,鼓励企业为教师实践、学生实习提供岗位。完善康复辅助器具从业人员职业分类、国家职业标准、职称评定政策,研究建立假肢师和矫形器师水平评价类职业资格制度。

四、保障措施

(十三)加强组织领导。各地各有关部门要高度重视康复辅助器具产业发展,加强协调联动。建立民政部牵头的部际联席会议制度,统筹推进康复辅助器具产业发展。各级民政部门要协同发展改革、工业和信息化、财政、卫生计生、食品药品监管等有关部门及残联组织,做好康复辅助器具产业发展规划、行业指导和监督管理工作。教育、科技、司法、人力资源社会保障、商务、人民银行、海关、税务、工商、质检、银监、证监、保监、统计、知识产权等部门要各司其职,及时解决工作中遇到的问题,形成齐抓共管、整体推进的工作局面。

(十四)推进综合创新试点。国家选择条件成熟地区开展综合创新试点,在康复辅助器具产业集聚发展、服务网络建设、政产学研用模式创新、业态融合等重点领域先行先试，打造一批知名产业园区、前沿创新平台、知名企业品牌、优势特色产品和新型服务模式，为加快康复辅助器具产业发展提供经验。

（十五）健全行业统计制度。以国民经济行业分类为基础，健全康复辅助器具产业统计监测分析体系。建立以主要产品数量、生产企业、服务机构等信息为主要内容的统计指标体系，完善统计调查、行政记录和行业统计相结合的信息采集机制。

民政部、国家发展改革委要加强对本意见实施情况的督促落实，及时向国务院报告。国务院将适时组织专项督查。

国务院办公厅关于加快发展健身休闲产业的指导意见

（2016 年 10 月 25 日　国办发〔2016〕77 号）

健身休闲产业是体育产业的重要组成部分，是以体育运动为载体、以参与体验为主要形式、以促进身心健康为目的，向大众提供相关产品和服务的一系列经济活动，涵盖健身服务、设施建设、器材装备制造等业态。当前，我国已进入全面建成小康社会决胜阶段，人民群众多样化体育需求日益增长，消费方式逐渐从实物型消费向参与型消费转变，健身休闲产业面临重大发展机遇。但目前健身休闲产业总体规模不大、产业结构失衡，还存在有效供给不足、大众消费激发不够、基础设施建设滞后、器材装备制造落后、体制机制不活等问题。加快发展健身休闲产业是推动体育产业向纵深发展的强劲引擎，是增强人民体质、实现全民健身和全民健康深度融合的必然要求，是建设“健康中国”的重要内容，对挖掘和释放消费潜力、保障和改善民生、培育新的经济增长点、增强经济增长新动能具有重要意义。为加快健身休闲产业发展，经国务院同意，现提出以下意见。

一、总体要求

（一）指导思想。全面贯彻党的十八大和十八届三中、四中、五中全会精神，按照“四个全面”战略布局，牢固树立和贯彻落实创新、协调、绿色、开放、共享的发展理念，认真落实党中央、国务院决策部署，推进健身休闲产业供给侧结构性改革，提高健身休闲产业发展质量和效益，培育壮大各类市场主体，丰富产品和服务供给，推动健身休闲产业全面健康可持续发展，不断满足大众多层次多样化的健身休闲需求，提升幸福感和获得感，为经济发展新常态下扩大消费需求、拉动经济增长、转变发展方式提供有力支撑和持续动力。

（二）基本原则。

市场主导，创新驱动。充分发挥市场在资源配置中的决定性作用，引导各类市场主体在组织管理、建设运营、研发生产等环节创新理念和模式，提高服务质量，更好满足消费升级的需要。

转变职能，优化环境。大力推进简政放权、放管结合、优化服务改革，着力破解社会资本投资健身休闲产业的“玻璃门”、“弹簧门”、“旋转门”等问题；加强统筹规划、政策支持、标准引导，改善消费环境，培养健康消费理念，使各类群体有意愿、有条件参与健身休闲。

分类推进，融合发展。分层分类、区别对待，保障大众基本健身休闲需求，促进健身休闲产业多元化发展；遵循产业发展规律，立足全局，促进产业各门类全面发展，统筹协调健身休闲产业与全民健身事业，推进健身休闲与旅游、健康等产业融合互动。

重点突破，力求实效。围绕“一带一路”建设、京津冀协同发展、长江经济带发展三大战略，结合新型城镇化建设、社会主义新农村建设、精准扶贫、棚户区改造等国家重大部署，以健身休闲重点运动项目和产业示范基地等为依托，发挥其辐射和带动效应，促进区域经济发展和民生改善。

（三）发展目标。到 2025 年，基本形成布局合理、功能完善、门类齐全的健身休闲产业发展格局，市场机制日益完善，消费需求愈加旺盛，产业环境不断优化，产业结构日趋合理，产品和服务供给更加丰富，服务质量和水平明显提高，同其他产业融合发展更为紧密，健身休闲产业总规模达到3万亿元。

二、完善健身休闲服务体系

(四)普及日常健身。推广适合公众广泛参与的健身休闲项目,加快发展足球、篮球、排球、乒乓球、羽毛球、网球、游泳、徒步、路跑、骑行、棋牌、台球、钓鱼、体育舞蹈、广场舞等普及性广、关注度高、市场空间大的运动项目,保障公共服务供给,引导多方参与。

(五)发展户外运动。制定健身休闲重点运动项目目录,以户外运动为重点,研究制定系列规划,支持具有消费引领性的健身休闲项目发展。

——冰雪运动。以举办2022年冬奥会为契机,围绕“三亿人参与冰雪运动”的发展目标,以东北、华北、西北为带动,以大众滑雪、滑冰、冰球等为重点,深入实施“南展西扩”,推动冰雪运动设施建设,全面提升冰雪运动普及程度和产业发展水平。

——山地户外运动。推广登山、攀岩、徒步、露营、拓展等山地户外运动项目,推动山地户外运动场地设施体系建设,形成“三纵三横”(太行山及京杭大运河、西安至成都、青藏公路,丝绸之路、318国道、长江沿线)山地户外运动布局,完善山地户外运动赛事活动组织体系,加强户外运动指导员队伍建设,完善山地户外运动安全和应急救援体系。

——水上运动。推动公共船艇码头建设和俱乐部发展,积极发展帆船、赛艇、皮划艇、摩托艇、潜水、滑水、漂流等水上健身休闲项目,实施水上运动精品赛事提升计划,依托水域资源,推动形成“两江两海”(长江、珠江,渤海、东海)水上运动产业集聚区。

——汽车摩托车运动。推动汽车露营营地和中小型赛车场建设,利用自然人文特色资源,举办拉力赛、越野赛、集结赛等赛事,组织家庭露营、青少年营地、主题自驾等活动,不断完善赛事活动组织体系,打造“三圈三线”(京津冀、长三角、泛珠三角,北京至深圳、北京至乌鲁木齐、南宁至拉萨)自驾路线和营地网络。

——航空运动。整合航空资源,深化管理改革,合理布局“200公里航空体育飞行圈”,推动航空飞行营地和俱乐部发展,推广运动飞机、热气球、滑翔、飞机跳伞、轻小型无人驾驶航空器、航空模型等航空运动项目，构建以大众消费为核心的航空体育产品和服务供给体系。

（六）发展特色运动。推动极限运动、电子竞技、击剑、马术、高尔夫等时尚运动项目健康发展，培育相关专业培训市场。发展武术、龙舟、舞龙舞狮等民族民间健身休闲项目，传承推广民族传统体育项目，加强体育类非物质文化遗产的保护和发展。加强对相关体育创意活动的扶持，鼓励举办以时尚运动为主题的群众性活动。

（七）促进产业互动融合。大力发展体育旅游，制定体育旅游发展纲要，实施体育旅游精品示范工程，编制国家体育旅游重点项目名录。支持和引导有条件的旅游景区拓展体育旅游项目，鼓励国内旅行社结合健身休闲项目和体育赛事活动设计开发旅游产品和路线。推动“体医结合”，加强科学健身指导，积极推广覆盖全生命周期的运动健康服务，发展运动医学和康复医学，发挥中医药在运动康复等方面的特色作用。促进健身休闲与文化、养老、教育、健康、农业、林业、水利、通用航空、交通运输等产业融合发展。

（八）推动“互联网＋健身休闲”。鼓励开发以移动互联网、大数据、云计算技术为支撑的健身休闲服务，推动传统健身休闲企业由销售导向向服务导向转变，提升场馆预定、健身指导、运动分析、体质监测、交流互动、赛事参与等综合服务水平。积极推动健身休闲在线平台企业发展壮大，整合上下游企业资源，形成健身休闲产业新生态圈。

三、培育健身休闲市场主体

（九）支持健身休闲企业发展。鼓励具有自主品牌、创新能力和竞争实力的健身休闲骨干企业做大做强，通过管理输出、连锁经营等方式，进一步提升核心竞争力，延伸产业链和利润链，支持具备条件的企业“走出去”，培育一批具有国际竞争力和影响力的领军企业集团。支持企业实现垂直、细分、专业发展，鼓励各类中小微健身休闲企业、运动俱乐部向“专精特新”方向发展，强化特色经营、特色产品和特色服务。发挥多层次资本市场作用，支持符合条件的健身休闲企业上市,加大债券市场对健身休闲企业的支持力度。完善抵质押品登记制度,鼓励金融机构在风险可控的前提下拓宽对健身休闲企业贷款的抵质押品种类和范围。

(十)鼓励创业创新。充分利用运动员创业扶持基金,鼓励退役运动员创业创新,投身健身休闲产业。大力推进商事制度改革,为健身休闲产业提供良好的准入环境。开展体育产业创新创业教育服务平台建设,帮助企业、高校、金融机构有效对接。鼓励各地成立健身休闲产业孵化平台,为健身休闲领域大众创业、万众创新提供支持。

(十一)壮大体育社会组织。推进体育类社会团体、基金会、民办非企业单位等社会组织发展,支持其加强自身建设,健全内部治理结构,增强服务功能。对在城乡社区开展健身休闲活动的社区社会组织,降低准入门槛,加强分类指导和业务指导。鼓励各类社会组织承接政府公共体育服务职能。发挥体育社会组织在营造氛围、组织活动、服务消费者等方面的积极作用。

四、优化健身休闲产业结构和布局

(十二)改善产业结构。优化健身休闲服务业、器材装备制造业及相关产业结构,着力提升服务业比重。实施健身服务精品工程,打造一批优秀健身休闲俱乐部、场所和品牌活动。结合各级体育产业基地建设,培育一批以健身休闲服务为核心的体育产业示范基地、单位和项目。发挥重大体育旅游项目的引领带动作用,发展一批体育旅游示范基地。拓宽健身休闲服务贸易领域,探索在自由贸易试验区开展健身休闲产业政策试点,鼓励地方积极培育一批以健身休闲为特色的服务贸易示范区。

(十三)打造地区特色。组织开展山水运动资源调查、民族传统体育资源调查,摸清发展健身休闲产业的自然、人文基础条件。各地要因地制宜,合理布局,错位发展,在保护自然资源和生态环境的基础上,充分利用冰雪、森林、湖泊、江河、湿地、山地、草原、戈壁、沙漠、滨海等独特的自然资源和传统体育人文资源,打造各具特色的健身休闲集聚区和产业带。积极推进资源相近、产业互补、供需对接的区域联动发展，形成东、中、西部良性互动发展格局。

五、加强健身休闲设施建设

（十四）完善健身休闲基础设施网络。严格执行城市居住区规划设计等标准规范有关配套建设健身设施的要求，并实现同步设计、同步施工、同步投入。科学规划健身休闲项目的空间布局，适当增加健身休闲设施用地和配套设施配建比例，充分合理利用公园绿地、城市空置场所、建筑物屋顶、地下室等区域，重点建设一批便民利民的社区健身休闲设施，形成城市15分钟健身圈。鼓励健身休闲设施与住宅、文化、商业、娱乐等综合开发，打造健身休闲服务综合体。

（十五）盘活用好现有体育场馆资源。加快推进企事业单位等体育设施向社会开放。推动有条件的学校体育场馆设施在课后和节假日对本校学生和公众有序开放。通过公共体育设施免费或合理收费开放等措施增加供给，满足基本健身需求。通过管办分离、公建民营等模式，推行市场化商业运作，满足多层次健身消费需求。各类健身休闲场所的水、电、气、热价格按不高于一般工业标准执行。落实体育场馆房产税和城镇土地使用税优惠政策。

（十六）加强特色健身休闲设施建设。结合智慧城市、绿色出行，规划建设城市步行和自行车交通体系。充分挖掘水、陆、空资源，研究打造国家步道系统和自行车路网，重点建设一批山地户外营地、徒步骑行服务站、自驾车房车营地、运动船艇码头、航空飞行营地等健身休闲设施。鼓励和引导旅游景区、旅游度假区、乡村旅游区等根据自身特点，建设特色健身休闲设施。

六、提升健身休闲器材装备研发制造能力

（十七）推动转型升级。支持企业、用户单位、科研单位、社会组织等组建跨行业产业联盟，鼓励健身休闲器材装备制造企业向服务业延伸发展，形成全产业链优势。鼓励企业通过海外并购、合资合作、联合开发等方式，提升冰雪运动、山地户外运动、水上运动、汽车摩托车运动、航空运动等器材装备制造水平。结合传统制造业去产能，引导企业进军健身休闲装备制造领域。

（十八）增强自主创新能力。鼓励企业加大研发投入，提高关键技术和产品的自主创新能力，积极参与高新技术企业认定。支持企业利用互联网技术对接健身休闲个性化需求，根据不同人群，尤其是青少年、老年人的需要，研发多样化、适应性强的健身休闲器材装备。研制新型健身休闲器材装备、可穿戴式运动设备、虚拟现实运动装备等。鼓励与国际领先企业合作设立研发机构，加快对国外先进技术的吸收转化。

（十九）加强品牌建设。支持企业创建和培育自主品牌，提升健身休闲器材装备的附加值和软实力。鼓励企业与各级各类运动项目协会等体育组织开展合作，通过赛事营销等模式，提高品牌知名度。推动优势品牌企业实施国际化发展战略，扩大国际影响力。

七、改善健身休闲消费环境

（二十）深挖消费潜力。开展各类群众性体育活动，合理编排职业联赛赛程，丰富节假日体育赛事供给，发挥体育明星和运动达人示范作用，激发大众健身休闲消费需求。积极推行《国家体育锻炼标准》、业余运动等级标准、业余赛事等级标准，增强健身休闲消费粘性。推动体育部门、体育社会组织、专业体育培训机构等与各类学校合作，提供专业支持，培养青少年体育爱好和运动技能。

（二十一）完善消费政策。鼓励健身休闲企业与金融机构合作，试点发行健身休闲联名银行卡，实施特惠商户折扣。支持各地创新健身休闲消费引导机制。引导保险公司根据健身休闲运动特点和不同年龄段人群身体状况，开发场地责任保险、运动人身意外伤害保险。积极推动青少年参加体育活动相关责任保险发展。

（二十二）引导消费理念。加大宣传力度，普及科学健身知识。鼓励制作和播出国产健身休闲类节目，支持形式多样的体育题材文艺创作。鼓励发展多媒体广播电视、网络广播电视、手机应用程序（APP）等体育传媒新业态，促进消费者利用各类社交平台互动交流，提升消费体验。

八、加强组织实施

（二十三）持续推动“放管服”改革。加快政府职能转变，大幅度削减健身休闲活动相关审批事项，实施负面清单管理，促进空域水域开放。推进体育行业协会改革，加强事中事后监管，完善相关安保服务标准，加强行业信用体系建设。完善政务发布平台、信息交互平台、展览展示平台、资源交易平台。

（二十四）优化规划和土地利用政策。积极引导健身休闲产业用地控制规模、科学选址，并将相关用地纳入地方各级土地利用总体规划中合理安排。对符合土地利用总体规划、城乡规划、环保规划等相关规划的重大健身休闲项目，要本着应保尽保的原则及时安排新增建设用地计划指标。对使用荒山、荒地、荒滩及石漠化、边远海岛土地建设的健身休闲项目，优先安排新增建设用地计划指标，出让底价可按不低于土地取得成本、土地前期开发成本和按规定应收取相关费用之和的原则确定。在土地利用总体规划确定的城市和村庄、集镇建设用地范围外布局的重大健身休闲项目，可按照单独选址项目安排用地。利用现有健身休闲设施用地、房产增设住宿、餐饮、娱乐等商业服务设施的，经批准可以协议方式办理用地手续。鼓励以长期租赁、先租后让、租让结合方式供应健身休闲项目建设用地。支持农村集体经济组织自办或以土地使用权入股、联营等方式参与健身休闲项目。

（二十五）完善投入机制。加快推动设立由社会资本筹资的体育产业投资基金，引导社会力量参与健身休闲产业。鼓励社会资本以市场化方式设立健身休闲产业发展投资基金。推动开展政府和社会资本合作示范，符合条件的项目可申请政府和社会资本合作融资支持基金的支持。进一步健全政府购买公共体育服务的体制机制。运用彩票公益金对健身休闲相关项目给予必要资助。鼓励地方通过体育产业引导资金等渠道对健身休闲产业予以必要支持。鼓励符合条件的企业发行企业债券，募集资金用于健身休闲产业项目的建设。

（二十六）加强人才保障。鼓励校企合作，培养各类健身休闲项目经营策划、运营管理、技能操作等应用型专业人才。加强从业人员职业培训，提高健身休闲场所工作人员的服务水平和专业技能。

完善体育人才培养开发、流动配置、激励保障机制，支持专业教练员投身健身休闲产业。加强社会体育指导员队伍建设，充分发挥其对群众参与健身休闲的服务和引领作用。加强健身休闲人才培育的国际交流与合作。

（二十七）完善标准和统计制度。全面推动健身休闲标准体系建设，制定健身休闲服务规范和质量标准，在服务提供、技能培训、活动管理、设施建设、器材装备制造等各方面提高健身休闲产业标准化水平。引导和鼓励企业积极参与行业和国家标准制定。以国家体育产业统计分类为基础，完善健身休闲产业统计制度和指标体系，建立健身休闲产业监测机制。

（二十八）健全工作机制。建立体育、发展改革、旅游等多部门合作的健身休闲产业发展工作协调机制，及时分析健身休闲产业发展情况，解决存在的问题，落实惠及健身休闲产业的文化、旅游等相关政策。各地要把发展健身休闲产业纳入国民经济和社会发展规划，鼓励有条件的地方编制健身休闲发展专项规划。各级体育行政部门要加强职能建设，充实体育产业工作力量，推动健身休闲产业发展。

（二十九）强化督查落实。各地各有关部门要根据本意见要求，结合实际情况，抓紧制定具体实施意见和配套政策。体育总局、国家发展改革委、国家旅游局要会同有关部门对落实本意见的情况进行监督检查和跟踪分析，重大事项及时向国务院报告。

国务院部门规章

民用航空情报培训管理规则

（2016年8月15日交通运输部令2016年第61号公布　自2017年1月1日起施行）

第一章　总　　则

第一条　为规范民用航空情报人员培训工作，加强对民用航空情报培训工作的管理，根据《中华人民共和国民用航空法》，结合民用航空情报工作的实际情况，制定本规则。

第二条　本规则适用于从事民用航空情报工作以及民用航空情报培训工作的专业人员和机构。各民用航空情报服务机构和民用航空情报培训机构应当根据本规则，结合实际情况和需要，制定相应的培训、管理实施办法。

民用航空情报培训机构是指符合条件的担任基础培训的院校及其他民用航空情报培训机构。

第三条　民用航空情报培训分为民用航空情报基础培训和民用航空情报岗位培训。

民用航空情报基础培训（以下简称基础培训），是为了使受训人具备从事民用航空情报工作的基本知识和基本技能，在符合条件的民用航空情报培训机构进行的初始培训。

民用航空情报岗位培训（以下简称岗位培训），是为了使受训人适应岗位所需的专业技术知识和专业技能，由民用航空情报服务机构组织进行的培训。岗位培训包括岗位资格培训、业务提高培训和新技术培训。

民用航空情报培训大纲,由中国民用航空局(以下简称民航局)统一制定。各民用航空情报服务机构和民用航空情报培训机构应当根据民航局制定的情报培训大纲并结合培训的具体类别和内容,制定培训计划并组织实施。

第四条 民用航空情报员执照申请人应当按照《民用航空情报员执照管理规则》的要求在申请前完成基础培训和岗位资格培训。

民用航空情报员执照持有人应当按照本规则完成业务提高培训和新技术培训以满足《民用航空情报员执照管理规则》规定的经历要求。

第五条 民航局负责全国民用航空情报培训工作的统一管理。民航地区管理局负责协调和监督管理本辖区民用航空情报培训工作。

第六条 民用航空情报培训机构负责基础培训工作的开展。

各民用航空情报服务机构具体负责本单位航空情报培训工作的开展。

第七条 本规定中使用的部分术语含义见本规则附件一。

第二章 基础培训

第八条 基础培训是为了使受训人了解掌握从事民用航空情报工作的基本知识和基本技能而进行的培训,是进入岗位培训和获得民用航空情报员执照的前提条件。

第九条 基础培训应当按照规定的培训大纲实施。

基础培训的时间不得少于800小时,可以在学历教育期间完成。管制、签派等相关专业培训合格的学员转入民用航空情报专业学习的,基础培训时间可以适当减少,但不得少于200小时。

第十条 参加基础培训的受训人应当满足以下条件:

(一)具备从事民用航空情报工作的身体条件;

(二)具备从事民用航空情报工作的心理素质和能力;

(三)口齿清楚,无色盲等缺陷;

(四)具备一定的英语基础。

第三章　岗位培训

第十一条　岗位资格培训是指为受训人掌握必需的业务知识和技能，取得在民用航空情报岗位独立工作的资格而进行的培训。

岗位资格培训时间不得少于1000小时。

第十二条　业务提高培训是对民用航空情报员提高业务知识和技能的培训。

业务提高培训每2年至少进行1次，培训的时间和内容应当由民用航空情报服务机构根据受训人和民用航空情报工作的实际需要确定。

第十三条　新技术培训是指为掌握民用航空最新的科学技术、技术标准或者设备使用而进行的不定期培训。

第十四条　岗位资格培训、业务提高培训和新技术培训完成后，应当通过相应的考核。

第四章　培训的组织与实施

第一节　基础培训的组织与实施

第十五条　民用航空情报培训机构从事航空情报基础培训活动，应当符合下列条件：

（一）具有健全的培训管理制度。包括学员管理制度、教员管理制度、教学管理和考核制度、培训质量管理制度、教学设施设备管理制度和档案管理制度；

（二）具有与开展培训规模相适应的专职管理人员和教学人员；

（三）具有固定的、满足开展培训规模要求的场地和设施；

（四）具有与开展培训规模相适应的教学及实验设备；

（五）具有符合培训大纲要求的民用航空情报培训教材、民用航空情报出版物；

(六)从事管制、飞行、签派培训3年以上。

民用航空情报培训机构应当在开展首次培训的1个月以内,将符合培训要求的相关材料及说明提交所在地区管理局备案。地区管理局应当及时将有关情况报民航局备案。民航局将定期公布符合备案要求的民用航空情报培训机构目录。已经备案开展航空情报培训的机构,不再从事航空情报基础培训的应当及时报民航局和所在地区管理局备案。

第十六条 从事基础培训的教员应当符合下列条件:

(一)爱岗敬业,责任心强,乐于教学,对受训人的表现评价客观、公正;

(二)善于总结、概括民用航空情报知识与技能,有良好的沟通、组织、协调和语言表达能力;

(三)具备理论和实践教学的技巧和能力;

(四)持有民用航空情报员执照;

(五)持有执照后,在民用航空情报岗位工作或者在民用航空情报培训岗位辅助工作1年以上。

第十七条 基础培训教员由民用航空情报培训机构统一聘任、管理。民用航空情报培训机构应当及时将教员聘任情况报民航局和所在地区管理局备案。

第十八条 基础培训教员的职责如下:

(一)按照教学大纲进行培训并对教学质量负责;

(二)将培训所需要的民用航空情报知识、技能传授给受训人;

(三)适时对受训人进行评价,指出不足并提出改进意见;

(四)每次教学活动结束后,填写教学记录;

(五)对教学效果进行分析、研究,提出改进教学的意见。

第十九条 基础培训教员的权利如下:

(一)根据培训情况向培训机构提出培训建议;

(二)参加培训机构组织的提高培训;

(三)根据受训人培训情况作出通过、暂停、终止其培训的决定。

第二十条 开展基础培训应当符合以下规定:

（一）按照民航局的要求开展培训，并制定相应的培训计划；

（二）按照培训大纲开展培训工作；

（三）按照培训大纲规定的标准对受训人进行考试考核；

（四）适时对已完成的培训工作进行分析并评估，提出改进培训工作的意见，修订培训计划；

（五）按照规定保存培训记录。

第二十一条 民用航空情报培训机构应当向完成培训并通过考试考核的受训人颁发民用航空情报基础培训合格证。

民用航空情报基础培训合格证内容包括培训合格证编号、受训人姓名、照片、身份证号、培训内容、培训时间、培训单位签章等，具体样式见附件二。

培训机构应当及时将民用航空情报基础培训合格证的颁发情况报民航局和所在地区管理局备案。民用航空情报基础培训合格证颁发情况应便于民航地区管理局和民用航空情报服务机构查询。

第二十二条 完成培训后，培训机构应当妥善保存基础培训记录。

基础培训的培训内容、教学计划、培训时间、教员名单、受训人名单，受训人的培训、考试、考核、评价等记录以及颁证情况等记录应当永久保存。

第二节 岗位培训的组织与实施

第二十三条 民用航空情报服务机构的岗位培训职责如下：

（一）制定本单位的岗位培训计划，适时修改和补充，并组织实施；

（二）依据规定和岗位培训计划，拟定本单位的培训方案，并适时修改和补充；

（三）组织编写适用于本单位的民用航空情报岗位培训教材；

（四）选拔、聘任、培训本单位民用航空情报岗位培训教员，组建培训组；

（五）根据培训组的建议，决定结束培训、追加培训、暂停培训、继续培训或终止培训；

（六）检查本单位培训计划的实施情况。

第二十四条 民用航空情报服务机构开展岗位培训应当具备以下条件：

（一）具有健全的培训管理制度。包括受训人管理制度、岗位培训教员管理制度、培训管理和考核制度、质量管理制度、培训设施设备管理制度和培训记录管理制度；

（二）有指定的部门或者人员负责本单位的岗位培训工作；

（三）具有与开展岗位培训和受训人数相适应的岗位培训教员；

（四）具有满足开展岗位培训规模要求的场地、设施、设备；

（五）具有符合培训大纲要求的岗位培训材料和民用航空情报出版物。

第二十五条 岗位培训教员应当符合下列条件：

（一）爱岗敬业，责任心强，能够客观地对受训人的表现作出评价；

（二）持有有效民用航空情报员执照并在民用航空情报服务岗位工作3年以上；

（三）在现行岗位工作2年以上；

（四）有良好的组织、协调和语言表达能力；

（五）业务技能熟练，此前连续2年未因本人原因导致飞行事故征候（含）以上事件。

第二十六条 民用航空情报服务机构岗位培训教员由本单位聘任，报地区管理局备案。

教员不再符合聘任条件或者不能正确履行教员职责的，原聘任单位应当及时解聘，并报地区管理局备案。

第二十七条 岗位培训教员的职责如下：

（一）将自己所掌握的民用航空情报知识、技能传授给受训人；

（二）对受训人在受训期间的工作，进行不间断的指导、监督，并对其正确与否负责；

（三）按照培训大纲进行培训并对培训质量负责；

（四）适时对受训人进行讲评，指出不足并提出改进措施，适时填写培训记录。

第二十八条 岗位培训教员享有下列权利：

（一）根据培训情况向民用航空情报服务机构提出受训人结束培训的建议；

（二）纠正受训人的工作；

（三）按照规定对受训人进行考核；

（四）参加教员再提高培训。

第二十九条 受训人在岗位培训期间未经教员允许，不得提供民用航空情报服务或操作各种设备。

受训人在岗位培训期间违反规定，导致事故征候或事故的，所在单位应当根据情节轻重延长其培训时间或者终止其岗位培训。

第三十条 开展岗位培训应当符合以下规定：

（一）按照规定制定相应的岗位培训计划；

（二）按照培训大纲开展培训工作；

（三）按照培训大纲规定的标准对受训人进行考试考核；

（四）适时对已完成的培训工作进行分析、研究并评估，提出改进培训工作的意见；

（五）按规定上报年度岗位培训情况；

（六）按照规定保存培训记录。

第三十一条 民用航空情报服务机构每年年底前应当将本单位的本年度培训完成情况和下一年度岗位培训计划报地区管理局。地区管理局每年1月份应当将本地区上一年度培训安排的总体情况上报民航局。

同一地区管理局辖区内的多个民用航空情报服务机构有统一管理单位的，应当统一上报。

第三十二条 岗位培训应当在培训主管领导下按计划实施。

第三十三条 实施民用航空情报人员岗位培训，应当成立培训组。培训组应当为每一位受训人制定培训计划，培训计划应当包括培训的种类、内容、方式、时间、地点，受训人、培训机构、培训教员、培训主管、管理机构以及其他应当说明的事项。进行模拟操作和实际操作时，每名受训人应当有一名相应的岗位培训教员监督指导。

第三十四条 岗位培训结束后应当进行检查，检查工作由培训主管和培训教员共同实施。

培训主管应当对受训人做出追加培训、终止培训或者培训合格的结论。

第三十五条 岗位培训结束后,培训主管应当填写本规定附件三规定的《受训人岗位培训登记表》并存入民用航空情报人员技术档案。

第三十六条 完成培训后,受训人所在民用航空情报服务机构应当妥善保存每位受训人岗位培训记录。

岗位培训的培训计划,培训内容,岗位培训教员,培训情况,考试考核、评价,培训结论等记录应当至少保存10年。

第三十七条 民用航空情报服务机构应当为本单位民用航空情报人员在申请民用航空情报员执照或者执照注册时出具培训证明。

第五章 监督检查

第三十八条 民航地区管理局对基础培训监督检查的内容包括:

(一)是否符合基础培训机构应当具备的条件;

(二)是否履行了备案手续;

(三)教员的聘任和管理是否符合要求;

(四)培训计划制定、考试考核、记录保存情况;

(五)基础培训的学员筛选、教学内容是否满足要求;

(六)民用航空基础培训合格证的发放和管理是否符合要求。

第三十九条 民航地区管理局对岗位培训监督检查的内容包括:

(一)是否正确履行了岗位培训的职责;

(二)是否具备开展相应岗位培训所应具备的条件;

(三)教员的聘任、管理和履行职责情况;

(四)培训计划制定、考试考核、记录保存情况;

(五)岗位培训的组织实施情况。

第四十条 民航地区管理局监督检查,可以采取现场检查、抽查培训记录和档案、要求书面报告、向受训人和教员征求意见等方式进行。

第四十一条 民航地区管理局通过检查发现民用航空情报培训机构有不满足第十五条规定条件的，地区管理局应当及时向民航局报告，民航局应当将其从已公布的培训机构目录中去除。

第六章 法律责任

第四十二条 民用航空情报培训机构从事航空情报基础培训活动，未按第十五条规定进行备案的，由地区管理局责令停止培训，并对单位处以1万元以上3万元以下的罚款。

第四十三条 民用航空情报培训机构违反本规则规定有下列情形之一的，由民航地区管理局责令限期改正，并处以警告；情节严重或者逾期未整改的，责令停止培训，并对单位处以1万元以上3万元以下的罚款：

（一）不能持续满足第十五条规定的基础培训机构应当具备的条件的；

（二）实施教员聘任或者管理不符合要求的；

（三）未制定培训计划、实施考试考核或者保存记录的；

（四）基础培训的学员筛选、教学内容不符合本规则规定的。

第四十四条 组织岗位培训的民用航空情报服务机构违反本规则规定有下列情形之一的，由民航地区管理局责令限期改正，并处以警告；情节严重或者逾期未整改的，对单位处以1万元以上3万元以下的罚款：

（一）未正确履行岗位培训职责的；

（二）不符合开展相应岗位培训条件的；

（三）教员的使用管理情况不符合要求的；

（四）未制定培训计划或者未将教员情况备案的；

（五）未组织实施岗位培训、考试考核或者未按要求保存相关记录的。

第七章　附　　则

第四十五条　本规则自2017年1月1日起施行。2002年4月19日起施行的《民用航空航行情报人员岗位培训管理规定》（民航总局令第106号）同时废止。

附件1

定　　义

（一）基础培训教员：由民用航空情报培训机构聘任的，符合从事基础培训工作条件，能够在基础培训期间指导受训人的民用航空情报员。

（二）培训主管：民用航空情报服务机构负责民用航空情报人员岗位培训工作的人员。

（三）岗位培训教员：由民用航空情报服务机构聘任的，符合从事民用航空情报岗位培训工作条件，能够在民用航空情报岗位培训期间指导受训人的民用航空情报员。

（四）受训人：在培训期间接受培训的民用航空情报员、民用航空情报工作人员或者其他准备从事民用航空情报工作的人员。

（五）追加培训：由于受训人自身的原因，超过预计培训时间而未完成岗位培训，需要增加时间的培训。

（六）暂停培训：由于教员、设施、经费或受训人身体条件限制（不包括受训人能力原因）等，导致培训无法按计划实施，需要暂时停止的情形。

（七）继续培训：在暂停培训后，由于教员、设施、经费或受训人身体条件重新具备，可以继续按计划实施的培训。

（八）终止培训：由于受训人自身因素限制，即使追加培训，也无法完成培训计划，应当停止培训的情形。

附件 2

民用航空情报基础培训合格证

<table>
<tr><td>编　　号：</td><td></td><td rowspan="3">二寸免冠照片
（加盖民用航空情报培训机构骑缝章）</td></tr>
<tr><td>姓　　名：</td><td></td></tr>
<tr><td>身份证号：</td><td></td></tr>
<tr><td colspan="3">＿（姓名）＿于＿＿年＿＿月＿＿日至＿＿年＿＿月＿＿日，在＿（培训机构）＿，参加了民用航空情报基础培训。
经考核，培训合格，现予颁发民用航空情报基础培训合格证。

年　　月　　日</td></tr>
</table>

填表说明：合格证编号中由两位培训机构代号、四位年度号和四位顺序号构成。培训机构代号由民航局空管行业管理办公室确定。

附件 3

受训人岗位培训登记表

<table>
<tr><td colspan="6">受训人姓名</td><td colspan="6">培训种类</td></tr>
<tr><td colspan="6"></td><td colspan="6"></td></tr>
<tr><td colspan="6">培训管理机构</td><td colspan="6">培训教员</td></tr>
<tr><td colspan="6"></td><td colspan="6"></td></tr>
<tr><td colspan="3">培训方式</td><td colspan="3">培训地点</td><td colspan="3">培训时间</td><td colspan="3">培训机构</td></tr>
<tr><td colspan="3"></td><td colspan="3"></td><td colspan="3"></td><td colspan="3"></td></tr>
<tr><td colspan="12">岗位培训内容</td></tr>
<tr><td colspan="12"></td></tr>
<tr><td colspan="12">其他事项说明</td></tr>
<tr><td colspan="12"></td></tr>
<tr><td colspan="12">培训结论</td></tr>
<tr><td colspan="12"></td></tr>
<tr><td colspan="4">受训人签字</td><td colspan="4">培训教员签字</td><td colspan="4">培训主管签字</td></tr>
</table>

填表日期：　　年　　月　　日

公务员考试录用违纪违规行为处理办法

（2016年8月19日人力资源和社会保障部令第30号公布　自2016年10月1日起施行）

第一条　为规范公务员考试录用违纪违规行为的认定与处理，严肃考试纪律，确保考试录用工作公平、公正，根据《中华人民共和国公务员法》等有关规定，制定本办法。

第二条　报考者和工作人员在公务员考试录用中违纪违规行为的认定与处理，适用本办法。

第三条　认定与处理违纪违规行为，应当事实清楚、证据确凿、程序规范、适用规定准确。

第四条　公务员主管部门、招录机关和考试机构及其他相关机构按照公务员考试录用法律法规等规定的职责权限，对报考者和工作人员违纪违规行为进行认定与处理。

第五条　报考者提供的涉及报考资格的申请材料或者信息不实的，由负责资格审查工作的招录机关或者公务员主管部门给予其取消本次报考资格的处理。

报考者有恶意注册报名信息，扰乱报名秩序或者伪造学历证明及其他有关材料骗取考试资格等严重违纪违规行为的，由中央一级招录机关或者设区的市级以上公务员主管部门给予其取消本次报考资格的处理，并记入公务员考试录用诚信档案库，记录期限为五年。

第六条　报考者在考试过程中有下列违纪违规行为之一的，由具体组织实施考试的考试机构、招录机关或者公务员主管部门给予其当次该科目（场次）考试成绩无效的处理：

（一）将规定以外的物品带入考场且未按要求放在指定位置，经提醒仍不改正的；

（二）未在指定座位参加考试，或者未经工作人员允许擅自离开座位或者考场，经提醒仍不改正的；

（三）经提醒仍不按规定填写（填涂）本人信息的；

（四）将试卷、答题纸、答题卡带出考场，或者故意损毁试卷、答题纸、答题卡的；

（五）在试卷、答题纸、答题卡规定以外位置标注本人信息或者其他特殊标记的；

（六）在考试开始信号发出前答题的，或者在考试结束信号发出后继续答题的；

（七）其他应给予当次该科目（场次）考试成绩无效处理的违纪违规行为。

第七条　报考者在考试过程中有下列严重违纪违规行为之一的，给予其取消本次考试资格的处理，并记入公务员考试录用诚信档案库，记录期限为五年：

（一）抄袭、协助抄袭的；

（二）持伪造证件参加考试的；

（三）使用禁止自带的通讯设备或者具有计算、存储功能电子设备的；

（四）其他应给予取消本次考试资格处理的严重违纪违规行为。

报考中央机关及其直属机构公务员的，由中央公务员主管部门或者中央一级招录机关作出处理。报考地方各级机关公务员的，由省级公务员主管部门或者设区的市级公务员主管部门作出处理。

第八条　报考者在考试过程中有下列特别严重违纪违规行为之一的，由中央公务员主管部门或者省级公务员主管部门给予其取消本次考试资格的处理，并记入公务员考试录用诚信档案库，长期记录：

（一）串通作弊或者参与有组织作弊的；

（二）代替他人或者让他人代替自己参加考试的；

（三）其他情节特别严重、影响恶劣的违纪违规行为。

第九条　在阅卷过程中发现报考者之间同一科目作答内容雷

同,并经阅卷专家组确认的,由具体组织实施考试的考试机构给予其该科目(场次)考试成绩无效的处理。省级以上考试机构确定作答内容雷同的具体方法和标准。

报考者之间同一科目作答内容雷同,并有其他相关证据证明其作弊行为成立的,视具体情形按照本办法第七条、第八条的规定处理。

第十条 报考者在体检过程中隐瞒影响录用的疾病或者病史的,由招录机关或者公务员主管部门给予其不予录用的处理。有串通工作人员作弊或者请他人顶替体检以及交换、替换化验样本等严重违纪违规行为的,由招录机关或者公务员主管部门给予其不予录用的处理,并由中央一级招录机关或者设区的市级以上公务员主管部门记入公务员考试录用诚信档案库,记录期限为五年。

第十一条 报考者在考察过程中有弄虚作假、隐瞒事实真相或者其他妨碍考察工作正常进行行为的,由负责组织考察的招录机关或者公务员主管部门给予其不予录用的处理。情节严重、影响恶劣的严重违纪违规行为,由中央一级招录机关或者设区的市级以上公务员主管部门记入公务员考试录用诚信档案库,记录期限为五年。

第十二条 报考者的违纪违规行为被当场发现的,工作人员应当予以制止或者终止其继续参加考试,并收集、保存相应证据材料,如实记录违纪违规事实和现场处理情况,由两名以上工作人员签字,报送负责组织考试录用的部门。

第十三条 对报考者违纪违规行为作出处理决定前,应当告知报考者拟作出的处理决定及相关事实、理由和依据,并告知报考者依法享有陈述和申辩的权利。作出处理决定的公务员主管部门、招录机关或者考试机构对报考者提出的事实、理由和证据,应当进行复核。

第十四条 对报考者违纪违规行为作出处理决定的,应当制作公务员考试录用违纪违规行为处理决定书,依法送达报考者。

第十五条 试用期间查明报考者有本办法所列违纪违规行为的,由中央一级招录机关或者设区的市级以上公务员主管部门取消录用并按照本办法的有关规定给予其相应的处理。

任职定级后查明有本办法所列违纪违规行为的，给予其辞退处理或者开除处分。

第十六条 报考者应当自觉维护考试录用工作秩序，服从工作人员管理，有下列行为之一的，责令离开考场；情节严重的，按照本办法第七条、第八条的规定处理；违反《中华人民共和国治安管理处罚法》的，交由公安机关依法处理；构成犯罪的，依法追究刑事责任：

（一）故意扰乱考点、考场等考试录用工作场所秩序的；

（二）拒绝、妨碍工作人员履行管理职责的；

（三）威胁、侮辱、诽谤、诬陷工作人员或者其他报考者的；

（四）其他扰乱考试录用管理秩序的行为。

第十七条 录用工作人员违反有关法律法规，或者有《公务员录用规定（试行）》第三十三条、第三十四条规定情形的，按照有关规定给予处分。其中，公务员组织、策划有组织作弊或者在有组织作弊中起主要作用的，给予开除处分。构成犯罪的，依法追究刑事责任。

第十八条 报考者对违纪违规行为处理决定不服的，可以依法申请行政复议或者提起行政诉讼。

录用工作人员因违纪违规行为受到处分不服的，可以依法申请复核或者提出申诉。

第十九条 参照公务员法管理的机关（单位）工作人员录用中违纪违规行为的认定与处理适用本办法。

第二十条 公务员考试录用诚信档案库的管理办法由中央公务员主管部门制定。

第二十一条 本办法自 2016 年 10 月 1 日起施行。2009 年 11 月 9 日人力资源社会保障部公布的《公务员录用考试违纪违规行为处理办法（试行）》（人力资源和社会保障部令第 4 号）同时废止。

附件

公务员考试录用违纪违规行为处理决定书

（样式）编号：

________考生（身份证号__________）：

你在参加__________公务员考试录用中，在________环节有________违纪违规情形。根据《公务员考试录用违纪违规行为处理办法》第____条第____款第____项的规定，给予__________处理。

如对处理决定不服，可自收到本处理决定书之日起60日内依法申请行政复议，或者自收到本处理决定书之日起六个月内依法提起行政诉讼。

（作出处理决定单位盖章）

年　　月　　日

重大劳动保障违法行为社会公布办法

（2016年9月1日人力资源和社会保障部令第29号公布　自2017年1月1日起施行）

第一条　为加强对重大劳动保障违法行为的惩戒，强化社会舆论监督，促进用人单位遵守劳动保障法律、法规和规章，根据《劳动保障监察条例》《企业信息公示暂行条例》等有关规定，制定本办法。

第二条　人力资源社会保障行政部门依法向社会公布用人单位重大劳动保障违法行为，适用本办法。

第三条　人力资源社会保障行政部门向社会公布重大劳动保

障违法行为，应当遵循依法依规、公平公正、客观真实的原则。

第四条 人力资源社会保障部负责指导监督全国重大劳动保障违法行为社会公布工作，并向社会公布在全国有重大影响的劳动保障违法行为。

省、自治区、直辖市人力资源社会保障行政部门负责指导监督本行政区域重大劳动保障违法行为社会公布工作，并向社会公布在本行政区域有重大影响的劳动保障违法行为。

地市级、县级人力资源社会保障行政部门依据行政执法管辖权限，负责本辖区的重大劳动保障违法行为社会公布工作。

第五条 人力资源社会保障行政部门对下列已经依法查处并作出处理决定的重大劳动保障违法行为，应当向社会公布：

（一）克扣、无故拖欠劳动者劳动报酬，数额较大的；拒不支付劳动报酬，依法移送司法机关追究刑事责任的；

（二）不依法参加社会保险或者不依法缴纳社会保险费，情节严重的；

（三）违反工作时间和休息休假规定，情节严重的；

（四）违反女职工和未成年工特殊劳动保护规定，情节严重的；

（五）违反禁止使用童工规定的；

（六）因劳动保障违法行为造成严重不良社会影响的；

（七）其他重大劳动保障违法行为。

第六条 向社会公布重大劳动保障违法行为，应当列明下列事项：

（一）违法主体全称、统一社会信用代码（或者注册号）及地址；

（二）法定代表人或者负责人姓名；

（三）主要违法事实；

（四）相关处理情况。

涉及国家秘密、商业秘密以及个人隐私的信息不得公布。

第七条 重大劳动保障违法行为应当在人力资源社会保障行政部门门户网站公布，并在本行政区域主要报刊、电视等媒体予以公布。

第八条 地市级、县级人力资源社会保障行政部门对本辖区发生的重大劳动保障违法行为每季度向社会公布一次。

人力资源社会保障部和省级人力资源社会保障行政部门每半年向社会公布一次重大劳动保障违法行为。

根据工作需要，对重大劳动保障违法行为可随时公布。

第九条 县级以上地方人力资源社会保障行政部门在向社会公布重大劳动保障违法行为之前，应当将公布的信息报告上一级人力资源社会保障行政部门。

第十条 人力资源社会保障行政部门应当将重大劳动保障违法行为及其社会公布情况记入用人单位劳动保障守法诚信档案，纳入人力资源社会保障信用体系，并与其他部门和社会组织依法依规实施信息共享和联合惩戒。

第十一条 用人单位对社会公布内容有异议的，由负责查处的人力资源社会保障行政部门自收到申请之日起 15 个工作日内予以复核和处理，并通知用人单位。

重大劳动保障违法行为处理决定被依法变更或者撤销的，负责查处的人力资源社会保障行政部门应当自变更或者撤销之日起 10 个工作日内，对社会公布内容予以更正。

第十二条 人力资源社会保障行政部门工作人员在重大劳动保障违法行为社会公布中滥用职权、玩忽职守、徇私舞弊的，依法予以处理。

第十三条 本办法自 2017 年 1 月 1 日起施行。

民用机场飞行程序和运行最低标准管理规定

（2016年9月2日交通运输部令2016年第75号公布自2017年1月1日起施行）

第一章 总 则

第一条 为了保障民用航空器的飞行运行安全，规范民用机场飞行程序和运行最低标准的管理工作，根据《中华人民共和国民用航空法》《中华人民共和国飞行基本规则》和《民用机场管理条例》，制定本规定。

第二条 本规定适用于中华人民共和国境内民用机场（含军民合用机场的民用部分）飞行程序设计和运行最低标准拟定、批准、使用、维护，以及与飞行程序和运行最低标准相关的航行服务研究活动。

第三条 本规定中的飞行程序，是指为航空器在机场区域运行所规定的、按顺序进行的一系列机动飞行的要求，如飞行区域、航迹、高度、速度的规定和限制等，一般包括起飞离场程序、进场程序、进近程序、复飞程序和等待程序等，分为仪表飞行程序和目视飞行程序两类。仪表飞行程序包括传统导航飞行程序和基于性能导航（PBN）飞行程序。

机场运行最低标准，是指机场可用于起飞和进近着陆的运行限制，包括能见度（VIS）、跑道视程（RVR）、最低下降高度/高（MDA/H）、决断高度/高（DA/H）、云底高等。

第四条 运输机场应当建立仪表飞行程序，根据需要建立目视飞行程序。通用机场可以建立仪表或者目视飞行程序。

第五条 中国民用航空局（以下简称民航局）负责全国民用机

场飞行程序和运行最低标准的监督管理，制定相关政策和技术标准，对飞行程序设计人员和单位实施管理。

第六条 中国民用航空地区管理局（以下简称地区管理局）负责本辖区内民用机场飞行程序和运行最低标准的批准和管理，组织机场试飞，监督检查实施情况，具体负责飞行程序设计人员和单位的日常监管。

第七条 机场管理机构负责机场飞行程序设计和运行最低标准拟定、修改、优化、维护及报批工作。

机场管理机构应当建立并持续完善有关飞行程序设计和运行最低标准工作的制度和程序。

第二章 飞行程序设计和运行最低标准拟定

第一节 基本要求

第八条 飞行程序设计和运行最低标准的拟定应当遵循以下原则：

（一）保证航空器在拟定的飞行航线和高度上具有规定的超障余度，可以安全飞越或避开障碍物；

（二）满足航空器性能要求，便于飞行驾驶员操作，有利于提高航空器运行的安全、正常和效率；

（三）符合空域使用要求，便于提供空中交通服务，减少飞行冲突的可能性，有利于提高机场容量和使用效率；

（四）有利于环境保护，降低噪音影响，减少燃油消耗；

（五）与城市建设规划相协调；

（六）有助于航行新技术应用的推进。

第九条 飞行程序设计和运行最低标准拟定应当考虑下列因素：

（一）地形和障碍物特征及净空处理方案；

（二）机场设施、设备保障条件；

（三）航空器类别、性能和机载设备；

（四）起飞一发失效应急程序的需要；

（五）驾驶员的操作；

（六）空域状况；

（七）与相关航路、航线的衔接；

（八）空中交通服务方式；

（九）航空气象特点；

（十）环境影响、机场发展和城市规划。

第十条 飞行程序设计和运行最低标准拟定应当遵守国际民航组织（ICAO）《空中航行服务程序—航空器运行》（Doc 8168）、其他相关技术标准以及民航局的有关规定。因地形条件、空域使用等原因，确需偏离上述标准的，应当进行安全评估并获得民航局的特别批准。

第十一条 飞行程序设计和运行最低标准拟定可由机场管理机构自行完成，也可委托飞行程序设计单位完成。

第十二条 飞行程序设计和运行最低标准拟定过程中，拟定单位应当征求航空器运营人、空中交通管理部门等相关单位的意见，上述单位应当予以配合。

第十三条 机场管理机构负责与当地政府协调军民航有关单位，共同解决飞行程序设计所需空域条件。

第二节 新建、改建、扩建运输机场飞行程序设计和运行最低标准拟定

第十四条 新建、改建、扩建运输机场的飞行程序设计和运行最低标准的拟定应当与机场选址、规划和建设同步进行，一般分为四个步骤：

（一）飞行程序预先研究；

（二）飞行程序方案研究；

（三）飞行程序初步设计；

（四）飞行程序正式设计。

第十五条　“飞行程序预先研究”是在运输机场选址或者项目建议书（预可行性研究）阶段，根据飞行运行环境的基本要素，对备选场址或方案进行飞行程序方面的综合分析和比选论证，推选对航空器运行和空中交通管理较为有利的场址或方案。主要内容包括：

（一）净空条件；

（二）空域状况；

（三）气象因素；

（四）跑道基本构型和运行方式；

（五）导航设施基本方案；

（六）航线和进离场基本方案；

（七）对城市规划和环境保护的影响；

（八）对于地形和空域复杂的场址，还应当包括对起飞、最后进近的具体计算和说明，以及其他论证所需材料；

（九）军民航协调意见。

第十六条　“飞行程序方案研究”是在运输机场建设可行性研究阶段和机场总体规划阶段，根据确定的场址和预可行性研究结论，或者根据机场的总体规划方案，确定飞行程序基本方案。主要内容包括：

（一）跑道构型和位置；

（二）空域规划方案；

（三）航线和进离场方案；

（四）导航设施布局和目视助航设施；

（五）起飞、最后进近程序及运行最低标准；

（六）净空控制的基本要求和净空处理方案；

（七）军民航飞行程序协调情况和结论。

第十七条　“飞行程序初步设计”是在运输机场工程可行性研究获得批准后，根据批准的建设规模和总体规划以及净空处理方案、空域协调方案和导航台址预选情况，提出飞行程序的具体设计方案。主要内容包括：

（一）导航设施的类型和位置的需求；

（二）航线划设具体方案；

（三）飞行程序详细设计及论证结论；

（四）最低超障高度/高及运行最低标准；

（五）高度表拨正程序；

（六）机场净空处理和保护方案；

（七）根据机场运行需求征求航空器运营人和空中交通管制部门等单位意见的情况。

第十八条 “飞行程序正式设计”是在运输机场建设竣工阶段，根据实际的跑道、导航设施、目视助航设施、障碍物等以及空域限制，确定正式使用的飞行程序。主要内容包括：

（一）飞行程序设计详细过程和结论；

（二）最低超障高度/高及运行最低标准；

（三）高度表拨正程序；

（四）标准仪表进场程序；

（五）标准仪表离场程序；

（六）仪表进近程序；

（七）目视飞行程序（如需要）；

（八）征求航空器运营人和空中交通管制部门等单位意见的情况；

（九）其他有关航行资料。

第十九条 飞行程序设计报告应当按照民航局的有关规范进行编制。

第三节 运输机场飞行程序和运行最低标准的修改和优化

第二十条 出现下列情况时，运输机场管理机构应当根据需要对飞行程序和运行最低标准进行评估，必要时进行修改和优化：

（一）空域或者航路、航线调整以及管制、运行方法的改变；

（二）导航设施和目视助航设施的改变以及航行新技术的使用；

（三）运行的航空器类别发生变化；

（四）障碍物情况改变；

（五）跑道情况改变；

（六）飞行程序设计规范和运行最低标准制定准则发生改变；

（七）机场运行需求发生显著变化；

（八）其他可能影响飞行程序执行和正常使用的情况。

第二十一条 飞行程序和运行最低标准的修改或者优化，可以根据具体情况参照本规定第十六条、第十七条和第十八条的要求进行。

第三章 飞行程序和运行最低标准的批准、校验、试飞和公布

第二十二条 飞行程序预先研究在编制运输机场选址报告和运输机场工程项目建议书（预可行性研究报告）时完成，飞行程序方案研究在编制运输机场工程可行性研究报告或机场总体规划报告时完成。飞行程序预先研究和飞行程序方案研究的专家评审工作与机场建设的专家评审同步进行。

第二十三条 “飞行程序初步设计”报告由运输机场管理机构报地区管理局审查并出具意见。

第二十四条 “飞行程序正式设计”报告由运输机场管理机构报地区管理局批准。

飞行程序批准后，应当进行飞行程序校验，并按照第二十七条进行机场试飞。运输机场管理机构应将飞行程序校验情况报送地区管理局，校验结果及相应工作安排按照第二十八条执行。

第二十五条 运输机场的飞行程序校验由机场管理机构承担，由民航局飞行校验机构按照有关规范具体实施。

第二十六条 执行飞行程序校验任务的航空器的机载设备、性能应当符合所校验飞行程序的要求。

执行飞行程序校验任务的机组应当了解飞行程序设计和运行最低标准制定的相关知识，具备飞行程序校验能力，熟悉所校验的飞行程序。

飞行程序校验结束后，飞行校验机构应当向机场管理机构提交校验报告。

第二十七条 在下列情况下，应当组织机场试飞：

（一）新建、改建、扩建运输机场的飞行程序和运行最低标准获得批准后；

（二）已运行机场的飞行程序和运行最低标准发生重大改变的；

（三）由于航行新技术的应用，已运行机场的飞行程序和运行最低标准做出修改的。

机场试飞由地区管理局按照民航局有关规定组织开展。

第二十八条 飞行程序校验或机场试飞后，地区管理局组织相关单位对校验或试飞结果进行评估，需要修改飞行程序和运行最低标准的，由机场管理机构重新修订后，报地区管理局批准。

第二十九条 运输机场的飞行程序和运行最低标准，由民航局航空情报服务机构按照相关规定发布。

第四章 飞行程序和运行最低标准的使用和维护

第三十条 驾驶员、飞行签派员、空中交通管制员和机场管理机构航务管理人员应当掌握飞行程序和运行最低标准的基本知识，熟悉飞行程序的使用要求，按照公布的飞行程序和运行最低标准组织实施飞行、运行保障和提供空中交通服务。

第三十一条 航空器运营人、空中交通管理部门等单位或者个人发现飞行程序或运行最低标准存在缺陷、错误或者不安全因素时，应当及时向机场管理机构报告。机场管理机构应当建立适当的方法和工作程序，收集飞行程序的使用情况和建议，及时回复并开展修改、优化工作。

第三十二条 机场管理机构应当加强机场净空巡视，监控可能影响飞行程序和运行最低标准的建筑物、构筑物、树木及其他固定或活动障碍物的变化情况，必要时应当协调有关部门按照民航局相关规定开展安全评估，提出解决方案。

空中交通管理部门应当及时将本单位第二十条(一)、(二)有关内容向相关机场和地区管理局进行协商和通报,以便机场管理机构修改机场飞行程序和运行最低标准。

第三十三条 出现导航设施、目视助航设施或气象探测设施故障或者其他影响安全运行的紧急情况,需要立即临时改变飞行程序和提高运行最低标准时,机场管理机构应当以航行通告等形式立即修改并通知有关运行单位和人员,但事后应当及时向地区管理局报告并获得批准。紧急情况消除后,应当及时恢复原飞行程序和运行最低标准,并报告地区管理局。

如导航设施和气象探测设施隶属于空中交通管理部门,在该设施出现故障或者其他影响安全运行的紧急情况时,空中交通管理部门应当及时通报机场管理机构。

第三十四条 在有特殊运行需要时,经地区管理局批准,航空器运营人可以建立自己专门使用的飞行程序和运行最低标准,并通知机场管理机构和空中交通管理部门,否则不得实施该运行。

第五章 飞行程序设计人员和单位的管理

第三十五条 民航局负责组织制定飞行程序设计人员训练大纲。

第三十六条 飞行程序设计人员承担设计工作应从事飞行程序设计见习一年以上。

第三十七条 飞行程序设计单位应当具有3名(含)以上设计人员,具备适当的办公场所、设备、设计软件等条件,建立相应质量保证体系,并在民航局备案。

第三十八条 飞行程序设计单位应当保证其飞行程序设计人员具备必要的飞行程序设计相关知识和技能,熟悉有关飞行程序设计规范,并参加基础培训和定期培训。

飞行程序设计人员基础培训和定期培训应当符合民航局制定的训练大纲要求。

对于自行完成飞行程序设计工作的机场管理机构,该机构应保证其飞行程序设计人员满足本条要求。

第六章 监督检查

第三十九条 民航局、地区管理局依据职责对民用机场飞行程序和运行最低标准工作实施监督检查。

第四十条 民航局负责对飞行程序设计人员训练大纲执行情况进行检查。检查中发现实际执行与训练大纲不一致的情况,培训单位应向民航局提交情况说明并获得民航局认可。在此期间,培训单位不得继续开展飞行程序设计人员培训。

第四十一条 地区管理局对飞行程序设计单位的备案情况、飞行程序设计人员的培训、资质和记录保存实施监督检查。

第四十二条 地区管理局对机场管理机构工作开展情况进行检查。检查中发现民用机场管理机构未严格执行第七条相关要求,地区管理局应责令其限期改正。

第七章 法律责任

第四十三条 违反本规定第二十条,运输机场管理机构未对飞行程序和运行最低标准进行及时修改、优化的,由地区管理局责令改正,给予警告;逾期不改正的,处一万元以下罚款;情节严重的,处三万元以下罚款。

第四十四条 违反本规定第三十三条,机场管理机构未对飞行程序和运行最低标准进行及时调整并发布相关信息的,由地区管理局责令改正,给予警告;情节严重的,处三万元以下罚款。

第四十五条 违反本规定第三十七条,飞行程序设计单位未在民航局备案的,由地区管理局责令改正,给予警告;逾期不改正的,处一万元以下罚款。

第八章　附　　则

第四十六条　本规定自2017年1月1日起施行。2001年2月26日起施行的《航空器机场运行最低标准的制定与实施规定》(民航总局令第98号)和2003年6月16日起施行的《中国民用航空总局关于修订〈航空器机场运行最低标准的制定与实施规定〉的决定》(民航总局令第119号)同时废止。

国家农业综合开发资金和项目管理办法

(2016年9月6日财政部令第84号公布　自2017年1月1日起施行)

第一章　总　　则

第一条　为了规范国家农业综合开发资金和项目管理,保证资金安全有效和项目顺利实施,根据《中华人民共和国预算法》(以下简称预算法)等法律、行政法规和国家有关规定,制定本办法。

第二条　本办法所称农业综合开发是指中央政府为支持农业发展,改善农业生产基本条件,优化农业和农村经济结构,提高农业综合生产能力和综合效益,设立专项资金对农业资源进行综合开发利用和保护的活动。

第三条　农业综合开发的主要任务是加强农业基础设施和生态建设,转变农业发展方式,推进农村一、二、三产业融合发展,提高农业综合生产能力,保障国家粮食安全,带动农民增收,促进农业可持续发展和农业现代化。

第四条　农业综合开发项目包括土地治理项目和产业化发展项目。

土地治理项目包括高标准农田建设,生态综合治理,中型灌区节水配套改造等。

产业化发展项目包括经济林及设施农业种植基地、养殖基地建设,农产品加工,农产品流通设施建设,农业社会化服务体系建设等。

第五条 农业综合开发实行国家引导、民办公助的多元投入机制,发挥市场在资源配置中的决定性作用,资金和项目管理应当遵循以下原则:

(一)因地制宜,统筹规划;

(二)集约开发,注重效益;

(三)产业主导,突出重点;

(四)公平公开,奖优罚劣。

第六条 依照统一组织、分级管理的原则,合理划分国家农业综合开发办公室(以下简称国家农发办)和省、自治区、直辖市、计划单列市、新疆生产建设兵团、黑龙江省农垦总局、广东省农垦总局(以下统称省)农业综合开发机构(以下简称农发机构)的管理权限和职责。

国家农发办负责管理和指导全国农业综合开发工作,拟订农业综合开发政策制度和发展规划,管理和统筹安排中央财政农业综合开发资金,对农业综合开发资金和项目进行监管。

省级农发机构负责管理和指导本地区农业综合开发工作,拟定本地区农业综合开发具体政策和发展规划,分配本地区农业综合开发资金,组织开展农业综合开发项目管理,确定本地区各级农发机构的管理职责,对本地区农业综合开发资金和项目进行监管。

第七条 农业综合开发主要扶持农业主产区,重点扶持粮食主产区。非农业主产区的省应当确定本地区重点扶持的农业主产县(包括自治县、不设区的市、市辖区、旗及农场,下同)。

第八条 农业综合开发应当以促进农业可持续发展为目标,优化开发布局。对资源环境承载能力强、能够永续利用的区域实行重点开发;对资源环境承载能力有限,但有一定恢复潜力、能够达到生态平衡和环境再生的区域实行保护性开发，以生态综合治理和保护为主，适度开展高标准农田建设；对资源环境承载能力较差、生态比较脆弱的区域实行限制开发，以生态环境恢复为主。

第九条 农业综合开发以农民为受益主体，扶持对象包括专业大户、家庭农场、农民合作组织、农村集体经济组织以及涉农企业与单位等。

第十条 农业综合开发实行开发县管理。土地治理项目应当安排在开发县。

开发县实行总量控制、分级管理、定期评估、奖优罚劣的管理方式。

国家农发办根据总体资金规模、各省资源禀赋、开发政策等核定各省的开发县总数量，省级农发机构在总数量以内根据耕地面积、产业优势、工作基础等确定本省具体开发县。

第二章 资金管理

第十一条 中央财政与地方财政分别承担农业综合开发支出责任。

中央财政根据农业综合开发工作的目标和任务在年度预算中安排必要的资金用于农业综合开发。

地方各级财政投入资金应当列入同级政府年度预算。

第十二条 中央财政农业综合开发资金分配主要采取因素法，分配因素包括基础资源因素、工作绩效因素和其他因素，其中以基础资源因素为主。

基础资源因素包括耕地面积、高标准农田建设规划任务、粮食及棉花糖料等大宗农产品产量、水资源等基础数据；工作绩效因素包括资金管理、项目管理、综合管理、监督管理等工作情况；其他因素主要包括特定的农业发展战略要求、政策创新情况等。

财政部可以根据年度农业综合开发工作任务重点，适当调整每年分配资金选择的具体因素和权重。

第十三条 农业综合开发可以采取补助、贴息等多种形式，吸引社会资金，增加农业综合开发投入。

第十四条 国家农发办根据农业综合开发项目的类型和扶持对象规定项目自筹资金的投入比例。

鼓励土地治理项目所在地的农村集体和农民以筹资投劳的形式进行投入。

第十五条 农业综合开发财政资金投入以土地治理项目为重点。省级农发机构根据国家农发办的规定和本省资源状况和经济发展要求确定本省土地治理项目和产业化发展项目的投入比例。

第十六条 农业综合开发财政资金应当用于以下建设内容：

（一）农田水利工程建设；

（二）土地平整、土壤改良；

（三）田间道路建设；

（四）防护林营造；

（五）牧区草场改良；

（六）优良品种、先进技术推广；

（七）种植、养殖基地建设；

（八）农业生产、农产品加工设备购置和厂房建设；

（九）农产品储运保鲜、批发市场等流通设施建设；

（十）农业社会化服务体系建设；

（十一）国家农发办规定的其他内容。

第十七条 农业综合开发财政资金的支出范围包括：

（一）项目建设所需的材料、设备购置及施工支出；

（二）项目可行性研究、初步设计（实施方案）编制、环境影响评价、勘察设计、工程预决算审计等支出；

（三）工程监理费；

（四）科技推广费；

（五）项目管理费；

（六）土地治理项目工程管护费；

（七）贷款贴息；

（八）国家农发办规定的其他费用。

第十八条 本办法第十七条中规定的项目管理费由县级农发机构按土地治理项目财政投入资金的一定比例提取使用，财政投入资金1500万元以下的按不高于3%提取；超过1500万元的，其超过部分按不高于1%提取。

项目管理费主要用于农业综合开发项目实地考察、评审、检查验收、宣传培训、工程招标、信息化建设、工程实施监管、绩效评价、资金和项目公示等项目管理方面的支出。

省级、设区的市级农发机构项目管理经费由本级政府预算安排，不得另外提取。

第十九条 农业综合开发财政资金应当严格执行国家有关农业综合开发财务、会计制度，实行专人管理、专账核算、专款专用。

第二十条 各级财政部门应当根据法律、行政法规和财政部的有关规定，及时、足额地拨付资金，加强管理和监督。

第二十一条 农业综合开发项目财政资金支付实行县级报账制，按照国库集中支付制度的有关规定执行。

土地治理项目实施单位要严格按照规定的程序和要求办理报账。县级财政部门应当根据已批准的年度项目实施计划和工程建设进度情况，及时、足额地予以报账，并根据项目竣工决算进行清算。

产业化发展项目，县级财政部门应当在项目完成至少过半后办理报账，并在项目完工验收后根据验收确认意见及时、足额支付财政资金。

第二十二条 农业综合开发项目结余资金应当按照规定收回同级财政。

第三章 项 目 管 理

第二十三条 农业综合开发项目的前期准备是指项目申报前的准备工作，包括制定开发规划、建立项目库、编制项目可行性研究报告等。前期准备工作应当做到常态化、规范化。

第二十四条 地方各级农发机构应当根据国家农业综合开发政策和本地区经济社会发展中长期规划，编制农业综合开发规划及阶段性开发方案。

第二十五条 国家农发办应当适时公布下一年度农业综合开发扶持政策和重点。

第二十六条 地方各级农发机构根据国家农业综合开发扶持政策、扶持重点和本地区农业综合开发规划及阶段性开发方案，建立项目库，并实行动态管理。

第二十七条 纳入项目库的项目应当有项目建议书。项目建议书的主要内容包括项目建设的必要性、建设单位基本情况、建设地点、建设条件、建设方案、投资估算及来源、效益预测等。

第二十八条 项目申报单位向当地农发机构申报下一年度项目时，应当提交项目申请和项目可行性研究报告等材料，并对申报材料的真实性负责。

可行性研究报告应当根据项目类型的要求编制，其主要内容包括：项目建设背景和必要性，申报单位基本情况，建设地点、现状与建设条件，产品方案、建设规模与工艺技术方案，建设布局与建设内容，组织实施与运营管理，投资估算与资金筹措，环境影响分析，综合效益评价以及必要的附件等。

产业化发展项目申报单位可以将可行性研究报告与项目建议书合并编制，并向当地农发机构提交。

第二十九条 项目申报单位申报的项目应当满足以下条件：

（一）土地治理项目应当符合相关规划，有明确的区域范围，水源有保证，灌排骨干工程建设条件基本具备；地块相对集中连片，治理后能有效改善生产条件或生态环境；当地政府和农民群众积极性高。

（二）产业化发展项目应当符合产业政策和行业发展规划；资源优势突出，区域特色明显；市场潜力大、示范带动作用强、预期效益好；项目建设符合生态环境保护和资源节约利用要求。

第三十条 省级农发机构负责组织评审本地区申报的农业综合开发项目。

省级农发机构根据本地区实际情况可以下放项目评审权限。

项目评审应当以有关法律法规、行业标准和农业综合开发政策为依据,对申报项目建设必要性、技术可行性和经济合理性进行评估和审查,为项目确立提供决策依据。

第三十一条 在评审可行的基础上,由负责组织评审的农发机构根据资金额度,择优确定拟扶持项目和资金数额。项目原则上一年一定。

负责组织评审的农发机构应当将拟扶持的项目及资金数额通过互联网等媒介向社会公示,涉及国家秘密的内容除外。公示期一般不少于7日。

第三十二条 拟扶持项目确定后,项目实施单位应当组织编制初步设计(实施方案),主要内容包括:项目总体设计,主要建筑物设计,机械、设备及仪器购置计划,配套设施设计,工程概算,项目建设组织与管理,项目区现状图和工程设计图等。

土地治理项目初步设计(实施方案)由省级或者设区的市级农发机构负责组织审定。

产业化发展项目初步设计(实施方案)由项目实施单位自行审定后报县级农发机构备案。对于不涉及工程建设内容的产业化发展项目,初步设计(实施方案)可根据具体情况由评审通过的可行性研究报告或者项目建议书替代。

第三十三条 地方各级农发机构应当根据拟扶持项目初步设计(实施方案)的审定或者备案情况,编制、汇总农业综合开发年度项目实施计划。

省级农发机构负责批复本地区农业综合开发年度项目实施计划,并报国家农发办备案,同时抄送财政部驻当地财政监察专员办事处(以下简称专员办)。

地方各级农发机构应当按照年度项目实施计划开展项目实施、检查验收工作。

第三十四条 农业综合开发项目应当推行项目法人制。土地治理项目按照国家有关招标投标、政府采购、工程监理、资金和项目公示等规定执行；产业化发展项目由项目实施单位自行实施，并实行资金和项目公示制。

第三十五条 项目实施单位应当按照初步设计（实施方案）组织实施项目，按期建成并达到项目的建设标准。

农业综合开发项目建设期一般为1－2年。

第三十六条 年度项目实施计划必须严格执行，不得擅自调整或终止。确需进行调整或终止的，由省级农发机构负责批复，省级农发机构可以适当下放项目调整的批复权限。

前款所称项目调整是指项目建设内容、建设地点和建设期限发生变化。

终止项目和省级农发机构批复调整的项目应当报国家农发办备案。

第三十七条 土地治理项目竣工后，项目实施单位应当逐项检查初步设计（实施方案）完成情况，及时编报项目竣工决算，做好项目竣工验收前的准备工作。

项目竣工决算审批管理职责和程序要求，由省级财政部门确定。

第三十八条 土地治理项目由省级或者设区的市级农发机构组织验收。验收的主要内容包括执行国家农业综合开发规章制度情况、项目建设任务完成情况、主要工程建设的质量情况、资金到位和使用情况、工程运行管理和文档管理情况等。

产业化发展项目由县级农发机构组织验收。验收时，县级农发机构应当进行实地核查，确认项目完成情况。

第三十九条 土地治理项目实施单位应当依照《基本建设财务规则》（财政部令第81号）有关资产交付管理的规定及时办理资产交付，并根据资产交付情况明确管护主体。

土地治理项目管护主体应当建立健全各项运行管护制度，明确管护责任、管护内容和管护要求，保证项目工程在设计使用期限内正常运行。

第四十条 省级农发机构应当按规定时限向国家农发办报送上年度项目实施计划完成情况，同时抄送财政部驻当地专员办。

第四十一条 对财政资金投入较少的项目和贴息项目，省级农发机构可以简化有关项目申报、初步设计（实施方案）、项目调整、项目验收、资金报账等方面的程序和要求。

第四章 监督管理

第四十二条 各级农发机构应当按照预算法、《中华人民共和国政府信息公开条例》等有关规定，公开农业综合开发项目立项政策、申请条件、提交申请材料目录、评审标准、程序和结果等情况，接受社会监督。

第四十三条 各级农发机构应当制定、实施内部控制制度，对农业综合开发资金和项目管理风险进行预防和控制。

第四十四条 各级财政部门和各级农发机构应当加强对农业综合开发资金和项目的预算绩效管理。

国家农发办采取直接组织或委托第三方的方式，对各省的农业综合开发资金和项目开展绩效评价和进行监督检查。

地方各级农发机构应当定期对本地区农业综合开发资金和项目开展绩效评价，加强事前、事中、事后的监督检查，发现问题及时纠正。

第四十五条 财政部驻各地专员办应当按照工作职责和财政部要求，开展农业综合开发资金有关预算监管工作。

第四十六条 监督检查、绩效评价和预算执行监管结果应当作为分配农业综合开发资金的重要参考。

第四十七条 农业综合开发财政资金使用中存在违法违规行为的，各级财政部门应当按照预算法和《财政违法行为处罚处分条例》等国家有关规定追究法律责任。

农业综合开发项目实施过程中发现存在严重违法违规问题的，

地方各级农发机构应当及时终止项目。

第四十八条 对存在严重违法违规问题的农业综合开发县，省级以上农发机构应当暂停或取消其开发县资格。

第四十九条 各级农发机构应当积极配合审计部门、财政部门的审计和监督检查，对发现的问题及时整改。

第五章 附 则

第五十条 省级农发机构应当根据本办法，结合本地区的实际情况，制订具体实施办法，报财政部备案，并抄送财政部驻当地专员办。

第五十一条 中央有关部门农业综合开发资金和项目管理参照本办法执行。

农业综合开发利用国际金融组织及外国政府贷款赠款项目管理办法另行制定。

国家对涉农资金统筹整合使用另有规定的，依照其规定。

第五十二条 本办法自2017年1月1日起施行。财政部发布的《国家农业综合开发资金和项目管理办法》（财政部令第29号）和《财政部关于修改〈国家农业综合开发资金和项目管理办法〉的决定》（财政部令第60号）同时废止。

律师事务所管理办法

（2016年9月6日司法部令第133号公布 自2016年11月1日起施行）

第一章 总 则

第一条 为了规范律师事务所的设立，加强对律师事务所的监督和管理，根据《中华人民共和国律师法》（以下简称《律师法》）和其他有关法律、法规的规定，制定本办法。

第二条 律师事务所是律师的执业机构。

律师事务所应当依法设立并取得执业许可证。

律师事务所的设立和发展，应当根据国家和地方经济社会发展的需要，实现合理分布、均衡发展。

第三条 律师事务所应当把拥护中国共产党领导，拥护社会主义法治作为从业的基本要求。

律师事务所应当依法开展业务活动，加强内部管理和对律师执业行为的监督，依法承担相应的法律责任。

任何组织和个人不得非法干预律师事务所的业务活动，不得侵害律师事务所的合法权益。

第四条 律师事务所应当加强党的建设，具备条件的应当及时成立党组织，暂不具备条件的，应当通过党建工作指导员等方式开展党的工作。

律师事务所应当支持党组织开展活动，建立完善党组织参与律师事务所决策、管理的工作机制，发挥党组织的政治核心作用和律师党员的先锋模范作用。

第五条 司法行政机关依照《律师法》和本办法的规定对律师事务所进行监督、指导。

律师协会依照《律师法》、协会章程和行业规范，对律师事务所实行行业自律。

司法行政机关、律师协会应当结合监督管理职责，加强对律师行业党的建设的指导。

第六条 司法行政机关、律师协会应当建立健全律师事务所表彰奖励制度，根据有关规定设立综合性和单项表彰项目，对为维护人民群众合法权益、促进经济社会发展和国家法治建设作出突出贡献的律师事务所进行表彰奖励。

第二章　律师事务所的设立条件

第七条　律师事务所可以由律师合伙设立、律师个人设立或者由国家出资设立。

合伙律师事务所可以采用普通合伙或者特殊的普通合伙形式设立。

第八条　设立律师事务所应当具备下列基本条件：

（一）有自己的名称、住所和章程；

（二）有符合《律师法》和本办法规定的律师；

（三）设立人应当是具有一定的执业经历并能够专职执业的律师，且在申请设立前三年内未受过停止执业处罚；

（四）有符合本办法规定数额的资产。

第九条　设立普通合伙律师事务所，除应当符合本办法第八条规定的条件外，还应当具备下列条件：

（一）有书面合伙协议；

（二）有三名以上合伙人作为设立人；

（三）设立人应当是具有三年以上执业经历并能够专职执业的律师；

（四）有人民币三十万元以上的资产。

第十条　设立特殊的普通合伙律师事务所，除应当符合本办法第八条规定的条件外，还应当具备下列条件：

（一）有书面合伙协议；

（二）有二十名以上合伙人作为设立人；

（三）设立人应当是具有三年以上执业经历并能够专职执业的律师；

（四）有人民币一千万元以上的资产。

第十一条　设立个人律师事务所，除应当符合本办法第八条规定的条件外，还应当具备下列条件：

（一）设立人应当是具有五年以上执业经历并能够专职执业的

律师；

（二）有人民币十万元以上的资产。

第十二条 国家出资设立的律师事务所，除符合《律师法》规定的一般条件外，应当至少有二名符合《律师法》规定并能够专职执业的律师。

需要国家出资设立律师事务所的，由当地县级司法行政机关筹建，申请设立许可前须经所在地县级人民政府有关部门核拨编制、提供经费保障。

第十三条 省、自治区、直辖市司法行政机关可以根据本地经济社会发展状况和律师业发展需要，适当调整本办法规定的普通合伙律师事务所、特殊的普通合伙律师事务所和个人律师事务所的设立资产数额，报司法部批准后实施。

第十四条 设立律师事务所，其申请的名称应当符合司法部有关律师事务所名称管理的规定，并应当在申请设立许可前按规定办理名称检索。

第十五条 律师事务所负责人人选，应当在申请设立许可时一并报审核机关核准。

合伙律师事务所的负责人，应当从本所合伙人中经全体合伙人选举产生；国家出资设立的律师事务所的负责人，由本所律师推选，经所在地县级司法行政机关同意。

个人律师事务所设立人是该所的负责人。

第十六条 律师事务所章程应当包括下列内容：

（一）律师事务所的名称和住所；

（二）律师事务所的宗旨；

（三）律师事务所的组织形式；

（四）设立资产的数额和来源；

（五）律师事务所负责人的职责以及产生、变更程序；

（六）律师事务所决策、管理机构的设置、职责；

（七）本所律师的权利与义务；

（八）律师事务所有关执业、收费、财务、分配等主要管理制度；

（九）律师事务所解散的事由、程序以及清算办法；

（十）律师事务所章程的解释、修改程序；

（十一）其他需要载明的事项。

设立合伙律师事务所的，其章程还应当载明合伙人的姓名、出资额及出资方式。

律师事务所章程的内容不得与有关法律、法规、规章相抵触。

律师事务所章程自省、自治区、直辖市司法行政机关作出准予设立律师事务所决定之日起生效。

第十七条 合伙协议应当载明下列内容：

（一）合伙人，包括姓名、居住地、身份证号、律师执业经历等；

（二）合伙人的出资额及出资方式；

（三）合伙人的权利、义务；

（四）合伙律师事务所负责人的职责以及产生、变更程序；

（五）合伙人会议的职责、议事规则等；

（六）合伙人收益分配及债务承担方式；

（七）合伙人入伙、退伙及除名的条件和程序；

（八）合伙人之间争议的解决方法和程序，违反合伙协议承担的责任；

（九）合伙协议的解释、修改程序；

（十）其他需要载明的事项。

合伙协议的内容不得与有关法律、法规、规章相抵触。

合伙协议由全体合伙人协商一致并签名，自省、自治区、直辖市司法行政机关作出准予设立律师事务所决定之日起生效。

第三章 律师事务所设立许可程序

第十八条 律师事务所的设立许可，由设区的市级或者直辖市的区（县）司法行政机关受理设立申请并进行初审，报省、自治区、直辖市司法行政机关进行审核，作出是否准予设立的决定。

第十九条 申请设立律师事务所，应当向所在地设区的市级或

者直辖市的区(县)司法行政机关提交下列材料:

(一)设立申请书;

(二)律师事务所的名称、章程;

(三)设立人的名单、简历、身份证明、律师执业证书,律师事务所负责人人选;

(四)住所证明;

(五)资产证明。

设立合伙律师事务所,还应当提交合伙协议。

设立国家出资设立的律师事务所,应当提交所在地县级人民政府有关部门出具的核拨编制、提供经费保障的批件。

申请设立许可时,申请人应当如实填报《律师事务所设立申请登记表》。

第二十条 设区的市级或者直辖市的区(县)司法行政机关对申请人提出的设立律师事务所申请,应当根据下列情况分别作出处理:

(一)申请材料齐全、符合法定形式的,应当受理。

(二)申请材料不齐全或者不符合法定形式的,应当当场或者自收到申请材料之日起五日内一次告知申请人需要补正的全部内容。

申请人按要求补正的,予以受理;逾期不告知的,自收到申请材料之日起即为受理。

(三)申请事项明显不符合法定条件或者申请人拒绝补正、无法补正有关材料的,不予受理,并向申请人书面说明理由。

第二十一条 受理申请的司法行政机关应当在决定受理之日起二十日内完成对申请材料的审查。

在审查过程中,可以征求拟设立律师事务所所在地县级司法行政机关的意见;对于需要调查核实有关情况的,可以要求申请人提供有关证明材料,也可以委托县级司法行政机关进行核实。

经审查,应当对设立律师事务所的申请是否符合法定条件、材料是否真实齐全出具审查意见,并将审查意见和全部申请材料报送省、自治区、直辖市司法行政机关。

第二十二条 省、自治区、直辖市司法行政机关应当自收到受理申请机关报送的审查意见和全部申请材料之日起十日内予以审核，作出是否准予设立律师事务所的决定。

准予设立的，应当自决定之日起十日内向申请人颁发律师事务所执业许可证。

不准予设立的，应当向申请人书面说明理由。

第二十三条 律师事务所执业许可证分为正本和副本。

正本用于办公场所悬挂，副本用于接受查验。

正本和副本具有同等的法律效力。

律师事务所执业许可证应当载明的内容、制作的规格、证号编制办法，由司法部规定。

执业许可证由司法部统一制作。

第二十四条 律师事务所设立申请人应当在领取执业许可证后的六十日内，按照有关规定刻制印章、开立银行账户、办理税务登记，完成律师事务所开业的各项准备工作，并将刻制的律师事务所公章、财务章印模和开立的银行账户报所在地设区的市级或者直辖市的区（县）司法行政机关备案。

第二十五条 有下列情形之一的，由作出准予设立律师事务所决定的省、自治区、直辖市司法行政机关撤销原准予设立的决定，收回并注销律师事务所执业许可证：

（一）申请人以欺骗、贿赂等不正当手段取得准予设立决定的；

（二）对不符合法定条件的申请或者违反法定程序作出准予设立决定的。

第四章 律师事务所的变更和终止

第二十六条 律师事务所变更名称、负责人、章程、合伙协议的，应当经所在地设区的市级或者直辖市的区（县）司法行政机关审查后报原审核机关批准。

具体办法按律师事务所设立许可程序办理。

律师事务所变更住所、合伙人的，应当自变更之日起十五日内经所在地设区的市级或者直辖市的区（县）司法行政机关报原审核机关备案。

第二十七条 律师事务所跨县、不设区的市、市辖区变更住所，需要相应变更负责对其实施日常监督管理的司法行政机关的，应当在办理备案手续后，由其所在地设区的市级司法行政机关或者直辖市司法行政机关将有关变更情况通知律师事务所迁入地的县级司法行政机关。

律师事务所拟将住所迁移其他省、自治区、直辖市的，应当按注销原律师事务所、设立新的律师事务所的程序办理。

第二十八条 律师事务所变更合伙人，包括吸收新合伙人、合伙人退伙、合伙人因法定事由或者经合伙人会议决议被除名。

新合伙人应当从专职执业的律师中产生，并具有三年以上执业经历，但司法部另有规定的除外。

受到六个月以上停止执业处罚的律师，处罚期满未逾三年的，不得担任合伙人。

合伙人退伙、被除名的，律师事务所应当依照法律、本所章程和合伙协议处理相关财产权益、债务承担等事务。

因合伙人变更需要修改合伙协议的，修改后的合伙协议应当按照本办法第二十六条第一款的规定报批。

第二十九条 律师事务所变更组织形式的，应当在自行依法处理好业务衔接、人员安排、资产处置、债务承担等事务并对章程、合伙协议作出相应修改后，方可按照本办法第二十六条第一款的规定申请变更。

第三十条 律师事务所因分立、合并，需要对原律师事务所进行变更或者注销原律师事务所、设立新的律师事务所的，应当在自行依法处理好相关律师事务所的业务衔接、人员安排、资产处置、债务承担等事务后，提交分立协议或者合并协议等申请材料，按照本办法的相关规定办理。

第三十一条 律师事务所有下列情形之一的，应当终止：

（一）不能保持法定设立条件，经限期整改仍不符合条件的；

（二）执业许可证被依法吊销的；

（三）自行决定解散的；

（四）法律、行政法规规定应当终止的其他情形。

律师事务所在取得设立许可后，六个月内未开业或者无正当理由停止业务活动满一年的，视为自行停办，应当终止。

律师事务所在受到停业整顿处罚期限未满前，不得自行决定解散。

第三十二条 律师事务所在终止事由发生后，不得受理新的业务。

律师事务所在终止事由发生后，应当向社会公告，依照有关规定进行清算，依法处置资产分割、债务清偿等事务。

律师事务所应当在清算结束后十五日内向所在地设区的市级或者直辖市的区（县）司法行政机关提交注销申请书、清算报告、本所执业许可证以及其他有关材料，由其出具审查意见后连同全部注销申请材料报原审核机关审核，办理注销手续。

律师事务所拒不履行公告、清算义务的，由设区的市级或者直辖市的区（县）司法行政机关向社会公告后，可以直接报原审核机关办理注销手续。

律师事务所被注销后的债权、债务由律师事务所的设立人、合伙人承担。

律师事务所被注销的，其业务档案、财务账簿、本所印章的移管、处置，按照有关规定办理。

第五章 律师事务所分所的设立、变更和终止

第三十三条 成立三年以上并具有二十名以上执业律师的合伙律师事务所，根据业务发展需要，可以在本所所在地的市、县以外的地方设立分所。

设在直辖市、设区的市的合伙律师事务所也可以在本所所在城

区以外的区、县设立分所。

律师事务所及其分所受到停业整顿处罚期限未满的，该所不得申请设立分所；律师事务所的分所受到吊销执业许可证处罚的，该所自分所受到处罚之日起二年内不得申请设立分所。

第三十四条 分所应当具备下列条件：

（一）有符合《律师事务所名称管理办法》规定的名称；

（二）有自己的住所；

（三）有三名以上律师事务所派驻的专职律师；

（四）有人民币三十万元以上的资产；

（五）分所负责人应当是具有三年以上的执业经历并能够专职执业，且在担任负责人前三年内未受过停止执业处罚的律师。

律师事务所到经济欠发达的市、县设立分所的，前款规定的派驻律师条件可以降至一至二名；资产条件可以降至人民币十万元。

具体适用地区由省、自治区、直辖市司法行政机关确定。

省、自治区、直辖市司法行政机关根据本地经济社会发展和律师业发展状况，需要提高第一款第（三）、（四）项规定的条件的，按照本办法第十三条规定的程序办理。

第三十五条 律师事务所申请设立分所，应当提交下列材料：

（一）设立分所申请书；

（二）本所基本情况，本所设立许可机关为其出具的符合《律师法》第十九条和本办法第三十三条规定条件的证明；

（三）本所执业许可证复印件，本所章程和合伙协议；

（四）拟在分所执业的律师的名单、简历、身份证明和律师执业证书复印件；

（五）拟任分所负责人的人选及基本情况，该人选执业许可机关为其出具的符合本办法第三十四条第一款第五项规定条件的证明；

（六）分所的名称，分所住所证明和资产证明；

（七）本所制定的分所管理办法。

申请设立分所时，申请人应当如实填报《律师事务所分所设立申请登记表》。

第三十六条 律师事务所申请设立分所，由拟设立分所所在地设区的市级或者直辖市区（县）司法行政机关受理并进行初审，报省、自治区、直辖市司法行政机关审核，决定是否准予设立分所。

具体程序按照本办法第二十条、第二十一条、第二十二条的规定办理。

准予设立分所的，由设立许可机关向申请人颁发律师事务所分所执业许可证。

第三十七条 分所律师除由律师事务所派驻外，可以依照《律师执业管理办法》的规定面向社会聘用律师。

派驻分所律师，参照《律师执业管理办法》有关律师变更执业机构的规定办理，由准予设立分所的省、自治区、直辖市司法行政机关予以换发执业证书，原执业证书交回原颁证机关；分所聘用律师，依照《律师执业管理办法》规定的申请律师执业许可或者变更执业机构的程序办理。

第三十八条 律师事务所决定变更分所负责人的，应当经分所所在地设区的市级或者直辖市区（县）司法行政机关报分所设立许可机关批准；变更派驻分所律师的，参照《律师执业管理办法》有关律师变更执业机构的规定办理。

分所变更住所的，应当自变更之日起十五日内，经分所所在地设区的市级或者直辖市区（县）司法行政机关报分所设立许可机关备案。

律师事务所变更名称的，应当自名称获准变更之日起三十日内，经分所所在地设区的市级或者直辖市区（县）司法行政机关向分所设立许可机关申请变更分所名称。

第三十九条 有下列情形之一的，分所应当终止：

（一）律师事务所依法终止的；

（二）律师事务所不能保持《律师法》和本办法规定设立分所的条件，经限期整改仍不符合条件的；

（三）分所不能保持本办法规定的设立条件，经限期整改仍不符合条件的；

（四）分所在取得设立许可后六个月内未开业或者无正当理由停止业务活动满一年的；

（五）律师事务所决定停办分所的；

（六）分所执业许可证被依法吊销的；

（七）法律、行政法规规定应当终止的其他情形。

分所终止的，由分所设立许可机关注销分所执业许可证。

分所终止的有关事宜按照本办法第三十二条的规定办理。

第六章　律师事务所执业和管理规则

第四十条　律师事务所应当建立健全执业管理和其他各项内部管理制度，规范本所律师执业行为，履行监管职责，对本所律师遵守法律、法规、规章及行业规范，遵守职业道德和执业纪律的情况进行监督，发现问题及时予以纠正。

第四十一条　律师事务所应当保障本所律师和辅助人员享有下列权利：

（一）获得本所提供的必要工作条件和劳动保障；

（二）获得劳动报酬及享受有关福利待遇；

（三）向本所提出意见和建议；

（四）法律、法规、规章及行业规范规定的其他权利。

第四十二条　律师事务所应当监督本所律师和辅助人员履行下列义务：

（一）遵守宪法和法律，遵守职业道德和执业纪律；

（二）依法、诚信、规范执业；

（三）接受本所监督管理，遵守本所章程和规章制度，维护本所的形象和声誉；

（四）法律、法规、规章及行业规范规定的其他义务。

第四十三条　律师事务所应当建立违规律师辞退和除名制度，对违法违规执业、违反本所章程及管理制度或者年度考核不称职的律师，可以将其辞退或者经合伙人会议通过将其除名，有关处理结果报所在地县级司法行政机关和律师协会备案。

第四十四条 律师事务所应当在法定业务范围内开展业务活动，不得以独资、与他人合资或者委托持股方式兴办企业，并委派律师担任企业法定代表人、总经理职务，不得从事与法律服务无关的其他经营性活动。

第四十五条 律师事务所应当与其他律师事务所公平竞争，不得以诋毁其他律师事务所、律师或者支付介绍费等不正当手段承揽业务。

第四十六条 律师承办业务，由律师事务所统一接受委托，与委托人签订书面委托合同。

律师事务所受理业务，应当进行利益冲突审查，不得违反规定受理与本所承办业务及其委托人有利益冲突的业务。

第四十七条 律师事务所应当按照有关规定统一收取服务费用并如实入账，建立健全收费管理制度，及时查处有关违规收费的举报和投诉，不得在实行政府指导价的业务领域违反规定标准收取费用，或者违反风险代理管理规定收取费用。

律师事务所应当按照规定建立健全财务管理制度，建立和实行合理的分配制度及激励机制。

律师事务所应当依法纳税。

第四十八条 律师事务所应当依法履行法律援助义务，及时安排本所律师承办法律援助案件，为办理法律援助案件提供条件和便利，无正当理由不得拒绝接受法律援助机构指派的法律援助案件。

第四十九条 律师事务所应当建立健全重大疑难案件的请示报告、集体研究和检查督导制度，规范受理程序，指导监督律师依法办理重大疑难案件。

第五十条 律师事务所应当依法履行管理职责，教育管理本所律师依法、规范承办业务，加强对本所律师执业活动的监督管理，不得放任、纵容本所律师有下列行为：

（一）采取煽动、教唆和组织当事人或者其他人员到司法机关或者其他国家机关静坐、举牌、打横幅、喊口号、声援、围观等扰乱公共秩序、危害公共安全的非法手段，聚众滋事，制造影响，向有关部门施加压力。

（二）对本人或者其他律师正在办理的案件进行歪曲、有误导性的宣传和评论，恶意炒作案件。

（三）以串联组团、联署签名、发表公开信、组织网上聚集、声援等方式或者借个案研讨之名，制造舆论压力，攻击、诋毁司法机关和司法制度。

（四）无正当理由，拒不按照人民法院通知出庭参与诉讼，或者违反法庭规则，擅自退庭。

（五）聚众哄闹、冲击法庭，侮辱、诽谤、威胁、殴打司法工作人员或者诉讼参与人，否定国家认定的邪教组织的性质，或者有其他严重扰乱法庭秩序的行为。

（六）发表、散布否定宪法确立的根本政治制度、基本原则和危害国家安全的言论，利用网络、媒体挑动对党和政府的不满，发起、参与危害国家安全的组织或者支持、参与、实施危害国家安全的活动；以歪曲事实真相、明显违背社会公序良俗等方式，发表恶意诽谤他人的言论，或者发表严重扰乱法庭秩序的言论。

第五十一条　合伙律师事务所和国家出资设立的律师事务所应当按照规定为聘用的律师和辅助人员办理失业、养老、医疗等社会保险。

个人律师事务所聘用律师和辅助人员的，应当按前款规定为其办理社会保险。

第五十二条　律师事务所应当按照规定，建立执业风险、事业发展、社会保障等基金。

律师参加执业责任保险的具体办法另行规定。

第五十三条　律师违法执业或者因过错给当事人造成损失的，由其所在的律师事务所承担赔偿责任。

律师事务所赔偿后，可以向有故意或者重大过失行为的律师追偿。

普通合伙律师事务所的合伙人对律师事务所的债务承担无限

连带责任。

特殊的普通合伙律师事务所一个合伙人或者数个合伙人在执业活动中因故意或者重大过失造成律师事务所债务的,应当承担无限责任或者无限连带责任,其他合伙人以其在律师事务所中的财产份额为限承担责任;合伙人在执业活动中非因故意或者重大过失造成的律师事务所债务,由全体合伙人承担无限连带责任。

个人律师事务所的设立人对律师事务所的债务承担无限责任。

国家出资设立的律师事务所以其全部资产对其债务承担责任。

第五十四条 律师事务所的负责人负责对律师事务所的业务活动和内部事务进行管理,对外代表律师事务所,依法承担对律师事务所违法行为的管理责任。

合伙人会议或者律师会议为合伙律师事务所或者国家出资设立的律师事务所的决策机构;个人律师事务所的重大决策应当充分听取聘用律师的意见。

律师事务所根据本所章程可以设立相关管理机构或者配备专职管理人员,协助本所负责人开展日常管理工作。

第五十五条 律师事务所应当加强对本所律师的职业道德和执业纪律教育,组织开展业务学习和经验交流活动,为律师参加业务培训和继续教育提供条件。

第五十六条 律师事务所应当建立律师表彰奖励制度,对依法、诚信、规范执业表现突出的律师予以表彰奖励。

第五十七条 律师事务所应当建立投诉查处制度,及时查处、纠正本所律师在执业活动中的违法违规行为,调处在执业中与委托人之间的纠纷;认为需要对被投诉律师给予行政处罚或者行业惩戒的,应当及时向所在地县级司法行政机关或者律师协会报告。

已担任合伙人的律师受到六个月以上停止执业处罚的,自处罚决定生效之日起至处罚期满后三年内,不得担任合伙人。

第五十八条 律师事务所应当建立律师执业年度考核制度,按照规定对本所律师的执业表现和遵守职业道德、执业纪律的情况进行考核,评定等次,实施奖惩,建立律师执业档案和诚信档案。

第五十九条 律师事务所应当于每年的一季度经所在地县级司法行政机关向设区的市级司法行政机关提交上一年度本所执业情况报告和律师执业考核结果，直辖市的律师事务所的执业情况报告和律师执业考核结果直接向所在地区（县）司法行政机关提交，接受司法行政机关的年度检查考核。

具体年度检查考核办法，由司法部规定。

第六十条 律师事务所应当按照规定建立健全档案管理制度，对所承办业务的案卷和有关资料及时立卷归档，妥善保管。

第六十一条 律师事务所应当通过本所网站等，公开本所律师和辅助人员的基本信息和奖惩情况。

第六十二条 律师事务所应当妥善保管、依法使用本所执业许可证，不得变造、出借、出租。

如有遗失或者损毁的，应当及时报告所在地县级司法行政机关，经所在地设区的市级或者直辖市区（县）司法行政机关向原审核机关申请补发或者换发。

律师事务所执业许可证遗失的，应当在当地报刊上刊登遗失声明。

律师事务所被撤销许可、受到吊销执业许可证处罚的，由所在地县级司法行政机关收缴其执业许可证。

律师事务所受到停业整顿处罚的，应当自处罚决定生效后至处罚期限届满前，将执业许可证缴存其所在地县级司法行政机关。

第六十三条 律师事务所应当加强对分所执业和管理活动的监督，履行下列管理职责：

（一）任免分所负责人；

（二）决定派驻分所律师，核准分所聘用律师人选；

（三）审核、批准分所的内部管理制度；

（四）审核、批准分所的年度工作计划、年度工作总结；

（五）指导、监督分所的执业活动及重大法律事务的办理；

（六）指导、监督分所的财务活动，审核、批准分所的分配方案和年度财务预算、决算；

（七）决定分所重要事项的变更、分所停办和分所资产的处置；

（八）本所规定的其他由律师事务所决定的事项。

律师事务所应当依法对其分所的债务承担责任。

第七章　司法行政机关的监督管理

第六十四条　县级司法行政机关对本行政区域内的律师事务所的执业活动进行日常监督管理，履行下列职责：

（一）监督律师事务所在开展业务活动过程中遵守法律、法规、规章的情况；

（二）监督律师事务所执业和内部管理制度的建立和实施情况；

（三）监督律师事务所保持法定设立条件以及变更报批或者备案的执行情况；

（四）监督律师事务所进行清算、申请注销的情况；

（五）监督律师事务所开展律师执业年度考核和上报年度执业总结的情况；

（六）受理对律师事务所的举报和投诉；

（七）监督律师事务所履行行政处罚和实行整改的情况；

（八）司法部和省、自治区、直辖市司法行政机关规定的其他职责。

县级司法行政机关在开展日常监督管理过程中，对发现、查实的律师事务所在执业和内部管理方面存在的问题，应当对律师事务所负责人或者有关律师进行警示谈话，责令改正，并对其整改情况进行监督；对律师事务所的违法行为认为依法应当给予行政处罚的，应当向上一级司法行政机关提出处罚建议；认为需要给予行业惩戒的，移送律师协会处理。

第六十五条　设区的市级司法行政机关履行下列监督管理职责：

（一）掌握本行政区域律师事务所的执业活动和组织建设、队伍建设、制度建设的情况，制定加强律师工作的措施和办法。

（二）指导、监督下一级司法行政机关的日常监督管理工作，组织开展对律师事务所的专项监督检查工作，指导对律师事务所重大投诉案件的查处工作。

（三）对律师事务所进行表彰。

（四）依法定职权对律师事务所的违法行为实施行政处罚；对依法应当给予吊销执业许可证处罚的，向上一级司法行政机关提出处罚建议。

（五）组织开展对律师事务所的年度检查考核工作。

（六）受理、审查律师事务所设立、变更、设立分所、注销申请事项。

（七）建立律师事务所执业档案，负责有关律师事务所的许可、变更、终止及执业档案信息的公开工作。

（八）法律、法规、规章规定的其他职责。

直辖市的区（县）司法行政机关负有前款规定的有关职责。

第六十六条 省、自治区、直辖市司法行政机关履行下列监督管理职责：

（一）制定本行政区域律师事务所的发展规划和有关政策，制定律师事务所管理的规范性文件；

（二）掌握本行政区域律师事务所组织建设、队伍建设、制度建设和业务开展情况；

（三）监督、指导下级司法行政机关的监督管理工作，指导对律师事务所的专项监督检查和年度检查考核工作；

（四）组织对律师事务所的表彰活动；

（五）依法对律师事务所的严重违法行为实施吊销执业许可证的处罚，监督下一级司法行政机关的行政处罚工作，办理有关行政复议和申诉案件；

（六）办理律师事务所设立核准、变更核准或者备案、设立分所核准及执业许可证注销事项；

（七）负责本行政区域律师事务所有关重大信息的公开工作；

（八）法律、法规规定的其他职责。

第六十七条 律师事务所违反本办法有关规定的，依照《律师法》和有关法规、规章规定追究法律责任。

律师事务所违反本办法第四十四条、第四十五条、第四十七条、第四十八条、第五十条规定的，司法行政机关应当依照《律师法》第五十条相关规定予以行政处罚。

第六十八条 律师事务所管理分所的情况，应当纳入司法行政机关对该所年度检查考核的内容；律师事务所对分所及其律师疏于管理、造成严重后果的，由该所所在地司法行政机关依法实施行政处罚。

律师事务所分所及其律师，应当接受分所所在地司法行政机关的监督、指导，接受分所所在地律师协会的行业管理。

第六十九条 跨省、自治区、直辖市设立分所的，分所所在地的省、自治区、直辖市司法行政机关应当将分所设立、变更、终止以及年度考核、行政处罚等情况及时抄送设立分所的律师事务所所在的省、自治区、直辖市司法行政机关。

第七十条 各级司法行政机关及其工作人员对律师事务所实施监督管理，不得妨碍律师事务所依法执业，不得侵害律师事务所的合法权益，不得索取或者收受律师事务所及其律师的财物，不得谋取其他利益。

第七十一条 司法行政机关应当加强对实施许可和管理活动的层级监督，按照规定建立有关工作的统计、请示、报告、督办等制度。

负责律师事务所许可实施、年度检查考核或者奖励、处罚的司法行政机关，应当及时将有关许可决定、考核结果或者奖惩情况通报下级司法行政机关，并报送上一级司法行政机关。

第七十二条 司法行政机关、律师协会应当建立律师和律师事务所信息管理系统，按照有关规定向社会公开律师事务所基本信息和年度检查考核结果、奖惩情况。

第七十三条 司法行政机关应当加强对律师协会的指导、监督，支持律师协会依照《律师法》和协会章程、行业规范对律师事务所实行行业自律，建立健全行政管理与行业自律相结合的协调、协作机制。

第七十四条 各级司法行政机关应当定期将本行政区域律师事务所的组织、队伍、业务情况的统计资料、年度管理工作总结报送上一级司法行政机关。

第七十五条 人民法院、人民检察院、公安机关、国家安全机关或者其他有关部门对律师事务所的违法违规行为向司法行政机关、律师协会提出予以处罚、处分建议的，司法行政机关、律师协会应当自作出处理决定之日起七日内通报建议机关。

第七十六条 司法行政机关工作人员在律师事务所设立许可和实施监督管理活动中，滥用职权、玩忽职守，构成犯罪的，依法追究刑事责任；尚不构成犯罪的，依法给予行政处分。

第八章 附 则

第七十七条 军队法律顾问处的管理，按照国务院和中央军事委员会有关规定执行。

第七十八条 本办法自2016年11月1日起施行。此前司法部制定的有关律师事务所管理的规章、规范性文件与本办法相抵触的，以本办法为准。

关于修改《上市公司重大资产重组管理办法》的决定

（2016年9月8日中国证券监督管理委员会令第127号公布 自公布之日起施行）

一、第十三条修改为："上市公司自控制权发生变更之日起60个月内，向收购人及其关联人购买资产，导致上市公司发生以下根本变化情形之一的，构成重大资产重组，应当按照本办法的规定报经中国证监会核准：

“(一)购买的资产总额占上市公司控制权发生变更的前一个会计年度经审计的合并财务会计报告期末资产总额的比例达到100%以上；

“(二)购买的资产在最近一个会计年度所产生的营业收入占上市公司控制权发生变更的前一个会计年度经审计的合并财务会计报告营业收入的比例达到100%以上；

“(三)购买的资产在最近一个会计年度所产生的净利润占上市公司控制权发生变更的前一个会计年度经审计的合并财务会计报告净利润的比例达到100%以上；

“(四)购买的资产净额占上市公司控制权发生变更的前一个会计年度经审计的合并财务会计报告期末净资产额的比例达到100%以上；

“(五)为购买资产发行的股份占上市公司首次向收购人及其关联人购买资产的董事会决议前一个交易日的股份的比例达到100%以上；

“(六)上市公司向收购人及其关联人购买资产虽未达到本款第(一)至第(五)项标准，但可能导致上市公司主营业务发生根本变化；

“(七)中国证监会认定的可能导致上市公司发生根本变化的其他情形。

“上市公司实施前款规定的重大资产重组，应当符合下列规定：

“(一)符合本办法第十一条、第四十三条规定的要求；

“(二)上市公司购买的资产对应的经营实体应当是股份有限公司或者有限责任公司，且符合《首次公开发行股票并上市管理办法》规定的其他发行条件；

“(三)上市公司及其最近3年内的控股股东、实际控制人不存在因涉嫌犯罪正被司法机关立案侦查或涉嫌违法违规正被中国证监会立案调查的情形，但是，涉嫌犯罪或违法违规的行为已经终止满3年，交易方案能够消除该行为可能造成的不良后果，且不影响对相关行为人追究责任的除外；

“（四）上市公司及其控股股东、实际控制人最近12个月内未受到证券交易所公开谴责，不存在其他重大失信行为；

“（五）本次重大资产重组不存在中国证监会认定的可能损害投资者合法权益，或者违背公开、公平、公正原则的其他情形。

“上市公司通过发行股份购买资产进行重大资产重组的，适用《证券法》和中国证监会的相关规定。

“本条第一款所称控制权，按照《上市公司收购管理办法》第八十四条的规定进行认定。上市公司股权分散，董事、高级管理人员可以支配公司重大的财务和经营决策的，视为具有上市公司控制权。

“创业板上市公司自控制权发生变更之日起，向收购人及其关联人购买资产，不得导致本条第一款规定的任一情形。

“上市公司自控制权发生变更之日起，向收购人及其关联人购买的资产属于金融、创业投资等特定行业的，由中国证监会另行规定。”

二、第十四条第一款第（一）项修改为：“购买的资产为股权的，其资产总额以被投资企业的资产总额与该项投资所占股权比例的乘积和成交金额二者中的较高者为准，营业收入以被投资企业的营业收入与该项投资所占股权比例的乘积为准，资产净额以被投资企业的净资产额与该项投资所占股权比例的乘积和成交金额二者中的较高者为准；出售的资产为股权的，其资产总额、营业收入以及资产净额分别以被投资企业的资产总额、营业收入以及净资产额与该项投资所占股权比例的乘积为准。

“购买股权导致上市公司取得被投资企业控股权的，其资产总额以被投资企业的资产总额和成交金额二者中的较高者为准，营业收入以被投资企业的营业收入为准，净利润以被投资企业扣除非经常性损益前后的净利润的较高者为准，资产净额以被投资企业的净资产额和成交金额二者中的较高者为准；出售股权导致上市公司丧失被投资企业控股权的，其资产总额、营业收入以及资产净额分别以被投资企业的资产总额、营业收入以及净资产额为准。”

第十四条第一款第(四)项修改为:“上市公司在12个月内连续对同一或者相关资产进行购买、出售的,以其累计数分别计算相应数额。已按照本办法的规定编制并披露重大资产重组报告书的资产交易行为,无须纳入累计计算的范围。中国证监会对本办法第十三条第一款规定的重大资产重组的累计期限和范围另有规定的,从其规定。”

三、第四十四条第一款修改为:“上市公司发行股份购买资产的,除属于本办法第十三条第一款规定的交易情形外,可以同时募集部分配套资金,其定价方式按照现行相关规定办理。”

四、第四十六条增加一款,作为第二款:“属于本办法第十三条第一款规定的交易情形的,上市公司原控股股东、原实际控制人及其控制的关联人,以及在交易过程中从该等主体直接或间接受让该上市公司股份的特定对象应当公开承诺,在本次交易完成后36个月内不转让其在该上市公司中拥有权益的股份;除收购人及其关联人以外的特定对象应当公开承诺,其以资产认购而取得的上市公司股份自股份发行结束之日起24个月内不得转让。”

五、第五十三条增加一款,作为第二款:“未经中国证监会核准擅自实施本办法第十三条第一款规定的重大资产重组,交易尚未完成的,中国证监会责令上市公司补充披露相关信息、暂停交易并按照本办法第十三条的规定报送申请文件;交易已经完成的,可以处以警告、罚款,并对有关责任人员采取市场禁入的措施;涉嫌犯罪的,依法移送司法机关追究刑事责任。”

本决定自公布之日起施行。

《上市公司重大资产重组管理办法》根据本决定作相应修改,重新公布。

上市公司重大资产重组管理办法

（2014 年 7 月 7 日中国证券监督管理委员会令第 109 号公布　根据 2016 年 9 月 8 日中国证券监督管理委员会《关于修改〈上市公司重大资产重组管理办法〉的决定》修订）

第一章　总　则

第一条　为了规范上市公司重大资产重组行为，保护上市公司和投资者的合法权益，促进上市公司质量不断提高，维护证券市场秩序和社会公共利益，根据《公司法》、《证券法》等法律、行政法规的规定，制定本办法。

第二条　本办法适用于上市公司及其控股或者控制的公司在日常经营活动之外购买、出售资产或者通过其他方式进行资产交易达到规定的比例，导致上市公司的主营业务、资产、收入发生重大变化的资产交易行为（以下简称重大资产重组）。

上市公司发行股份购买资产应当符合本办法的规定。

上市公司按照经中国证券监督管理委员会（以下简称中国证监会）核准的发行证券文件披露的募集资金用途，使用募集资金购买资产、对外投资的行为，不适用本办法。

第三条　任何单位和个人不得利用重大资产重组损害上市公司及其股东的合法权益。

第四条　上市公司实施重大资产重组，有关各方必须及时、公平地披露或者提供信息，保证所披露或者提供信息的真实、准确、完整，不得有虚假记载、误导性陈述或者重大遗漏。

第五条　上市公司的董事、监事和高级管理人员在重大资产重组活动中，应当诚实守信、勤勉尽责，维护公司资产的安全，保护公司和全体股东的合法权益。

第六条 为重大资产重组提供服务的证券服务机构和人员,应当遵守法律、行政法规和中国证监会的有关规定,遵循本行业公认的业务标准和道德规范,严格履行职责,对其所制作、出具文件的真实性、准确性和完整性承担责任。

前款规定的证券服务机构和人员,不得教唆、协助或者伙同委托人编制或者披露存在虚假记载、误导性陈述或者重大遗漏的报告、公告文件,不得从事不正当竞争,不得利用上市公司重大资产重组谋取不正当利益。

第七条 任何单位和个人对所知悉的重大资产重组信息在依法披露前负有保密义务。

禁止任何单位和个人利用重大资产重组信息从事内幕交易、操纵证券市场等违法活动。

第八条 中国证监会依法对上市公司重大资产重组行为进行监督管理。

中国证监会审核上市公司重大资产重组或者发行股份购买资产的申请,可以根据上市公司的规范运作和诚信状况、财务顾问的执业能力和执业质量,结合国家产业政策和重组交易类型,作出差异化的、公开透明的监管制度安排,有条件地减少审核内容和环节。

第九条 鼓励依法设立的并购基金、股权投资基金、创业投资基金、产业投资基金等投资机构参与上市公司并购重组。

第十条 中国证监会在发行审核委员会中设立上市公司并购重组审核委员会(以下简称并购重组委),并购重组委以投票方式对提交其审议的重大资产重组或者发行股份购买资产申请进行表决,提出审核意见。

第二章 重大资产重组的原则和标准

第十一条 上市公司实施重大资产重组,应当就本次交易符合下列要求作出充分说明,并予以披露:

（一）符合国家产业政策和有关环境保护、土地管理、反垄断等法律和行政法规的规定；

（二）不会导致上市公司不符合股票上市条件；

（三）重大资产重组所涉及的资产定价公允，不存在损害上市公司和股东合法权益的情形；

（四）重大资产重组所涉及的资产权属清晰，资产过户或者转移不存在法律障碍，相关债权债务处理合法；

（五）有利于上市公司增强持续经营能力，不存在可能导致上市公司重组后主要资产为现金或者无具体经营业务的情形；

（六）有利于上市公司在业务、资产、财务、人员、机构等方面与实际控制人及其关联人保持独立，符合中国证监会关于上市公司独立性的相关规定；

（七）有利于上市公司形成或者保持健全有效的法人治理结构。

第十二条 上市公司及其控股或者控制的公司购买、出售资产，达到下列标准之一的，构成重大资产重组：

（一）购买、出售的资产总额占上市公司最近一个会计年度经审计的合并财务会计报告期末资产总额的比例达到50%以上；

（二）购买、出售的资产在最近一个会计年度所产生的营业收入占上市公司同期经审计的合并财务会计报告营业收入的比例达到50%以上；

（三）购买、出售的资产净额占上市公司最近一个会计年度经审计的合并财务会计报告期末净资产额的比例达到50%以上，且超过5000万元人民币。

购买、出售资产未达到前款规定标准，但中国证监会发现存在可能损害上市公司或者投资者合法权益的重大问题的，可以根据审慎监管原则，责令上市公司按照本办法的规定补充披露相关信息、暂停交易、聘请独立财务顾问或者其他证券服务机构补充核查并披露专业意见。

第十三条 上市公司自控制权发生变更之日起60个月内，向收购人及其关联人购买资产，导致上市公司发生以下根本变化情形之一的，构成重大资产重组，应当按照本办法的规定报经中国证监会核准：

（一）购买的资产总额占上市公司控制权发生变更的前一个会计年度经审计的合并财务会计报告期末资产总额的比例达到100%以上；

（二）购买的资产在最近一个会计年度所产生的营业收入占上市公司控制权发生变更的前一个会计年度经审计的合并财务会计报告营业收入的比例达到100%以上；

（三）购买的资产在最近一个会计年度所产生的净利润占上市公司控制权发生变更的前一个会计年度经审计的合并财务会计报告净利润的比例达到100%以上；

（四）购买的资产净额占上市公司控制权发生变更的前一个会计年度经审计的合并财务会计报告期末净资产额的比例达到100%以上；

（五）为购买资产发行的股份占上市公司首次向收购人及其关联人购买资产的董事会决议前一个交易日的股份的比例达到100%以上；

（六）上市公司向收购人及其关联人购买资产虽未达到本款第（一）至第（五）项标准，但可能导致上市公司主营业务发生根本变化；

（七）中国证监会认定的可能导致上市公司发生根本变化的其他情形。

上市公司实施前款规定的重大资产重组，应当符合下列规定：

（一）符合本办法第十一条、第四十三条规定的要求；

（二）上市公司购买的资产对应的经营实体应当是股份有限公司或者有限责任公司，且符合《首次公开发行股票并上市管理办法》规定的其他发行条件；

（三）上市公司及其最近3年内的控股股东、实际控制人不存在因涉嫌犯罪正被司法机关立案侦查或涉嫌违法违规正被中国证监会立案调查的情形，但是，涉嫌犯罪或违法违规的行为已经终止满3

年，交易方案能够消除该行为可能造成的不良后果，且不影响对相关行为人追究责任的除外；

（四）上市公司及其控股股东、实际控制人最近12个月内未受到证券交易所公开谴责，不存在其他重大失信行为；

（五）本次重大资产重组不存在中国证监会认定的可能损害投资者合法权益，或者违背公开、公平、公正原则的其他情形。

上市公司通过发行股份购买资产进行重大资产重组的，适用《证券法》和中国证监会的相关规定。

本条第一款所称控制权，按照《上市公司收购管理办法》第八十四条的规定进行认定。上市公司股权分散，董事、高级管理人员可以支配公司重大的财务和经营决策的，视为具有上市公司控制权。

创业板上市公司自控制权发生变更之日起，向收购人及其关联人购买资产，不得导致本条第一款规定的任一情形。

上市公司自控制权发生变更之日起，向收购人及其关联人购买的资产属于金融、创业投资等特定行业的，由中国证监会另行规定。

第十四条 计算本办法第十二条、第十三条规定的比例时，应当遵守下列规定：

（一）购买的资产为股权的，其资产总额以被投资企业的资产总额与该项投资所占股权比例的乘积和成交金额二者中的较高者为准，营业收入以被投资企业的营业收入与该项投资所占股权比例的乘积为准，资产净额以被投资企业的净资产额与该项投资所占股权比例的乘积和成交金额二者中的较高者为准；出售的资产为股权的，其资产总额、营业收入以及资产净额分别以被投资企业的资产总额、营业收入以及净资产额与该项投资所占股权比例的乘积为准。

购买股权导致上市公司取得被投资企业控股权的，其资产总额以被投资企业的资产总额和成交金额二者中的较高者为准，营业收入以被投资企业的营业收入为准，净利润以被投资企业扣除非经常性损益前后的净利润的较高者为准，资产净额以被投资企业的净资产额和成交金额二者中的较高者为准；出售股权导致上市公司丧失被投资企业控股权的，其资产总额、营业收入以及资产净额分别以被投资企业的资产总额、营业收入以及净资产额为准。

（二）购买的资产为非股权资产的，其资产总额以该资产的账面值和成交金额二者中的较高者为准，资产净额以相关资产与负债的账面值差额和成交金额二者中的较高者为准；出售的资产为非股权资产的，其资产总额、资产净额分别以该资产的账面值、相关资产与负债账面值的差额为准；该非股权资产不涉及负债的，不适用第十二条第一款第（三）项规定的资产净额标准。

（三）上市公司同时购买、出售资产的，应当分别计算购买、出售资产的相关比例，并以二者中比例较高者为准。

（四）上市公司在 12 个月内连续对同一或者相关资产进行购买、出售的，以其累计数分别计算相应数额。已按照本办法的规定编制并披露重大资产重组报告书的资产交易行为，无须纳入累计计算的范围。中国证监会对本办法第十三条第一款规定的重大资产重组的累计期限和范围另有规定的，从其规定。

交易标的资产属于同一交易方所有或者控制，或者属于相同或者相近的业务范围，或者中国证监会认定的其他情形下，可以认定为同一或者相关资产。

第十五条 本办法第二条所称通过其他方式进行资产交易，包括：

（一）与他人新设企业、对已设立的企业增资或者减资；

（二）受托经营、租赁其他企业资产或者将经营性资产委托他人经营、租赁；

（三）接受附义务的资产赠与或者对外捐赠资产；

（四）中国证监会根据审慎监管原则认定的其他情形。

上述资产交易实质上构成购买、出售资产，且按照本办法规定的标准计算的相关比例达到 50% 以上的，应当按照本办法的规定履行相关义务和程序。

第三章 重大资产重组的程序

第十六条 上市公司与交易对方就重大资产重组事宜进行初步磋商时，应当立即采取必要且充分的保密措施，制定严格有效的保密制度，限定相关敏感信息的知悉范围。上市公司及交易对方聘请证券服务机构的，应当立即与所聘请的证券服务机构签署保密协议。

上市公司关于重大资产重组的董事会决议公告前，相关信息已在媒体上传播或者公司股票交易出现异常波动的，上市公司应当立即将有关计划、方案或者相关事项的现状以及相关进展情况和风险因素等予以公告，并按照有关信息披露规则办理其他相关事宜。

第十七条 上市公司应当聘请独立财务顾问、律师事务所以及具有相关证券业务资格的会计师事务所等证券服务机构就重大资产重组出具意见。

独立财务顾问和律师事务所应当审慎核查重大资产重组是否构成关联交易，并依据核查确认的相关事实发表明确意见。重大资产重组涉及关联交易的，独立财务顾问应当就本次重组对上市公司非关联股东的影响发表明确意见。

资产交易定价以资产评估结果为依据的，上市公司应当聘请具有相关证券业务资格的资产评估机构出具资产评估报告。

证券服务机构在其出具的意见中采用其他证券服务机构或者人员的专业意见的，仍然应当进行尽职调查，审慎核查其采用的专业意见的内容，并对利用其他证券服务机构或者人员的专业意见所形成的结论负责。

第十八条 上市公司及交易对方与证券服务机构签订聘用合同后，非因正当事由不得更换证券服务机构。确有正当事由需要更换证券服务机构的，应当披露更换的具体原因以及证券服务机构的陈述意见。

第十九条 上市公司应当在重大资产重组报告书的管理层讨

论与分析部分,就本次交易对上市公司的持续经营能力、未来发展前景、当年每股收益等财务指标和非财务指标的影响进行详细分析。

第二十条 重大资产重组中相关资产以资产评估结果作为定价依据的,资产评估机构应当按照资产评估相关准则和规范开展执业活动;上市公司董事会应当对评估机构的独立性、评估假设前提的合理性、评估方法与评估目的的相关性以及评估定价的公允性发表明确意见。

相关资产不以资产评估结果作为定价依据的,上市公司应当在重大资产重组报告书中详细分析说明相关资产的估值方法、参数及其他影响估值结果的指标和因素。上市公司董事会应当对估值机构的独立性、估值假设前提的合理性、估值方法与估值目的的相关性发表明确意见,并结合相关资产的市场可比交易价格、同行业上市公司的市盈率或者市净率等通行指标,在重大资产重组报告书中详细分析本次交易定价的公允性。

前二款情形中,评估机构、估值机构原则上应当采取两种以上的方法进行评估或者估值;上市公司独立董事应当出席董事会会议,对评估机构或者估值机构的独立性、评估或者估值假设前提的合理性和交易定价的公允性发表独立意见,并单独予以披露。

第二十一条 上市公司进行重大资产重组,应当由董事会依法作出决议,并提交股东大会批准。

上市公司董事会应当就重大资产重组是否构成关联交易作出明确判断,并作为董事会决议事项予以披露。

上市公司独立董事应当在充分了解相关信息的基础上,就重大资产重组发表独立意见。重大资产重组构成关联交易的,独立董事可以另行聘请独立财务顾问就本次交易对上市公司非关联股东的影响发表意见。上市公司应当积极配合独立董事调阅相关材料,并通过安排实地调查、组织证券服务机构汇报等方式,为独立董事履行职责提供必要的支持和便利。

第二十二条 上市公司应当在董事会作出重大资产重组决议后的次一工作日至少披露下列文件:

（一）董事会决议及独立董事的意见；

（二）上市公司重大资产重组预案。

本次重组的重大资产重组报告书、独立财务顾问报告、法律意见书以及重组涉及的审计报告、资产评估报告或者估值报告至迟应当与召开股东大会的通知同时公告。上市公司自愿披露盈利预测报告的，该报告应当经具有相关证券业务资格的会计师事务所审核，与重大资产重组报告书同时公告。

本条第一款第（二）项及第二款规定的信息披露文件的内容与格式另行规定。

上市公司应当在至少一种中国证监会指定的报刊公告董事会决议、独立董事的意见，并应当在证券交易所网站全文披露重大资产重组报告书及其摘要、相关证券服务机构的报告或者意见。

第二十三条 上市公司股东大会就重大资产重组作出的决议，至少应当包括下列事项：

（一）本次重大资产重组的方式、交易标的和交易对方；

（二）交易价格或者价格区间；

（三）定价方式或者定价依据；

（四）相关资产自定价基准日至交割日期间损益的归属；

（五）相关资产办理权属转移的合同义务和违约责任；

（六）决议的有效期；

（七）对董事会办理本次重大资产重组事宜的具体授权；

（八）其他需要明确的事项。

第二十四条 上市公司股东大会就重大资产重组事项作出决议，必须经出席会议的股东所持表决权的2/3以上通过。

上市公司重大资产重组事宜与本公司股东或者其关联人存在关联关系的，股东大会就重大资产重组事项进行表决时，关联股东应当回避表决。

交易对方已经与上市公司控股股东就受让上市公司股权或者向上市公司推荐董事达成协议或者默契，可能导致上市公司的实际控制权发生变化的，上市公司控股股东及其关联人应当回避表决。

上市公司就重大资产重组事宜召开股东大会,应当以现场会议形式召开,并应当提供网络投票和其他合法方式为股东参加股东大会提供便利。除上市公司的董事、监事、高级管理人员、单独或者合计持有上市公司5%以上股份的股东以外,其他股东的投票情况应当单独统计并予以披露。

第二十五条 上市公司应当在股东大会作出重大资产重组决议后的次一工作日公告该决议,以及律师事务所对本次会议的召集程序、召集人和出席人员的资格、表决程序以及表决结果等事项出具的法律意见书。

属于本办法第十三条规定的交易情形的,上市公司还应当按照中国证监会的规定委托独立财务顾问在作出决议后3个工作日内向中国证监会提出申请。

第二十六条 上市公司全体董事、监事、高级管理人员应当公开承诺,保证重大资产重组的信息披露和申请文件不存在虚假记载、误导性陈述或者重大遗漏。

重大资产重组的交易对方应当公开承诺,将及时向上市公司提供本次重组相关信息,并保证所提供的信息真实、准确、完整,如因提供的信息存在虚假记载、误导性陈述或者重大遗漏,给上市公司或者投资者造成损失的,将依法承担赔偿责任。

前二款规定的单位和个人还应当公开承诺,如本次交易因涉嫌所提供或者披露的信息存在虚假记载、误导性陈述或者重大遗漏,被司法机关立案侦查或者被中国证监会立案调查的,在案件调查结论明确之前,将暂停转让其在该上市公司拥有权益的股份。

第二十七条 中国证监会依照法定条件和程序,对上市公司属于本办法第十三条规定情形的交易申请作出予以核准或者不予核准的决定。

中国证监会在审核期间提出反馈意见要求上市公司作出书面解释、说明的,上市公司应当自收到反馈意见之日起30日内提供书面回复意见,独立财务顾问应当配合上市公司提供书面回复意见。逾期未提供的,上市公司应当在到期日的次日就本次交易的进展情况及未能及时提供回复意见的具体原因等予以公告。

第二十八条 股东大会作出重大资产重组的决议后，上市公司拟对交易对象、交易标的、交易价格等作出变更，构成对原交易方案重大调整的，应当在董事会表决通过后重新提交股东大会审议，并及时公告相关文件。

中国证监会审核期间，上市公司按照前款规定对原交易方案作出重大调整的，还应当按照本办法的规定向中国证监会重新提出申请，同时公告相关文件。

中国证监会审核期间，上市公司董事会决议撤回申请的，应当说明原因，予以公告；上市公司董事会决议终止本次交易的，还应当按照公司章程的规定提交股东大会审议。

第二十九条 上市公司重大资产重组属于本办法第十三条规定的交易情形的，应当提交并购重组委审核。

第三十条 上市公司在收到中国证监会关于召开并购重组委工作会议审核其申请的通知后，应当立即予以公告，并申请办理并购重组委工作会议期间直至其表决结果披露前的停牌事宜。

上市公司收到并购重组委关于其申请的表决结果的通知后，应当在次一工作日公告表决结果并申请复牌。公告应当说明，公司在收到中国证监会作出的予以核准或者不予核准的决定后将再行公告。

第三十一条 上市公司收到中国证监会就其申请作出的予以核准或者不予核准的决定后，应当在次一工作日予以公告。

中国证监会予以核准的，上市公司应当在公告核准决定的同时，按照相关信息披露准则的规定补充披露相关文件。

第三十二条 上市公司重大资产重组完成相关批准程序后，应当及时实施重组方案，并于实施完毕之日起3个工作日内编制实施情况报告书，向证券交易所提交书面报告，并予以公告。

上市公司聘请的独立财务顾问和律师事务所应当对重大资产重组的实施过程、资产过户事宜和相关后续事项的合规性及风险进行核查，发表明确的结论性意见。独立财务顾问和律师事务所出具的意见应当与实施情况报告书同时报告、公告。

第三十三条 自完成相关批准程序之日起60日内，本次重大资产重组未实施完毕的，上市公司应当于期满后次一工作日将实施进展情况报告，并予以公告；此后每30日应当公告一次，直至实施完毕。属于本办法第十三条、第四十四条规定的交易情形的，自收到中国证监会核准文件之日起超过12个月未实施完毕的，核准文件失效。

第三十四条 上市公司在实施重大资产重组的过程中，发生法律、法规要求披露的重大事项的，应当及时作出公告；该事项导致本次交易发生实质性变动的，须重新提交股东大会审议，属于本办法第十三条规定的交易情形的，还须重新报经中国证监会核准。

第三十五条 采取收益现值法、假设开发法等基于未来收益预期的方法对拟购买资产进行评估或者估值并作为定价参考依据的，上市公司应当在重大资产重组实施完毕后3年内的年度报告中单独披露相关资产的实际盈利数与利润预测数的差异情况，并由会计师事务所对此出具专项审核意见；交易对方应当与上市公司就相关资产实际盈利数不足利润预测数的情况签订明确可行的补偿协议。

预计本次重大资产重组将摊薄上市公司当年每股收益的，上市公司应当提出填补每股收益的具体措施，并将相关议案提交董事会和股东大会进行表决。负责落实该等具体措施的相关责任主体应当公开承诺，保证切实履行其义务和责任。

上市公司向控股股东、实际控制人或者其控制的关联人之外的特定对象购买资产且未导致控制权发生变更的，不适用本条前二款规定，上市公司与交易对方可以根据市场化原则，自主协商是否采取业绩补偿和每股收益填补措施及相关具体安排。

第三十六条 上市公司重大资产重组发生下列情形的，独立财务顾问应当及时出具核查意见，并予以公告：

（一）上市公司完成相关批准程序前，对交易对象、交易标的、交易价格等作出变更，构成对原重组方案重大调整，或者因发生重大事项导致原重组方案发生实质性变动的；

（二）上市公司完成相关批准程序后，在实施重组过程中发生重大事项，导致原重组方案发生实质性变动的。

第三十七条 独立财务顾问应当按照中国证监会的相关规定，对实施重大资产重组的上市公司履行持续督导职责。持续督导的期限自本次重大资产重组实施完毕之日起，应当不少于一个会计年度。实施本办法第十三条规定的重大资产重组，持续督导的期限自中国证监会核准本次重大资产重组之日起，应当不少于 3 个会计年度。

第三十八条 独立财务顾问应当结合上市公司重大资产重组当年和实施完毕后的第一个会计年度的年报，自年报披露之日起 15 日内，对重大资产重组实施的下列事项出具持续督导意见，并予以公告：

（一）交易资产的交付或者过户情况；

（二）交易各方当事人承诺的履行情况；

（三）已公告的盈利预测或者利润预测的实现情况；

（四）管理层讨论与分析部分提及的各项业务的发展现状；

（五）公司治理结构与运行情况；

（六）与已公布的重组方案存在差异的其他事项。

独立财务顾问还应当结合本办法第十三条规定的重大资产重组实施完毕后的第二、三个会计年度的年报，自年报披露之日起 15 日内，对前款第（二）至（六）项事项出具持续督导意见，并予以公告。

第四章 重大资产重组的信息管理

第三十九条 上市公司筹划、实施重大资产重组，相关信息披露义务人应当公平地向所有投资者披露可能对上市公司股票交易价格产生较大影响的相关信息（以下简称股价敏感信息），不得有选择性地向特定对象提前泄露。

第四十条 上市公司的股东、实际控制人以及参与重大资产重组筹划、论证、决策等环节的其他相关机构和人员，应当及时、准确地向上市公司通报有关信息,并配合上市公司及时、准确、完整地进行披露。上市公司获悉股价敏感信息的,应当及时向证券交易所申请停牌并披露。

第四十一条 上市公司及其董事、监事、高级管理人员,重大资产重组的交易对方及其关联方,交易对方及其关联方的董事、监事、高级管理人员或者主要负责人,交易各方聘请的证券服务机构及其从业人员,参与重大资产重组筹划、论证、决策、审批等环节的相关机构和人员,以及因直系亲属关系、提供服务和业务往来等知悉或者可能知悉股价敏感信息的其他相关机构和人员,在重大资产重组的股价敏感信息依法披露前负有保密义务,禁止利用该信息进行内幕交易。

第四十二条 上市公司筹划重大资产重组事项,应当详细记载筹划过程中每一具体环节的进展情况,包括商议相关方案、形成相关意向、签署相关协议或者意向书的具体时间、地点、参与机构和人员、商议和决议内容等,制作书面的交易进程备忘录并予以妥当保存。参与每一具体环节的所有人员应当即时在备忘录上签名确认。

上市公司预计筹划中的重大资产重组事项难以保密或者已经泄露的,应当及时向证券交易所申请停牌,直至真实、准确、完整地披露相关信息。停牌期间,上市公司应当至少每周发布一次事件进展情况公告。

上市公司股票交易价格因重大资产重组的市场传闻发生异常波动时,上市公司应当及时向证券交易所申请停牌,核实有无影响上市公司股票交易价格的重组事项并予以澄清,不得以相关事项存在不确定性为由不履行信息披露义务。

第五章 发行股份购买资产

第四十三条 上市公司发行股份购买资产,应当符合下列规定:

(一)充分说明并披露本次交易有利于提高上市公司资产质量、

改善财务状况和增强持续盈利能力,有利于上市公司减少关联交易、避免同业竞争、增强独立性;

(二)上市公司最近一年及一期财务会计报告被注册会计师出具无保留意见审计报告;被出具保留意见、否定意见或者无法表示意见的审计报告的,须经注册会计师专项核查确认,该保留意见、否定意见或者无法表示意见所涉及事项的重大影响已经消除或者将通过本次交易予以消除;

(三)上市公司及其现任董事、高级管理人员不存在因涉嫌犯罪正被司法机关立案侦查或涉嫌违法违规正被中国证监会立案调查的情形,但是,涉嫌犯罪或违法违规的行为已经终止满3年,交易方案有助于消除该行为可能造成的不良后果,且不影响对相关行为人追究责任的除外;

(四)充分说明并披露上市公司发行股份所购买的资产为权属清晰的经营性资产,并能在约定期限内办理完毕权属转移手续;

(五)中国证监会规定的其他条件。

上市公司为促进行业的整合、转型升级,在其控制权不发生变更的情况下,可以向控股股东、实际控制人或者其控制的关联人之外的特定对象发行股份购买资产。所购买资产与现有主营业务没有显著协同效应的,应当充分说明并披露本次交易后的经营发展战略和业务管理模式,以及业务转型升级可能面临的风险和应对措施。

特定对象以现金或者资产认购上市公司非公开发行的股份后,上市公司用同一次非公开发行所募集的资金向该特定对象购买资产的,视同上市公司发行股份购买资产。

第四十四条 上市公司发行股份购买资产的,除属于本办法第十三条第一款规定的交易情形外,可以同时募集部分配套资金,其定价方式按照现行相关规定办理。

上市公司发行股份购买资产应当遵守本办法关于重大资产重组的规定,编制发行股份购买资产预案、发行股份购买资产报告书,并向中国证监会提出申请。

第四十五条　上市公司发行股份的价格不得低于市场参考价的90%。市场参考价为本次发行股份购买资产的董事会决议公告日前20个交易日、60个交易日或者120个交易日的公司股票交易均价之一。本次发行股份购买资产的董事会决议应当说明市场参考价的选择依据。

前款所称交易均价的计算公式为:董事会决议公告日前若干个交易日公司股票交易均价=决议公告日前若干个交易日公司股票交易总额/决议公告日前若干个交易日公司股票交易总量。

本次发行股份购买资产的董事会决议可以明确,在中国证监会核准前,上市公司的股票价格相比最初确定的发行价格发生重大变化的,董事会可以按照已经设定的调整方案对发行价格进行一次调整。

前款规定的发行价格调整方案应当明确、具体、可操作,详细说明是否相应调整拟购买资产的定价、发行股份数量及其理由,在首次董事会决议公告时充分披露,并按照规定提交股东大会审议。股东大会作出决议后,董事会按照已经设定的方案调整发行价格的,上市公司无需按照本办法第二十八条的规定向中国证监会重新提出申请。

第四十六条　特定对象以资产认购而取得的上市公司股份,自股份发行结束之日起12个月内不得转让;属于下列情形之一的,36个月内不得转让:

(一)特定对象为上市公司控股股东、实际控制人或者其控制的关联人;

(二)特定对象通过认购本次发行的股份取得上市公司的实际控制权;

(三)特定对象取得本次发行的股份时,对其用于认购股份的资产持续拥有权益的时间不足12个月。

属于本办法第十三条第一款规定的交易情形的,上市公司原控股股东、原实际控制人及其控制的关联人,以及在交易过程中从该等主体直接或间接受让该上市公司股份的特定对象应当公开承诺,在本次交易完成后36个月内不转让其在该上市公司中拥有权益的股份;除收购人及其关联人以外的特定对象应当公开承诺,其以资产认购而取得的上市公司股份自股份发行结束之日起24个月内不得转让。

第四十七条 上市公司申请发行股份购买资产,应当提交并购重组委审核。

第四十八条 上市公司发行股份购买资产导致特定对象持有或者控制的股份达到法定比例的,应当按照《上市公司收购管理办法》(证监会令第108号)的规定履行相关义务。

上市公司向控股股东、实际控制人或者其控制的关联人发行股份购买资产,或者发行股份购买资产将导致上市公司实际控制权发生变更的,认购股份的特定对象应当在发行股份购买资产报告书中公开承诺:本次交易完成后6个月内如上市公司股票连续20个交易日的收盘价低于发行价,或者交易完成后6个月期末收盘价低于发行价的,其持有公司股票的锁定期自动延长至少6个月。

前款规定的特定对象还应当在发行股份购买资产报告书中公开承诺:如本次交易因涉嫌所提供或披露的信息存在虚假记载、误导性陈述或者重大遗漏,被司法机关立案侦查或者被中国证监会立案调查的,在案件调查结论明确以前,不转让其在该上市公司拥有权益的股份。

第四十九条 中国证监会核准上市公司发行股份购买资产的申请后,上市公司应当及时实施。向特定对象购买的相关资产过户至上市公司后,上市公司聘请的独立财务顾问和律师事务所应当对资产过户事宜和相关后续事项的合规性及风险进行核查,并发表明确意见。上市公司应当在相关资产过户完成后3个工作日内就过户情况作出公告,公告中应当包括独立财务顾问和律师事务所的结论性意见。

上市公司完成前款规定的公告、报告后,可以到证券交易所、证券登记结算公司为认购股份的特定对象申请办理证券登记手续。

第五十条 换股吸收合并涉及上市公司的,上市公司的股份定价及发行按照本章规定执行。

上市公司发行优先股用于购买资产或者与其他公司合并，中国证监会另有规定的，从其规定。

上市公司可以向特定对象发行可转换为股票的公司债券、定向权证用于购买资产或者与其他公司合并。

第六章　重大资产重组后申请发行新股或者公司债券

第五十一条　经中国证监会审核后获得核准的重大资产重组实施完毕后，上市公司申请公开发行新股或者公司债券，同时符合下列条件的，本次重大资产重组前的业绩在审核时可以模拟计算：

（一）进入上市公司的资产是完整经营实体；

（二）本次重大资产重组实施完毕后，重组方的承诺事项已经如期履行，上市公司经营稳定、运行良好；

（三）本次重大资产重组实施完毕后，上市公司和相关资产实现的利润达到盈利预测水平。

上市公司在本次重大资产重组前不符合中国证监会规定的公开发行证券条件，或者本次重组导致上市公司实际控制人发生变化的，上市公司申请公开发行新股或者公司债券，距本次重组交易完成的时间应当不少于一个完整会计年度。

第五十二条　本办法所称完整经营实体，应当符合下列条件：

（一）经营业务和经营资产独立、完整，且在最近两年未发生重大变化；

（二）在进入上市公司前已在同一实际控制人之下持续经营两年以上；

（三）在进入上市公司之前实行独立核算，或者虽未独立核算，但与其经营业务相关的收入、费用在会计核算上能够清晰划分；

（四）上市公司与该经营实体的主要高级管理人员签订聘用合同或者采取其他方式，就该经营实体在交易完成后的持续经营和管理作出恰当安排。

第七章　监督管理和法律责任

第五十三条　未依照本办法的规定履行相关义务或者程序，擅自实施重大资产重组的，由中国证监会责令改正，并可以采取监管谈话、出具警示函等监管措施；情节严重的，可以责令暂停或者终止重组活动，处以警告、罚款，并可以对有关责任人员采取市场禁入的措施。

未经中国证监会核准擅自实施本办法第十三条第一款规定的重大资产重组，交易尚未完成的，中国证监会责令上市公司补充披露相关信息、暂停交易并按照本办法第十三条的规定报送申请文件；交易已经完成的，可以处以警告、罚款，并对有关责任人员采取市场禁入的措施；涉嫌犯罪的，依法移送司法机关追究刑事责任。

上市公司重大资产重组因定价显失公允、不正当利益输送等问题损害上市公司、投资者合法权益的，由中国证监会责令改正，并可采取监管谈话、出具警示函等监管措施；情节严重的，可以责令暂停或者终止重组活动，处以警告、罚款，并可以对有关责任人员采取市场禁入的措施。

第五十四条　上市公司或者其他信息披露义务人未按照本办法规定报送重大资产重组有关报告，或者报送的报告有虚假记载、误导性陈述或者重大遗漏的，由中国证监会责令改正，依照《证券法》第一百九十三条予以处罚；情节严重的，可以责令暂停或者终止重组活动，并可以对有关责任人员采取市场禁入的措施；涉嫌犯罪的，依法移送司法机关追究刑事责任。

第五十五条　上市公司或者其他信息披露义务人未按照规定披露重大资产重组信息，或者所披露的信息存在虚假记载、误导性陈述或者重大遗漏的，由中国证监会责令改正，依照《证券法》第一百九十三条规定予以处罚；情节严重的，可以责令暂停或者终止重组活动，并可以对有关责任人员采取市场禁入的措施；涉嫌犯罪的，依法移送司法机关追究刑事责任。

重大资产重组或者发行股份购买资产的交易对方未及时向上市公司或者其他信息披露义务人提供信息，或者提供的信息有虚假记载、误导性陈述或者重大遗漏的，按照前款规定执行。

第五十六条 重大资产重组涉嫌本办法第五十三条、第五十四条、第五十五条规定情形的，中国证监会可以责令上市公司作出公开说明、聘请独立财务顾问或者其他证券服务机构补充核查并披露专业意见，在公开说明、披露专业意见之前，上市公司应当暂停重组；上市公司涉嫌前述情形被司法机关立案侦查或者被中国证监会立案调查的，在案件调查结论明确之前应当暂停重组。

涉嫌本办法第五十四条、第五十五条规定情形，被司法机关立案侦查或者被中国证监会立案调查的，有关单位和个人应当严格遵守其所作的公开承诺，在案件调查结论明确之前，不得转让其在该上市公司拥有权益的股份。

第五十七条 上市公司董事、监事和高级管理人员未履行诚实守信、勤勉尽责义务，或者上市公司的股东、实际控制人及其有关负责人员未按照本办法的规定履行相关义务，导致重组方案损害上市公司利益的，由中国证监会责令改正，并可以采取监管谈话、出具警示函等监管措施；情节严重的，处以警告、罚款，并可以对有关人员采取认定为不适当人选、市场禁入的措施；涉嫌犯罪的，依法移送司法机关追究刑事责任。

第五十八条 为重大资产重组出具财务顾问报告、审计报告、法律意见、资产评估报告、估值报告及其他专业文件的证券服务机构及其从业人员未履行诚实守信、勤勉尽责义务，违反行业规范、业务规则，或者未依法履行报告和公告义务、持续督导义务的，由中国证监会责令改正，并可以采取监管谈话、出具警示函、责令公开说明、责令参加培训、责令定期报告、认定为不适当人选等监管措施；情节严重的，依照《证券法》第二百二十六条予以处罚。

前款规定的证券服务机构及其从业人员所制作、出具的文件存在虚假记载、误导性陈述或者重大遗漏的，由中国证监会责令改正，依照《证券法》第二百二十三条予以处罚；情节严重的，可以采取市场禁入的措施;涉嫌犯罪的,依法移送司法机关追究刑事责任。

存在前二款规定情形的,在按照中国证监会的要求完成整改之前,不得接受新的上市公司并购重组业务。

第五十九条 重大资产重组实施完毕后,凡因不属于上市公司管理层事前无法获知且事后无法控制的原因,上市公司所购买资产实现的利润未达到资产评估报告或者估值报告预测金额的80%,或者实际运营情况与重大资产重组报告书中管理层讨论与分析部分存在较大差距的,上市公司的董事长、总经理以及对此承担相应责任的会计师事务所、财务顾问、资产评估机构、估值机构及其从业人员应当在上市公司披露年度报告的同时,在同一报刊上作出解释,并向投资者公开道歉;实现利润未达到预测金额50%的,中国证监会可以对上市公司、相关机构及其责任人员采取监管谈话、出具警示函、责令定期报告等监管措施。

第六十条 任何知悉重大资产重组信息的人员在相关信息依法公开前,泄露该信息、买卖或者建议他人买卖相关上市公司证券、利用重大资产重组散布虚假信息、操纵证券市场或者进行欺诈活动的,中国证监会依照《证券法》第二百零二条、第二百零三条、第二百零七条予以处罚;涉嫌犯罪的,依法移送司法机关追究刑事责任。

第八章 附 则

第六十一条 本办法自2014年11月23日起施行。2008年4月16日发布并于2011年8月1日修改的《上市公司重大资产重组管理办法》(证监会令第73号)、2008年11月11日发布的《关于破产重整上市公司重大资产重组股份发行定价的补充规定》(证监会公告〔2008〕44号)同时废止。

粮食质量安全监管办法

（2016年9月8日国家发展和改革委员会令第42号公布　自2016年10月8日起施行）

第一章　总　　则

第一条　为保障粮食质量安全，维护粮食生产者、经营者和消费者的合法权益，加强粮食质量安全监督管理，根据《中华人民共和国食品安全法》《中华人民共和国农产品质量安全法》《中华人民共和国种子法》《中央储备粮管理条例》《粮食流通管理条例》《国务院关于加强食品安全工作的决定》等法律法规，制定本办法。

第二条　本办法适用于粮食质量安全监管活动；开展粮食收购、储存、运输、加工和销售等经营活动，应当遵守本办法。

本办法所称粮食，是指谷物（包括小麦、稻谷、玉米、杂粮等）及其成品粮、食用植物油、油料、豆类和薯类。政策性粮食，是指政府指定或者委托粮食经营者购买、储存、加工、销售，并给予财政、金融等方面政策性支持的粮食，包括储备粮。本办法所称加工，是指对政策性粮食的加工。本办法所称经营，是指粮食收购、储存、运输、政策性粮食加工和原粮、政策性粮食销售等活动。

进出境粮食应当符合出入境检验检疫有关规定。

法律、行政法规另有规定的，从其规定。

第三条　县级以上粮食行政管理部门在本级人民政府的统一组织协调下，负责本行政区域粮食收购、储存、运输、加工和销售等经营活动中粮食质量安全的监督管理工作。

第四条　粮食经营者应当依照国家有关法律、法规、政策及粮食质量标准和食品安全标准从事粮食经营活动，对粮食质量安全承担第一责任人的责任。国家鼓励采用并推行科学的质量管理方法、检验方法和先进技术，不断提高粮食质量安全管理和检测水平。

本办法所称粮食经营者，是指从事粮食收购、储存、运输、加工和销售等经营活动的法人、其他经济组织和个体工商户。

在粮食经营过程中，严禁短斤少两、掺杂使假、以次充好的行为。

第五条 粮食行业协会应当加强行业自律，引导粮食经营者依法经营，推动行业诚信建设，加强行业信用监管，宣传、普及粮食质量安全知识。

第六条 任何组织和个人有权向粮食等行政管理部门提出粮食质量安全监管工作意见和建议，举报粮食质量安全违法、违规行为。粮食等行政管理部门接到建议和举报，应当按照程序及时研究、查处。

第二章 粮食质量安全风险监测

第七条 实行收购和储存环节粮食质量安全监测制度。国家粮食行政管理部门会同国务院有关部门，按照保障粮食质量安全、促进粮食品质优化的要求，制定和实施国家粮食质量安全风险监测计划。省级粮食行政管理部门参照国家计划，结合本地区的具体情况，制定和实施本行政区域的粮食质量安全风险监测计划。

粮食质量安全风险监测的主要内容包括：质量等级、内在品质、水分含量、生芽、生霉等情况，粮食生产和储存过程中施用的药剂残留、真菌毒素、重金属及其他有害物质污染等情况。

粮食行政管理部门获知粮食质量安全风险信息后，应当组织开展排查，及时调整粮食质量安全风险监测计划，采取风险防控措施，把粮食质量安全风险和粮食经济损失降到最低限度。

第八条 地方粮食行政管理部门发现区域性粮食污染情况，应当按照地方人民政府制定的处理方案及时处理。

第九条 省级粮食行政管理部门应当将粮食质量安全风险监测计划、监测结果以及对发现问题的处理情况报送国家粮食行政管理部门备案,并通报同级农业行政、卫生计生行政和食品药品监督管理等部门。

第十条 县级以上粮食行政管理部门应当通过新闻媒体和政府网站发布常规粮食质量监测信息,指导粮食收购,促进优质粮食的产销衔接。粮食质量安全监测信息的发布按照国家有关法律规定执行。

第三章 粮食经营质量安全管理

第十一条 从事粮食收购、储存、运输、加工和销售等经营活动应当符合粮食质量标准和食品安全标准,并符合下列要求:

(一)具有与经营粮食的品种、数量、质量相适应的收购、储存场所,保持场所环境整洁,并与有毒有害场所以及其他污染源保持安全距离;

(二)具有与经营的粮食品种、数量相适应的仓储设施条件,仓储设施应当符合国家和行业相关标准与技术规范的要求;

(三)运输粮食的车(船)、器具应当完好,并保持清洁,非专用车(船)应有铺垫物和防潮湿设备,铺垫物、包装材料等应符合有关要求;

(四)具有必要的粮食质量安全项目检验能力,具体要求由省级粮食行政管理部门提出,报省级人民政府确定、公布;

(五)粮食经营者使用的检验仪器设备属于计量器具的,应当依照《中华人民共和国计量法》进行检定。

第十二条 禁止销售下列粮食作为口粮:

(一)真菌毒素、农药残留、重金属以及其他危害人体健康的污染物质含量不符合食品安全标准的;

(二)霉变、色泽气味异常的;

(三)直接拌有农药、混有农药残渣或者含有国家禁止使用的化学物质的;

(四)被包装材料、容器、运输工具等污染的;

（五）其他法律、法规或规章以及政策明确规定不得作为口粮的。

收购和销售污染粮食定向用作非食品原料的，必须单收、单储，并在收购码单、销售凭证中明确标识用途。

第十三条 粮食经营者应当建立粮食质量安全管理制度，健全质量安全控制体系，明确质量安全管理责任，定期对职工进行相关法律、法规、政策、标准和技能的培训。

第十四条 实行粮食收购入库质量安全检验制度。粮食经营者收购粮食，必须按照粮食质量标准和食品安全标准及有关规定，对相关粮食质量安全项目进行检验，并应遵循下列规定：

（一）按照政府价格主管部门的规定实行明码标价，应当在收购场所醒目位置公布收购价目表，标明收购粮食的品种、等级、计价单位和收购价格等有关内容；

（二）杂质超标、水分超过安全储存限量标准的粮食，应当及时整理达标；

（三）不同生产年份的粮食不得混存；

（四）鼓励对不同等级和品质的粮食单收、单存；

（五）粮食不得与可能对粮食产生污染的有害物质混存。

第十五条 粮食经营者储存粮食应当按照《粮油仓储管理办法》《粮油储藏技术规范》等要求，定期进行粮情检查和品质检验，确保粮食储存安全。要对粮食储存过程中的温度、湿度等条件进行管理，防止霉变。

第十六条 粮食经营者必须严格执行储粮药剂使用管理制度、相关标准和技术规范，严格储粮药剂的使用和残渣处理，详细记录施药情况。施用过化学药剂且药剂残效期大于15天的粮食，出库时必须检验药剂残留量。储存粮食不得使用国家禁止使用的化学药剂或者超量使用化学药剂。

第十七条 实行粮食销售出库质量安全检验制度。

（一）粮食经营者在粮食销售出库时，必须按照粮食质量标准和食品安全标准及有关规定进行检验并出具检验报告，销售的粮食应当与检验报告相一致;检验报告随货同行;检验报告有效期为3个月,超过有效期的,应当重新检验并出具检验报告;从事代收、代储业务的粮食经营者,同样承担粮食入库和出库检验把关责任。

(二)正常储存年限内的粮食销售出库,可由粮食经营者自行检验并出具检验报告;不能自行检验的,可委托专业粮食检验机构检验并出具检验报告。

(三)超过正常储存年限的粮食销售出库,应当经过专业粮食检验机构进行质量鉴定;检验机构在接受委托检验申请后,一般应在15个工作日内完成扦样、检验和出具检验报告。

在常规储存条件下,粮油正常储存年限按照《粮油仓储管理办法》执行。

第十八条 根据特定区域粮食可能受到有害物质污染、发生霉变等情况,省级粮食行政管理部门可设定粮食收购和出库必检项目。

第十九条 粮食经营者采购粮食,应当索取、查验和保存销售方提供的检验报告,并对采购的粮食进行验收检验。验收检验结果与销售方检验结果的误差在国家标准允许范围内的,应当认可销售方的检验报告。

采购和供应政策性粮食,必须经专业粮食检验机构检验合格,不符合规定的质量等级要求的,不得采购和供应。

第二十条 批发市场竞价销售粮食,销售方必须提供标的粮食检验报告。

第二十一条 运输粮食严防发生污染、潮湿、霉变发热等质量安全事故;不得使用被污染的运输工具或者包装材料运输粮食;不得与有毒有害物质混装运输;未经清洗、消毒的容器,不得用于运输和储存食用植物油。

第二十二条 从事食用粮食加工的经营者,应当具有保证粮食质量安全必备的加工条件,不得使用发霉变质的原粮、副产品进行加工,不得违反规定使用添加剂,不得使用不符合质量安全标准的包装材料,不得有影响粮食质量安全的其他行为。

销售粮食应当严格执行粮食质量标准、食品安全标准，不得掺杂使假、以次充好。

销售中的成品粮和食用植物油的包装和标识，应当符合国家食品包装、标签标准和有关规定，注明生产日期、保存条件和保质期。

第二十三条 实行粮食质量安全档案制度。粮食经营者经营粮食，应当建立粮食质量安全档案，如实记录以下信息：粮食品种、供货方、粮食产地、收获年度、收购或入库时间、货位及数量、质量等级、品质情况、施药情况、销售去向及出库时间，其他有关信息。

粮食质量安全档案保存期限，以粮食销售出库之日起，不得少于5年。

第二十四条 实行粮食质量安全追溯制度。以库存粮食识别代码为载体，建立从收购、储存、运输、加工到销售的全程质量安全追溯制度，实现粮食质量安全的可追溯。建立粮食质量安全数据库和质量安全分析模型，实现粮食质量安全风险预警预报等。

第二十五条 实行粮食召回制度。粮食经营者发现其销售的粮食有害成分含量超过食品安全标准限量的，应当立即停止销售，通知相关经营者和消费者，召回已售粮食，并记录备查；同时将召回和处理情况向县级以上粮食行政管理部门报告。未按规定召回、停止经营的，县级以上粮食行政管理部门可以责令其召回或者停止经营。

召回的粮食能够进行无害化处理的，可进行无害化处理，并经专业粮食检验机构检验合格后方可销售；符合饲料安全标准的，可用作饲料原料；不符合食品和饲料安全标准的，应当用作其他工业原料。

第四章 粮食检验

第二十六条 粮食检验机构按照国家有关规定取得资质认定后，方可从事粮食检验活动。

粮食检验机构应当指定检验人独立开展粮食检验。检验人应当依照有关法律、法规的规定，并依照粮食质量标准和食品安全标准及检验规范对粮食进行检验，尊重科学，恪守职业道德，保证出具的检验数据和结论客观、公正，不得出具虚假检验报告。

粮食检验机构应当履行检验数据保密义务，未经委托方同意，不得擅自公开或者向他人提供检验数据。

粮食检验实行粮食检验机构与检验人负责制。检验报告应当加盖粮食检验机构公章或检验专用章，并有授权签字人的签名。检验人对出具的检验数据负责，粮食检验机构对出具的检验报告负责。检验人员实行持证上岗。

第二十七条 粮食经营者收购验质检验以及县级以上粮食行政管理部门依法开展的粮食质量安全风险监测与抽查检验，可采用国家粮食行政管理部门认可的快速检验方法，快速检验结果可作为收购验质依据和质量安全风险监测与抽检筛查的依据。采用快速检验方法进行监测和抽查检验，发现测定结果为国家标准临界值时，应当按照国家标准规定的检验方法进行复核检验。

第二十八条 国家粮食行政管理部门和省级粮食行政管理部门应当建立健全粮食质量安全检验监测体系，消除质量安全监管盲区，充分发挥检验机构的作用。凡属国家粮食行政管理部门授权命名的粮食检验机构，接受国家粮食行政管理部门的业务指导，承担国家粮食行政管理部门委托的检验监测任务。

实行粮食检验比对考核制度。国家粮食行政管理部门和省级粮食行政管理部门定期组织对粮食检验机构检验能力的比对考核；比对考核不合格的，应当及时整改；对考核不合格的项目，被考核机构在整改期间不得出具检验报告。

第二十九条 县级以上粮食行政管理部门在监督检查中需要对粮食质量安全进行检验的，应当委托国家粮食行政管理部门或省级粮食行政管理部门授权的粮食检验机构进行扦样和检验，并支付相应费用。扦取的样品应当保留3个月。

第三十条 粮食质量安全检验争议按以下原则处理。

（一）粮食经营者之间的争议。粮食经营者对对方检验结果有异议的,可由双方协商通过会检解决,也可共同委托专业粮食检验机构复检。如对会检或复检结果仍有异议,双方可向省级(含)以上专业粮食检验机构申请仲裁检验,或通过法律程序解决。

(二)粮食经营企业与检验机构间的争议。粮食经营企业如对检验机构的检验结果有异议,可向原检验机构申请复检,如对复检结果仍有异议,可向省级(含)以上专业粮食检验机构申请仲裁检验,也可通过法律程序解决。

(三)粮食经营企业与监督检查部门间的争议。粮食经营者对检验结果有异议申请复检的,应当向检查部门说明理由,检查部门认为需要复检的,检验机构应当复检;必要时,可另行安排检验机构进行复检。

(四)需要复检或仲裁检验的,应当使用备份样品检验。如果有充分理由说明备份样品不具备代表性的,可以安排重新扦样。复检结果与原检验结果不一致的,复检费用由原检验机构承担;复检结果与原检验结果一致的,复检费用由申请方承担。

第三十一条 在国家粮食行政管理部门的指导下,全面推进粮食质量安全检验监测能力建设,包括研发和配置粮食检验仪器设备、改善配套基础设施、健全法规制度、加强计量、标准等质量基础研究、强化信息利用和共享、实施人才战略、推动检学研结合、加强对外技术交流与合作等建设内容。

第五章 粮食质量安全事故处置

第三十二条 粮食经营者应当制定粮食质量安全事故处置方案,定期检查本企业各项粮食质量安全风险防范措施的落实情况,及时消除粮食质量安全事故隐患。在粮食经营活动中,发生粮食质量安全事故的单位应当立即予以处置,防止不符合食品安全标准的粮食流入口粮市场,并及时向事故发生地县级以上粮食行政管理部门报告。

第三十三条 县级以上粮食行政管理部门在日常监督管理中

发现粮食质量安全事故，或者接到粮食质量安全事故报告，应当及时调查处理，采取封存、检验、责令召回、限定用途、停止经营等措施，防止或者减轻社会危害。发生重大粮食质量安全事故的，应当同时向同级人民政府和上级粮食行政管理部门报告，并及时通报同级食品药品监督管理部门。

任何单位或者个人不得对粮食质量安全事故隐瞒、谎报、缓报，不得毁灭有关证据。

第三十四条 调查粮食质量安全事故，除了查明事故单位的责任，还应当查明负有监督管理职责的部门、单位的工作人员失职、渎职情况。

第三十五条 县级以上粮食行政管理部门应当建立健全粮食质量安全事故应急预案，加强预案演练，完善应对粮食质量安全事故的快速反应及应急处置信息发布的相关机制和程序。加强应急处置体系和应急队伍建设，强化应急装备和应急物资储备，提升应急处置能力水平。

第六章 监督管理

第三十六条 县级以上粮食行政管理部门应当按照属地监管原则，制定粮食质量安全年度监督管理计划并报上级粮食行政管理部门备案，对本行政区域收购、储存、运输、加工和销售粮食的质量安全实施监督管理。

国家粮食行政管理部门组织检查每年不少于1次，地方粮食行政管理部门组织检查每年不少于2次，上级粮食行政管理部门检查过的单位，下级粮食行政管理部门一般不再重复检查。

第三十七条 县级以上粮食行政管理部门履行粮食质量安全监督管理职责，有权采取下列措施：

（一）进入粮食经营者经营场所检查粮食质量安全情况；

（二）向粮食经营者调查、了解与经营活动有关的情况；

（三）查阅、复制与粮食经营活动有关的合同、票据、账簿、检验报告以及其他资料、凭证；

（四）对粮食经营者经营的粮食进行扦样检验。

粮食经营者拒绝检查的，相关粮食行政管理部门应当向同级人民政府和上级粮食行政管理部门报告。

第三十八条 县级以上粮食行政管理部门依法对粮食经营者进行监督检查，应当记录监督检查的情况和处理结果。监督检查记录经监督检查人员和粮食经营者签字后归档。

第三十九条 县级以上粮食行政管理部门应当建立粮食经营者粮食质量安全信用档案，记录资格审核、日常监督检查结果、违法行为查处等情况；根据粮食质量安全信用档案记录，对有不良信用记录的粮食经营者增加检查频次，根据信用等级实施分类监管。

第四十条 县级以上粮食行政管理部门接到粮食质量安全咨询、投诉、举报，对属于本部门职责的，应当受理，并及时进行答复、核实、处理；对不属于本部门职责的，应当书面通知并移交有权处理的部门处理。

第四十一条 开展粮食质量安全检查和监测所需的必要合理费用，应当列入同级财政预算，不得向检查和监测对象收取。

第四十二条 实行粮食质量安全监管工作评估考核制度。国家粮食行政管理部门指导全国粮食质量安全监管考评工作，并对省级粮食行政管理部门的质量安全监管工作进行年度考评，对考评结果进行通报，对在粮食质量安全监管工作中取得显著成绩的单位和个人进行通报表扬。省级粮食行政管理部门对下级粮食行政管理部门的考评，参照前款执行。

第七章 法律责任

第四十三条 违反本办法第十一条、第十四条第二、第三、第四、第五款、第十七条第一款、第十九条、第二十二条、第二十三条、第二十五条规定的，由县级以上粮食行政管理部门责令改正，予以警告。

第四十四条　违反本办法第十四条第一款规定的，由县级以上政府价格主管部门按照《价格法》《价格违法行为行政处罚规定》，责令改正，没收违法所得，可以并处5000元以下的罚款；没有违法所得的，可以处以5000元以下的罚款。

第四十五条　违反本办法第十二条规定的，由县级以上粮食行政管理部门责令改正，予以警告；情节严重的，没收违法所得，可以并处30000元以下的罚款，没有违法所得的，可以处以10000元以下的罚款。

第四十六条　违反本办法第十六条、第二十一条规定的，由县级以上粮食行政管理部门责令改正，予以警告；警告后仍不改正，可以处以10000元以下的罚款。

第四十七条　违反本办法第十七条第三款规定，对超过正常储存年限的粮食，出库前未经专业粮食检验机构进行质量鉴定的，由县级以上粮食行政管理部门责令改正，予以警告；情节严重的，处出库粮食价值1倍以上3倍以下的罚款，但最高不超过3万元。

第四十八条　违反本办法第二十六条规定的，依照有关法律、行政法规规定对粮食检验机构直接负责的主管人员和检验人员进行处罚。

第四十九条　违反本办法规定，县级以上粮食等行政管理部门在粮食质量安全监督管理中不履行职责或者滥用职权、玩忽职守、徇私舞弊的，依照有关法律、行政法规对直接负责的主管人员和其他直接责任人员给予处罚。

第八章　附　　则

第五十条　本办法由国家发展改革委、国家粮食局负责解释。

第五十一条　本办法自2016年10月8日起施行。2004年12月30日国家发展和改革委员会、国家粮食局、财政部、卫生部、国家工商行政管理总局、国家质量监督检验检疫总局、国家认证认可监督管理委员会联合发布的《粮食质量监管实施办法（试行）》同时废止。

住房城乡建设部关于修改《勘察设计注册工程师管理规定》等11个部门规章的决定

（2016 年 9 月 13 日住房和城乡建设部令第 32 号公布
自 2016 年 10 月 20 日起施行）

为了依法推进行政审批制度改革，住房城乡建设部决定：

一、将《勘察设计注册工程师管理规定》（建设部令第 137 号）第四条第一款中的“建设主管部门”修改为“住房城乡建设主管部门”。其余条款依此修改。

将第七条修改为：“取得资格证书的人员申请注册，由国务院住房城乡建设主管部门审批；其中涉及有关部门的专业注册工程师的注册，由国务院住房城乡建设主管部门和有关部门审批。

“取得资格证书并受聘于一个建设工程勘察、设计、施工、监理、招标代理、造价咨询等单位的人员，应当通过聘用单位提出注册申请，并可以向单位工商注册所在地的省、自治区、直辖市人民政府住房城乡建设主管部门提交申请材料；省、自治区、直辖市人民政府住房城乡建设主管部门收到申请材料后，应当在 5 日内将全部申请材料报审批部门。”

将第八条修改为：“国务院住房城乡建设主管部门在收到申请材料后，应当依法作出是否受理的决定，并出具凭证；申请材料不齐全或者不符合法定形式的，应当在 5 日内一次性告知需要补正的全部内容。逾期不告知的，自收到申请材料之日起即为受理。

“申请初始注册的，国务院住房城乡建设主管部门应当自受理之日起 20 日内审批完毕并作出书面决定。自作出决定之日起 10 日内公告审批结果。由国务院住房城乡建设主管部门和有关部门共同审批的，国务院有关部门应当在 15 日内审核完毕，并将审核意见报国务院住房城乡建设主管部门。

“对申请变更注册、延续注册的，国务院住房城乡建设主管部门应当自受理之日起10日内审批完毕并作出书面决定。

“符合条件的，由审批部门核发由国务院住房城乡建设主管部门统一制作、国务院住房城乡建设主管部门或者国务院住房城乡建设主管部门和有关部门共同用印的注册证书，并核定执业印章编号。对不予批准的，应当说明理由，并告知申请人享有依法申请行政复议或者提起行政诉讼的权利。”

二、将《注册监理工程师管理规定》(建设部令第147号)第四条第一款中的“建设主管部门”修改为“住房城乡建设主管部门”。其余条款依此修改。

将第七条修改为:“取得资格证书的人员申请注册，由国务院住房城乡建设主管部门审批。

“取得资格证书并受聘于一个建设工程勘察、设计、施工、监理、招标代理、造价咨询等单位的人员，应当通过聘用单位提出注册申请，并可以向单位工商注册所在地的省、自治区、直辖市人民政府住房城乡建设主管部门提交申请材料；省、自治区、直辖市人民政府住房城乡建设主管部门收到申请材料后，应当在5日内将全部申请材料报审批部门。”

将第八条修改为:“国务院住房城乡建设主管部门在收到申请材料后，应当依法作出是否受理的决定，并出具凭证；申请材料不齐全或者不符合法定形式的，应当在5日内一次性告知申请人需要补正的全部内容。逾期不告知的，自收到申请材料之日起即为受理。

“对申请初始注册的，国务院住房城乡建设主管部门应当自受理申请之日起20日内审批完毕并作出书面决定。自作出决定之日起10日内公告审批结果。

“对申请变更注册、延续注册的，国务院住房城乡建设主管部门应当自受理申请之日起10日内审批完毕并作出书面决定。

“符合条件的，由国务院住房城乡建设主管部门核发注册证书，并核定执业印章编号。对不予批准的，应当说明理由，并告知申请人享有依法申请行政复议或者提起行政诉讼的权利。”

三、将《工程造价咨询企业管理办法》(建设部令第149号)第六条第一款中的“建设主管部门”修改为“住房城乡建设主管部门”。其余条款依此修改。

将第十一条修改为:“甲级工程造价咨询企业资质,由国务院住房城乡建设主管部门审批。

“申请甲级工程造价咨询企业资质的,可以向申请人工商注册所在地省、自治区、直辖市人民政府住房城乡建设主管部门或者国务院有关专业部门提交申请材料。

“省、自治区、直辖市人民政府住房城乡建设主管部门或者国务院有关专业部门收到申请材料后,应当在5日内将全部申请材料报国务院住房城乡建设主管部门,国务院住房城乡建设主管部门应当自受理之日起20日内作出决定。

“组织专家评审所需时间不计算在上述时限内,但应当明确告知申请人。”

四、将《注册造价工程师管理办法》(建设部令第150号)第四条第一款中的“建设主管部门”修改为“住房城乡建设主管部门”。其余条款依此修改。

将第八条修改为:“取得执业资格的人员申请注册的,可以向聘用单位工商注册所在地的省、自治区、直辖市人民政府住房城乡建设主管部门或者国务院有关专业部门提交申请材料。

“国务院住房城乡建设主管部门在收到申请材料后,应当依法作出是否受理的决定,并出具凭证;申请材料不齐全或者不符合法定形式的,应当在5日内一次性告知申请人需要补正的全部内容。逾期不告知的,自收到申请材料之日起即为受理。

“对申请初始注册的,省、自治区、直辖市人民政府住房城乡建设主管部门或者国务院有关专业部门收到申请材料后,应当在5日内将全部申请材料报国务院住房城乡建设主管部门(以下简称注册机关),注册机关应当自受理之日起20日内作出决定。

“对申请变更注册、延续注册的,省、自治区、直辖市人民政府住房城乡建设主管部门或者国务院有关专业部门收到申请材料后，应当在5日内将全部申请材料报注册机关，注册机关应当自受理之日起10日内作出决定。

“注册造价工程师的初始、变更、延续注册，逐步实行网上申报、受理和审批。”

将第二十一条中的“注册初审机关”修改为“注册机关”。

将第二十四条第一款中的“注册初审机关”修改为“省、自治区、直辖市人民政府住房城乡建设主管部门和国务院有关专业部门”；第二款中的“省级注册初审机关”修改为“省、自治区、直辖市人民政府住房城乡建设主管部门”。

将第三十八条第三项修改为：“（三）对符合法定条件的申请不予受理的”。

五、将《注册房地产估价师管理办法》（建设部令第151号）第五条第一款中的“建设主管部门”修改为“住房城乡建设主管部门”。其余条款依此修改。

将第五条第二款修改为：“省、自治区、直辖市人民政府住房城乡建设（房地产）主管部门对本行政区域内注册房地产估价师的执业活动实施监督管理。”

将第八条修改为：“申请注册的，应当向国务院住房城乡建设主管部门提出注册申请。

“对申请初始注册、变更注册、延续注册和注销注册的，国务院住房城乡建设主管部门应当自受理之日起15日内作出决定。

“注册房地产估价师的初始注册、变更注册、延续注册和注销注册，逐步实行网上申报、受理和审批。”

删去第二十七条中的“注册”。

六、将《注册建造师管理规定》（建设部令第153号）第四条第一款中的“建设主管部门”修改为“住房城乡建设主管部门”。其余条款依此修改。

将第七条修改为：“取得一级建造师资格证书并受聘于一个建设工程勘察、设计、施工、监理、招标代理、造价咨询等单位的人员，应当通过聘用单位提出注册申请，并可以向单位工商注册所在地的省、自治区、直辖市人民政府住房城乡建设主管部门提交申请材料。

“省、自治区、直辖市人民政府住房城乡建设主管部门收到申请材料后，应当在5日内将全部申请材料报国务院住房城乡建设主管部门审批。

“国务院住房城乡建设主管部门在收到申请材料后，应当依法作出是否受理的决定，并出具凭证；申请材料不齐全或者不符合法定形式的，应当在5日内一次性告知申请人需要补正的全部内容。逾期不告知的，自收到申请材料之日起即为受理。

“涉及铁路、公路、港口与航道、水利水电、通信与广电、民航专业的，国务院住房城乡建设主管部门应当将全部申报材料送同级有关部门审核。符合条件的，由国务院住房城乡建设主管部门核发《中华人民共和国一级建造师注册证书》，并核定执业印章编号。”

将第八条修改为：“对申请初始注册的，国务院住房城乡建设主管部门应当自受理之日起20日内作出审批决定。自作出决定之日起10日内公告审批结果。国务院有关部门收到国务院住房城乡建设主管部门移送的申请材料后，应当在10日内审核完毕，并将审核意见送国务院住房城乡建设主管部门。

“对申请变更注册、延续注册的，国务院住房城乡建设主管部门应当自受理之日起10日内作出审批决定。自作出决定之日起10日内公告审批结果。国务院有关部门收到国务院住房城乡建设主管部门移送的申请材料后，应当在5日内审核完毕，并将审核意见送国务院住房城乡建设主管部门。”

七、将《工程建设项目招标代理机构资格认定办法》（建设部令第154号）第三条第一款中的“建设主管部门”修改为“住房城乡建设主管部门”。其余条款依此修改。

将第十三条修改为：“申请甲级工程招标代理机构资格的，可以向机构工商注册所在地的省、自治区、直辖市人民政府住房城乡建设主管部门提交申请材料。

“省、自治区、直辖市人民政府住房城乡建设主管部门收到申请材料后,应当在5日内将全部申请材料报审批部门。国务院住房城乡建设主管部门在收到申请材料后,应当依法作出是否受理的决定,并出具凭证;申请材料不齐全或者不符合法定形式的,应当在5日内一次性告知申请人需要补正的全部内容。逾期不告知的,自收到申请材料之日起即为受理。

“国务院住房城乡建设主管部门应当自受理之日起20日内作出审批决定。自作出决定之日起10日内公告审批结果。

“组织专家评审所需时间不计算在上述时限内,但应当明确告知申请人。”

八、将《工程监理企业资质管理规定》(建设部令第158号)第四条第一款中的“建设主管部门”修改为“住房城乡建设主管部门”。其余条款依此修改。

将第九条修改为:“申请综合资质、专业甲级资质的,可以向企业工商注册所在地的省、自治区、直辖市人民政府住房城乡建设主管部门提交申请材料。

“省、自治区、直辖市人民政府住房城乡建设主管部门收到申请材料后,应当在5日内将全部申请材料报审批部门。

“国务院住房城乡建设主管部门在收到申请材料后,应当依法作出是否受理的决定,并出具凭证;申请材料不齐全或者不符合法定形式的,应当在5日内一次性告知申请人需要补正的全部内容。逾期不告知的,自收到申请材料之日起即为受理。

“国务院住房城乡建设主管部门应当自受理之日起20日内作出审批决定。自作出决定之日起10日内公告审批结果。其中,涉及铁路、交通、水利、通信、民航等专业工程监理资质的,由国务院住房城乡建设主管部门送国务院有关部门审核。国务院有关部门应当在15日内审核完毕,并将审核意见报国务院住房城乡建设主管部门。

“组织专家评审所需时间不计算在上述时限内,但应当明确告知申请人。”

九、将《建设工程勘察设计资质管理规定》(建设部令第160号)第四条第一款中的“建设主管部门”修改为“住房城乡建设主管部门”。其余条款依此修改。

将第八条修改为:“申请工程勘察甲级资质、工程设计甲级资质,以及涉及铁路、交通、水利、信息产业、民航等方面的工程设计乙级资质的,可以向企业工商注册所在地的省、自治区、直辖市人民政府住房城乡建设主管部门提交申请材料。

“省、自治区、直辖市人民政府住房城乡建设主管部门收到申请材料后,应当在5日内将全部申请材料报审批部门。

“国务院住房城乡建设主管部门在收到申请材料后,应当依法作出是否受理的决定,并出具凭证;申请材料不齐全或者不符合法定形式的,应当在5日内一次性告知申请人需要补正的全部内容。逾期不告知的,自收到申请材料之日起即为受理。

“国务院住房城乡建设主管部门应当自受理之日起20日内完成审查。自作出决定之日起10日内公告审批结果。其中,涉及铁路、交通、水利、信息产业、民航等方面的工程设计资质,由国务院住房城乡建设主管部门送国务院有关部门审核,国务院有关部门应当在15日内审核完毕,并将审核意见送国务院住房城乡建设主管部门。

“组织专家评审所需时间不计算在上述时限内,但应当明确告知申请人。”

十、将《城乡规划编制单位资质管理规定》(住房城乡建设部令第12号)第十六条修改为:“城乡规划编制单位甲级资质许可,由国务院城乡规划主管部门实施。

“城乡规划编制单位申请甲级资质的,可以向登记注册所在地省、自治区、直辖市人民政府城乡规划主管部门提交申请材料。省、自治区、直辖市人民政府城乡规划主管部门收到申请材料后,应当核对身份证、职称证、学历证等原件,在相应复印件上注明原件已核对,并于5日内将全部申请材料报国务院城乡规划主管部门。

“国务院城乡规划主管部门在收到申请材料后,应当依法作出是否受理的决定,并出具凭证;申请材料不齐全或者不符合法定形式的,应当在5日内一次性告知申请人需要补正的全部内容。逾期不告知的，自收到申请材料之日起即为受理。

“国务院城乡规划主管部门应当自受理申请材料之日起 20 日内作出审批决定。自作出决定之日起 10 日内公告审批结果。

“组织专家评审所需时间不计算在上述时限内，但应当明确告知申请人。”

十一、将《建筑业企业资质管理规定》（住房城乡建设部令第 22 号）第十二条修改为：“申请本规定第九条所列资质的，可以向企业工商注册所在地省、自治区、直辖市人民政府住房城乡建设主管部门提交申请材料。

“省、自治区、直辖市人民政府住房城乡建设主管部门收到申请材料后，应当在 5 日内将全部申请材料报审批部门。

“国务院住房城乡建设主管部门在收到申请材料后，应当依法作出是否受理的决定，并出具凭证；申请材料不齐全或者不符合法定形式的，应当在 5 日内一次性告知申请人需要补正的全部内容。逾期不告知的，自收到申请材料之日起即为受理。

“国务院住房城乡建设主管部门应当自受理之日起 20 个工作日内完成审查。自作出决定之日起 10 日内公告审批结果。其中，涉及公路、水运、水利、通信、铁路、民航等方面资质的，由国务院住房城乡建设主管部门会同国务院有关部门审查。

“需要组织专家评审的，所需时间不计算在许可时限内，但应当明确告知申请人。”

本决定自 2016 年 10 月 20 日起施行。以上部门规章根据本决定作相应的修正。

司法部关于修改《国家司法考试违纪行为处理办法》的决定

（2016 年 9 月 14 日司法部令第 135 号公布　自公布之日起施行）

为进一步严肃国家司法考试考风考纪和工作纪律，规范对国家司法考试中违纪行为的处理，维护公平公正的考试秩序，根据《中华人民共和国刑法修正案（九）》等相关法律修订制定情况，决定对《国家司法考试违纪行为处理办法》（2008 年 9 月 16 日司法部令第 114 号）作如下修改：

一、将第八条第一款修改为："应试人员有下列行为之一的，由省、自治区、直辖市司法行政机关决定给予其当年考试成绩无效、二年内不得报名参加国家司法考试的处理；当场发现的，由考点总监考人决定给予其责令离开考场的处理，并经考区所在地司法行政机关报省、自治区、直辖市司法行政机关按照前述规定处理：

（一）使用伪造、变造的居民身份证、户口簿、准考证以及其他证明材料参加考试的；

（二）故意妨碍监考人员或者其他考试工作人员履行职责的；

（三）威胁、侮辱、殴打监考人员或者其他考试工作人员的；

（四）有其他严重作弊或者严重扰乱考场秩序行为的。"

二、将第九条修改为："应试人员有下列行为之一的，由省、自治区、直辖市司法行政机关决定给予其当年考试成绩无效、终身不得报名参加国家司法考试的处理；当场发现的，由考点总监考人决定给予其责令离开考场的处理，并经考区所在地司法行政机关报省、自治区、直辖市司法行政机关按照前述规定处理：

（一）有第八条第一款第（一）项规定情形，情节严重的；

（二）在考试过程中使用考试作弊器材接收或者发送与考试内

容相关信息的；

（三）组织作弊，或者为他人实施组织作弊行为提供作弊器材或者其他帮助的；

（四）为实施考试作弊行为，非法获取考试试题、答案或者向他人非法出售、提供考试试题、答案的；

（五）代替他人考试或者让他人代替自己参加考试的；

（六）有其他特别严重作弊行为的。

应试人员以及其他相关人员有前款规定情形，构成违反治安管理行为的，移交公安机关处理；构成犯罪的，移交司法机关处理。”

三、将第十二条第（十二）项修改为：“非法出售、提供、泄漏应试人员有关情况、数据或者未经批准向社会发布有关考试信息的；”

四、将第十九条第二款修改为：“司法部和省、自治区、直辖市司法行政机关应当建立报名人员、应试人员诚信档案，记录司法考试违纪人员信息及处理结果，建立报名人员、应试人员信用记录披露和查询制度，并与其他部门实现信用信息交换共享。”

本决定自公布之日起施行。

《国家司法考试违纪行为处理办法》根据本决定作相应修改，重新公布。

国家司法考试违纪行为处理办法

（2008年9月16日司法部令第114号发布　根据2016年9月14日司法部《关于修改〈国家司法考试违纪行为处理办法〉的决定》修正）

第一条　为加强国家司法考试管理，严肃考试纪律，保证考试顺利实施，根据《国家司法考试实施办法》的有关规定，制定本办法。

第二条　本办法适用于国家司法考试报名人员、应试人员、考试工作人员。

第三条　司法行政机关根据本办法对国家司法考试报名人员、应试人员、考试工作人员的违纪行为进行处理。根据本办法规定由监考人员对违纪行为进行处理的，监考人员应当依照规定进行处理，并接受司法行政机关的监督。

第四条　处理国家司法考试违纪行为，应当做到事实清楚、证据确凿、程序规范、适用规定准确。

第五条　报名人员提供虚假证明材料或者以其他形式骗取报名的，由其报名所在地司法行政机关作出报名无效的决定；已经参加考试的，由省、自治区、直辖市司法行政机关给予其当年考试成绩无效的处理；已经取得法律职业资格的，由司法部撤销授予法律职业资格的决定，并收回、注销其《法律职业资格证书》。

第六条　应试人员有下列行为之一的，由其所在考场场内监考人员给予口头警告，并责令改正；经口头警告仍不改正的，由场内监考人员报考点总监考人决定给予其责令离开考场的处理，并报考区所在地司法行政机关决定取消其本场考试成绩：

（一）违反规定随身携带书籍、笔记、报纸、稿纸、通讯工具、电子用品等物品进入考场或者未放至指定位置的；

（二）考试开始前答题或者考试结束后继续答题的；

（三）考试开始三十分钟后仍未按规定在试卷、答卷（答题卡）标明的位置填写、填涂姓名、准考证号或者不粘贴条形码的；

（四）考试期间交头接耳、左顾右盼的；

（五）在考场内喧哗、走动或者有其他影响考试秩序行为的；

（六）未在与本人准考证号相符的位置就座答题的；

（七）答题用笔不符合规定的；

（八）抄写试题或者本人答案带出考场的；

（九）考试期间违反规定擅自出入考场的；

（十）有需要给予相应处理的其他违纪行为的。

有前款第（一）项规定情形的，在给予相应处理的同时，应当责令应试人员将有关物品交由场内监考人员统一保管。

第七条　应试人员有下列行为之一的，由其所在考场场内监考

人员报考点总监考人决定给予其责令离开考场的处理,并报考区所在地司法行政机关决定给予其当年考试成绩无效的处理:

(一)抄袭、查看、偷听违规带进考场的与考试内容有关的文字、视听资料的;

(二)考试开始后被查出携带电子作弊设备的;

(三)以讨论、互打手势等方式传递答题信息的;

(四)与他人交换试卷、答卷(答题卡)的;

(五)偷看、抄袭他人答案或者同意、默许、协助他人抄袭本人答案的;

(六)在答卷(答题卡)上作提示标记或者在非署名处署名的;

(七)故意损毁试卷、答卷(答题卡)、条形码或者将试卷、答卷(答题卡)带出考场的;

(八)有需要给予相应处理的其他违纪行为的。

第八条 应试人员有下列行为之一的,由省、自治区、直辖市司法行政机关决定给予其当年考试成绩无效、二年内不得报名参加国家司法考试的处理;当场发现的,由考点总监考人决定给予其责令离开考场的处理,并经考区所在地司法行政机关报省、自治区、直辖市司法行政机关按照前述规定处理:

(一)使用伪造、变造的居民身份证、户口簿、准考证以及其他证明材料参加考试的;

(二)故意妨碍监考人员或者其他考试工作人员履行职责的;

(三)威胁、侮辱、殴打监考人员或者其他考试工作人员的;

(四)有其他严重作弊或者严重扰乱考场秩序行为的。

有前款规定情形,构成违反治安管理行为的,移交公安机关处理。

第九条 应试人员有下列行为之一的,由省、自治区、直辖市司法行政机关决定给予其当年考试成绩无效、终身不得报名参加国家司法考试的处理;当场发现的,由考点总监考人决定给予其责令离开考场的处理,并经考区所在地司法行政机关报省、自治区、直辖市司法行政机关按照前述规定处理:

（一）有第八条第一款第（一）项规定情形，情节严重的；

（二）在考试过程中使用考试作弊器材接收或者发送与考试内容相关信息的；

（三）组织作弊，或者为他人实施组织作弊行为提供作弊器材或者其他帮助的；

（四）为实施考试作弊行为，非法获取考试试题、答案或者向他人非法出售、提供考试试题、答案的；

（五）代替他人考试或者让他人代替自己参加考试的；

（六）有其他特别严重作弊行为的。

应试人员以及其他相关人员有前款规定情形，构成违反治安管理行为的，移交公安机关处理；构成犯罪的，移交司法机关处理。

第十条 在评卷过程中发现的下列涉嫌作弊情形，由评卷专家组确认：

（一）应试人员在答卷（答题卡）上做提示标记；

（二）应试人员答卷（答题卡）笔迹前后不一致；

（三）两卷以上（含两卷）答案文字表述、答案信息点错误高度一致（雷同）。

确认前款规定情形的具体标准，由国家司法考试中心制定。评卷专家组确认应试人员有前款规定情形并有其他相关证据证明其作弊行为成立的，由司法部根据其作弊事实和情节，依照本办法的相关规定给予当年考试成绩无效、二年内或者终身不得报名参加国家司法考试的处理。

第十一条 考试工作人员有下列行为之一的，司法行政机关应当停止其继续参加考试工作：

（一）不认真履行考务工作职责的；

（二）违反国家司法考试有关规定，造成后果的。

第十二条 考试工作人员有下列行为之一的，司法行政机关应当停止其继续参加考试工作，并作出禁止其再从事司法考试工作的处理，同时给予相应处分或者建议其所在单位给予相应处理；涉嫌犯罪的，移交司法机关处理：

（一）对不符合报名条件的人员准予报名、发放准考证的；

（二）纵容、包庇报名人员、应试人员违纪的；

（三）考试期间擅自将试卷、答卷（答题卡）带出或者传出考场的；

（四）擅自变动每场考试开始或者结束时间的；

（五）未经批准擅自交换负责监考考场的；

（六）采用明示或者暗示的方式协助应试人员答题的；

（七）在运送、接收、保管试卷等环节丢失、损毁试卷，在监考、评卷、成绩核查等环节丢失、严重损坏答卷（答题卡）的；

（八）指使、组织考试作弊或者参与有组织作弊的；

（九）在考试开始前泄露试题内容的；

（十）外传、截留、窃取、擅自开拆未开考试卷或者偷拆已密封答卷（答题卡）的；

（十一）偷换、涂改答卷（答题卡）或者私自变更成绩的；

（十二）非法出售、提供、泄漏应试人员有关情况、数据或者未经批准向社会发布有关考试信息的；

（十三）利用考试工作便利索贿、受贿或者谋取其他不正当利益的；

（十四）有其他严重违纪行为的。

第十三条 监考人员或者其他考试工作人员在考试过程中发现应试人员有本办法规定违纪行为的，在依照本办法实施现场处理措施的同时，可以对违纪人员作弊用的工具、材料及相关试卷、答卷（答题卡）采取必要的保全证据措施，并应当将应试人员违纪的事实、情节，查收的作弊证据以及现场处理情况，在《违纪行为处理报告单》上作出记录，并由二名以上监考人员或者其他考试工作人员签字确认。

考试结束后，《违纪行为处理报告单》及有关证据，经考点总监考人审查确认后，报送考区所在地司法行政机关。

第十四条 对报名人员、应试人员、考试工作人员违纪行为的处理，总监考人、相关司法行政机关应当在《违纪行为处理报告单》

上作出记录并签字,相关司法行政机关应当作出书面处理决定并加盖公章。

对应试人员给予取消本场考试成绩、当年考试成绩无效、二年内或者终身不得报名参加国家司法考试处理的,作出处理决定的司法行政机关应当制作《国家司法考试违纪行为处理决定书》,并自作出处理决定之日起十日内将《国家司法考试违纪行为处理决定书》送达被处理人。

第十五条 对应试人员作出取消本场考试成绩、当年考试成绩无效、二年内或者终身不得报名参加国家司法考试处理决定之前,司法行政机关应当告知应试人员作出处理决定的事实、理由及依据,并告知应试人员享有陈述、申辩和要求听证的权利。

第十六条 报名人员、应试人员、考试工作人员对司法行政机关作出的违纪处理决定不服的,可以根据有关法律规定申请行政复议或者提起行政诉讼。

第十七条 考试工作人员在考试违纪行为处理工作中,有对应试人员进行挟私报复或者诬陷等行为的,司法行政机关应当对其给予相应处分或者建议其所在单位给予相应处理。

第十八条 报名人员、应试人员、考试工作人员因违纪行为受到处理的,作出处理决定的司法行政机关应当将有关情况通报其所在单位。

第十九条 省、自治区、直辖市司法行政机关应当于每年国家司法考试结束后,将本地区考试违纪的情况及处理结果报司法部备案。在考试组织和考试进行的过程中发生特别严重的考试违纪事件的,应当及时向司法部报告。

司法部和省、自治区、直辖市司法行政机关应当建立报名人员、应试人员诚信档案,记录司法考试违纪人员信息及处理结果,建立报名人员、应试人员信用记录披露和查询制度,并与其他部门实现信用信息交换共享。

第二十条 本办法所称"考区所在地司法行政机关",是指设置考区所在地的设区的市级司法行政机关、直辖市的区(县)司法行政机关或者直辖市司法行政机关。

第二十一条 本办法自发布之日起施行。2005年7月29日司法部令第97号发布的《国家司法考试违纪行为处理办法》同时废止。

律师执业管理办法

（2016年9月18日司法部令第134号公布 自2016年11月1日起施行）

第一章 总 则

第一条 为了规范律师执业许可，保障律师依法执业，加强对律师执业行为的监督和管理，根据《中华人民共和国律师法》（以下简称《律师法》）和其他有关法律、法规的规定，制定本办法。

第二条 律师应当把拥护中国共产党领导、拥护社会主义法治作为从业的基本要求。

律师通过执业活动，应当维护当事人合法权益，维护法律正确实施，维护社会公平和正义。

第三条 律师依法执业受法律保护，任何组织和个人不得侵害律师的合法权益。

司法行政机关和律师协会应当依法维护律师的执业权利。

第四条 司法行政机关依照《律师法》和本办法的规定对律师执业进行监督、指导。

律师协会依照《律师法》、协会章程和行业规范对律师执业实行行业自律。

第五条 司法行政机关、律师协会应当建立健全律师表彰奖励制度，根据有关规定设立综合性和单项表彰项目，对为维护人民群众合法权益、促进经济社会发展和国家法治建设作出突出贡献的律师进行表彰奖励。

第二章　律师执业条件

第六条　申请律师执业，应当具备下列条件：

（一）拥护中华人民共和国宪法；

（二）通过国家统一司法考试取得法律职业资格证书；

（三）在律师事务所实习满一年；

（四）品行良好。

实行国家统一司法考试前取得的律师资格证书，在申请律师执业时，与法律职业资格证书具有同等效力。

享受国家统一司法考试有关报名条件、考试合格优惠措施，取得法律职业资格证书的，其申请律师执业的地域限制，按照有关规定办理。

申请律师执业的人员，应当按照规定参加律师协会组织的实习活动，并经律师协会考核合格。

第七条　申请兼职律师执业，除符合本办法第六条规定的条件外，还应当具备下列条件：

（一）在高等院校、科研机构中从事法学教育、研究工作；

（二）经所在单位同意。

第八条　申请特许律师执业，应当符合《律师法》和国务院有关条例规定的条件。

第九条　有下列情形之一的人员，不予颁发律师执业证书：

（一）无民事行为能力或者限制民事行为能力的；

（二）受过刑事处罚的，但过失犯罪的除外；

（三）被开除公职或者被吊销律师执业证书的。

第三章　律师执业许可程序

第十条　律师执业许可，由设区的市级或者直辖市的区（县）司法行政机关受理执业申请并进行初审，报省、自治区、直辖市司法行政机关审核,作出是否准予执业的决定。

第十一条 申请律师执业,应当向设区的市级或者直辖市的区(县)司法行政机关提交下列材料:

(一)执业申请书;

(二)法律职业资格证书或者律师资格证书;

(三)律师协会出具的申请人实习考核合格的材料;

(四)申请人的身份证明;

(五)律师事务所出具的同意接收申请人的证明。

申请执业许可时,申请人应当如实填报《律师执业申请登记表》。

第十二条 申请兼职律师执业,除按照本办法第十一条的规定提交有关材料外,还应当提交下列材料:

(一)在高等院校、科研机构从事法学教育、研究工作的经历及证明材料;

(二)所在单位同意申请人兼职律师执业的证明。

第十三条 设区的市级或者直辖市的区(县)司法行政机关对申请人提出的律师执业申请,应当根据下列情况分别作出处理:

(一)申请材料齐全、符合法定形式的,应当受理。

(二)申请材料不齐全或者不符合法定形式的,应当当场或者自收到申请材料之日起五日内一次告知申请人需要补正的全部内容。申请人按要求补正的,予以受理;逾期不告知的,自收到申请材料之日起即为受理。

(三)申请事项明显不符合法定条件或者申请人拒绝补正、无法补正有关材料的,不予受理,并向申请人书面说明理由。

第十四条 受理申请的司法行政机关应当自决定受理之日起二十日内完成对申请材料的审查。

在审查过程中,可以征求申请执业地的县级司法行政机关的意见;对于需要调查核实有关情况的,可以要求申请人提供有关的证明材料,也可以委托县级司法行政机关进行核实。

经审查,应当对申请人是否符合法定条件、提交的材料是否真实齐全出具审查意见，并将审查意见和全部申请材料报送省、自治区、直辖市司法行政机关。

第十五条　省、自治区、直辖市司法行政机关应当自收到受理申请机关报送的审查意见和全部申请材料之日起十日内予以审核，作出是否准予执业的决定。

准予执业的，应当自决定之日起十日内向申请人颁发律师执业证书。

不准予执业的，应当向申请人书面说明理由。

第十六条　申请特许律师执业，需要提交的材料以及受理、考核、批准的程序，依照国务院有关条例的规定办理。

第十七条　申请人有本办法第九条规定情形之一的，不得准予其律师执业。

第十八条　律师执业证书是律师依法获准执业的有效证件。

律师执业证书应当载明的内容、制作的规格、证号编制办法，由司法部规定。执业证书由司法部统一制作。

第十九条　有下列情形之一的，由作出准予该申请人执业决定的省、自治区、直辖市司法行政机关撤销原准予执业的决定：

（一）申请人以欺诈、贿赂等不正当手段取得准予执业决定的；

（二）对不符合法定条件的申请人准予执业或者违反法定程序作出准予执业决定的。

第二十条　律师变更执业机构，应当向拟变更的执业机构所在地设区的市级或者直辖市的区（县）司法行政机关提出申请，并提交下列材料：

（一）原执业机构所在地县级司法行政机关出具的申请人不具有本办法第二十一条规定情形的证明；

（二）与原执业机构解除聘用关系或者合伙关系以及办结业务、档案、财务等交接手续的证明；

（三）拟变更的执业机构同意接收申请人的证明；

（四）申请人的执业经历证明材料。

受理机关应当对变更申请及提交的材料出具审查意见，并连同全部申请材料报送省、自治区、直辖市司法行政机关审核。对准予变更的，由审核机关为申请人换发律师执业证书；对不准予变更的，应当向申请人书面说明理由。有关审查、核准、换证的程序和期限，参照本办法第十四条、第十五条的规定办理。

准予变更的，申请人在领取新的执业证书前，应当将原执业证书上交原审核颁证机关。

律师跨设区的市或者省、自治区、直辖市变更执业机构的，原执业机构所在地和变更的执业机构所在地的司法行政机关之间应当交接该律师执业档案。

第二十一条　律师受到停止执业处罚期间或者受到投诉正在调查处理的，不得申请变更执业机构；律师事务所受到停业整顿处罚期限未满的，该所负责人、合伙人和对律师事务所受到停业整顿处罚负有直接责任的律师不得申请变更执业机构；律师事务所应当终止的，在完成清算、办理注销前，该所负责人、合伙人和对律师事务所被吊销执业许可证负有直接责任的律师不得申请变更执业机构。

第二十二条　律师被所在的律师事务所派驻分所执业的，其律师执业证书的换发及管理办法，按照司法部有关规定办理。

第二十三条　律师有下列情形之一的，由其执业地的原审核颁证机关收回、注销其律师执业证书：

（一）受到吊销律师执业证书处罚的；

（二）原准予执业的决定被依法撤销的；

（三）因本人不再从事律师职业申请注销的；

（四）因与所在律师事务所解除聘用合同或者所在的律师事务所被注销，在六个月内未被其他律师事务所聘用的；

（五）因其他原因终止律师执业的。

因前款第（三）项、第（四）项、第（五）项规定情形被注销律师执业证书的人员，重新申请律师执业的，按照本办法规定的程序申请律师执业。

律师正在接受司法机关、司法行政机关、律师协会立案调查期间，不得申请注销执业证书。

第四章　律师执业行为规范

第二十四条　律师执业必须遵守宪法和法律,恪守律师职业道德和执业纪律,做到依法执业、诚信执业、规范执业。

律师执业必须以事实为根据,以法律为准绳。

律师执业应当接受国家、社会和当事人的监督。

第二十五条　律师可以从事下列业务:

(一)接受自然人、法人或者其他组织的委托,担任法律顾问;

(二)接受民事案件、行政案件当事人的委托,担任代理人,参加诉讼;

(三)接受刑事案件犯罪嫌疑人、被告人的委托或者依法接受法律援助机构的指派,担任辩护人,接受自诉案件自诉人、公诉案件被害人或者其近亲属的委托,担任代理人,参加诉讼;

(四)接受委托,代理各类诉讼案件的申诉;

(五)接受委托,参加调解、仲裁活动;

(六)接受委托,提供非诉讼法律服务;

(七)解答有关法律的询问、代写诉讼文书和有关法律事务的其他文书。

第二十六条　律师承办业务,应当由律师事务所统一接受委托,与委托人签订书面委托合同,并服从律师事务所对受理业务进行的利益冲突审查及其决定。

第二十七条　律师担任各级人民代表大会常务委员会组成人员的,任职期间不得从事诉讼代理或者辩护业务。

律师明知当事人已经委托两名诉讼代理人、辩护人的,不得再接受委托担任诉讼代理人、辩护人。

第二十八条　律师不得在同一案件中为双方当事人担任代理人,或者代理与本人及其近亲属有利益冲突的法律事务。律师接受犯罪嫌疑人、被告人委托后,不得接受同一案件或者未同案处理但实施的犯罪存在关联的其他犯罪嫌疑人、被告人的委托担任辩护人。

曾经担任法官、检察官的律师从人民法院、人民检察院离任后，二年内不得以律师身份担任诉讼代理人或者辩护人；不得担任原任职人民法院、人民检察院办理案件的诉讼代理人或者辩护人，但法律另有规定的除外。

律师不得担任所在律师事务所其他律师担任仲裁员的案件的代理人。曾经或者仍在担任仲裁员的律师，不得承办与本人担任仲裁员办理过的案件有利益冲突的法律事务。

第二十九条 律师担任法律顾问的，应当按照约定为委托人就有关法律问题提供意见，草拟、审查法律文书，代理参加诉讼、调解或者仲裁活动，办理委托的其他法律事务，维护委托人的合法权益。

第三十条 律师担任诉讼法律事务代理人或者非诉讼法律事务代理人的，应当在受委托的权限内代理法律事务，维护委托人的合法权益。

第三十一条 律师担任辩护人的，应当根据事实和法律，提出犯罪嫌疑人、被告人无罪、罪轻或者减轻、免除其刑事责任的材料和意见，维护犯罪嫌疑人、被告人的诉讼权利和其他合法权益。

律师担任辩护人的，其所在律师事务所应当在接受委托后三日以内，向办案机关提交接受委托告知函，告知委托事项、承办律师及联系方式。

第三十二条 律师出具法律意见，应当严格依法履行职责，保证其所出具意见的真实性、合法性。

律师提供法律咨询、代写法律文书，应当以事实为根据，以法律为准绳，并符合法律咨询规则和法律文书体例、格式的要求。

第三十三条 律师承办业务，应当告知委托人该委托事项办理可能出现的法律风险，不得用明示或者暗示方式对办理结果向委托人作出不当承诺。

律师承办业务，应当及时向委托人通报委托事项办理进展情况；需要变更委托事项、权限的，应当征得委托人的同意和授权。

律师接受委托后，无正当理由的，不得拒绝辩护或者代理，但是，委托事项违法，委托人利用律师提供的服务从事违法活动或者委托人故意隐瞒与案件有关的重要事实的，律师有权拒绝辩护或者代理。

第三十四条 律师承办业务，应当维护当事人合法权益，不得利用提供法律服务的便利牟取当事人争议的权益或者不当利益。

第三十五条 律师承办业务，应当诚实守信，不得接受对方当事人的财物及其他利益，与对方当事人、第三人恶意串通，向对方当事人、第三人提供不利于委托人的信息、证据材料，侵害委托人的权益。

第三十六条 律师与法官、检察官、仲裁员以及其他有关工作人员接触交往，应当遵守法律及相关规定，不得违反规定会见法官、检察官、仲裁员以及其他有关工作人员，向其行贿、许诺提供利益、介绍贿赂，指使、诱导当事人行贿，或者向法官、检察官、仲裁员以及其他工作人员打探办案机关内部对案件的办理意见、承办其介绍的案件，利用与法官、检察官、仲裁员以及其他有关工作人员的特殊关系，影响依法办理案件。

第三十七条 律师承办业务，应当引导当事人通过合法的途径、方式解决争议，不得采取煽动、教唆和组织当事人或者其他人员到司法机关或者其他国家机关静坐、举牌、打横幅、喊口号、声援、围观等扰乱公共秩序、危害公共安全的非法手段，聚众滋事，制造影响，向有关部门施加压力。

第三十八条 律师应当依照法定程序履行职责，不得以下列不正当方式影响依法办理案件：

（一）未经当事人委托或者法律援助机构指派，以律师名义为当事人提供法律服务、介入案件，干扰依法办理案件；

（二）对本人或者其他律师正在办理的案件进行歪曲、有误导性的宣传和评论，恶意炒作案件；

（三）以串联组团、联署签名、发表公开信、组织网上聚集、声援等方式或者借个案研讨之名，制造舆论压力，攻击、诋毁司法机关和司法制度；

（四）违反规定披露、散布不公开审理案件的信息、材料，或者本人、其他律师在办案过程中获悉的有关案件重要信息、证据材料。

第三十九条 律师代理参与诉讼、仲裁或者行政处理活动，应当遵守法庭、仲裁庭纪律和监管场所规定、行政处理规则，不得有下列妨碍、干扰诉讼、仲裁或者行政处理活动正常进行的行为：

（一）会见在押犯罪嫌疑人、被告人时，违反有关规定，携带犯罪嫌疑人、被告人的近亲属或者其他利害关系人会见，将通讯工具提供给在押犯罪嫌疑人、被告人使用，或者传递物品、文件；

（二）无正当理由，拒不按照人民法院通知出庭参与诉讼，或者违反法庭规则，擅自退庭；

（三）聚众哄闹、冲击法庭，侮辱、诽谤、威胁、殴打司法工作人员或者诉讼参与人，否定国家认定的邪教组织的性质，或者有其他严重扰乱法庭秩序的行为；

（四）故意向司法机关、仲裁机构或者行政机关提供虚假证据或者威胁、利诱他人提供虚假证据，妨碍对方当事人合法取得证据；

（五）法律规定的妨碍、干扰诉讼、仲裁或者行政处理活动正常进行的其他行为。

第四十条 律师对案件公开发表言论，应当依法、客观、公正、审慎，不得发表、散布否定宪法确立的根本政治制度、基本原则和危害国家安全的言论，不得利用网络、媒体挑动对党和政府的不满，发起、参与危害国家安全的组织或者支持、参与、实施危害国家安全的活动，不得以歪曲事实真相、明显违背社会公序良俗等方式，发表恶意诽谤他人的言论，或者发表严重扰乱法庭秩序的言论。

第四十一条 律师应当按照有关规定接受业务，不得为争揽业务哄骗、唆使当事人提起诉讼，制造、扩大矛盾，影响社会稳定。

第四十二条 律师应当尊重同行，公平竞争，不得以诋毁其他律师事务所、律师，支付介绍费，向当事人明示或者暗示与办案机关、政府部门及其工作人员有特殊关系，或者在司法机关、监管场所周边违规设立办公场所、散发广告、举牌等不正当手段承揽业务。

第四十三条 律师应当保守在执业活动中知悉的国家秘密、商业秘密，不得泄露当事人和其他人的个人隐私。

律师对在执业活动中知悉的委托人和其他人不愿泄露的有关情况和信息，应当予以保密。但是，委托人或者其他人准备或者正在实施危害国家安全、公共安全以及严重危害他人人身安全的犯罪事实和信息除外。

第四十四条 律师承办业务，应当按照规定由律师事务所向委托人统一收取律师费和有关办案费用，不得私自收费，不得接受委托人的财物或者其他利益。

第四十五条 律师应当按照国家规定履行法律援助义务，为受援人提供符合标准的法律服务，维护受援人的合法权益，不得拖延、懈怠履行或者擅自停止履行法律援助职责，或者未经律师事务所、法律援助机构同意，擅自将法律援助案件转交其他人员办理。

第四十六条 律师承办业务，应当妥善保管与承办事项有关的法律文书、证据材料、业务文件和工作记录。在法律事务办结后，按照有关规定立卷建档，上交律师事务所保管。

第四十七条 律师只能在一个律师事务所执业。

律师在从业期间应当专职执业，但兼职律师或者法律、行政法规另有规定的除外。

律师执业，应当遵守所在律师事务所的执业管理制度，接受律师事务所的指导和监督，参加律师执业年度考核。

第四十八条 律师应当妥善使用和保管律师执业证书，不得变造、抵押、出借、出租。如有遗失或者损毁的，应当及时报告所在地县级司法行政机关，经所在地设区的市级或者直辖市区（县）司法行政机关向原审核颁证机关申请补发或者换发。律师执业证书遗失的，应当在省级以上报刊或者发证机关指定网站上刊登遗失声明。

律师受到停止执业处罚的，应当自处罚决定生效后至处罚期限届满前，将律师执业证书缴存其执业机构所在地县级司法行政机关。

第四十九条 律师应当按照规定参加司法行政机关和律师协会组织的职业培训。

第五章　司法行政机关的监督管理

第五十条　县级司法行政机关对其执业机构在本行政区域的律师的执业活动进行日常监督管理,履行下列职责:

(一)检查、监督律师在执业活动中遵守法律、法规、规章和职业道德、执业纪律的情况;

(二)受理对律师的举报和投诉;

(三)监督律师履行行政处罚和实行整改的情况;

(四)掌握律师事务所对律师执业年度考核的情况;

(五)司法部和省、自治区、直辖市司法行政机关规定的其他职责。

县级司法行政机关在开展日常监督管理过程中,发现、查实律师在执业活动中存在问题的,应当对其进行警示谈话,责令改正,并对其整改情况进行监督;对律师的违法行为认为依法应当给予行政处罚的,应当向上一级司法行政机关提出处罚建议;认为需要给予行业惩戒的,移送律师协会处理。

第五十一条　设区的市级司法行政机关履行下列监督管理职责:

(一)掌握本行政区域律师队伍建设和发展情况,制定加强律师队伍建设的措施和办法。

(二)指导、监督下一级司法行政机关对律师执业的日常监督管理工作,组织开展对律师执业的专项检查或者专项考核工作,指导对律师重大投诉案件的查处工作。

(三)对律师进行表彰。

(四)依法定职权对律师的违法行为实施行政处罚;对依法应当给予吊销律师执业证书处罚的,向上一级司法行政机关提出处罚建议。

(五)对律师事务所的律师执业年度考核结果实行备案监督。

(六)受理、审查律师执业、变更执业机构、执业证书注销申请事项。

（七）建立律师执业档案，负责有关律师执业许可、变更、注销等信息的公开工作。

（八）法律、法规、规章规定的其他职责。

直辖市的区（县）司法行政机关负有前款规定的有关职责。

第五十二条 省、自治区、直辖市司法行政机关履行下列监督管理职责：

（一）掌握、评估本行政区域律师队伍建设情况和总体执业水平，制定律师队伍的发展规划和有关政策，制定加强律师执业管理的规范性文件；

（二）监督、指导下级司法行政机关对律师执业的监督管理工作，组织、指导对律师执业的专项检查或者专项考核工作；

（三）组织对律师的表彰活动；

（四）依法对律师的严重违法行为实施吊销律师执业证书的处罚，监督、指导下一级司法行政机关的行政处罚工作，办理有关行政复议和申诉案件；

（五）办理律师执业核准、变更执业机构核准和执业证书注销事项；

（六）负责有关本行政区域律师队伍、执业情况、管理事务等重大信息的公开工作；

（七）法律、法规、规章规定的其他职责。

第五十三条 律师违反本办法有关规定的，依照《律师法》和有关法规、规章规定追究法律责任。

律师违反本办法第二十八条、第四十一条、第四十二条规定的，司法行政机关应当依照《律师法》第四十七条相关规定予以行政处罚；违反第三十四条规定的，依照《律师法》第四十八条相关规定予以行政处罚；违反第三十五条至第四十条规定的，依照《律师法》第四十九条相关规定予以行政处罚。

第五十四条 各级司法行政机关及其工作人员对律师执业实施监督管理，不得妨碍律师依法执业，不得侵害律师的合法权益，不得索取或者收受律师的财物，不得谋取其他利益。

第五十五条 司法行政机关应当加强对实施律师执业许可和

日常监督管理活动的层级监督，按照规定建立有关工作的统计、请示、报告、督办等制度。

负责律师执业许可实施、律师执业年度考核结果备案或者奖励、处罚的司法行政机关，应当及时将有关许可决定、备案情况、奖惩情况通报下级司法行政机关，并报送上一级司法行政机关。

第五十六条 司法行政机关、律师协会应当建立律师和律师事务所信息管理系统，按照有关规定向社会公开律师基本信息和年度考核结果、奖惩情况。

第五十七条 司法行政机关应当加强对律师协会的指导、监督，支持律师协会依照《律师法》和协会章程、行业规范对律师执业活动实行行业自律，建立健全行政管理与行业自律相结合的协调、协作机制。

第五十八条 各级司法行政机关应当定期将本行政区域律师队伍建设、执业活动情况的统计资料、年度管理工作总结报送上一级司法行政机关。

第五十九条 人民法院、人民检察院、公安机关、国家安全机关或者其他有关部门对律师的违法违规行为向司法行政机关、律师协会提出予以处罚、处分建议的，司法行政机关、律师协会应当自作出处理决定之日起七日内通报建议机关。

第六十条 司法行政机关工作人员在律师执业许可和实施监督管理活动中，滥用职权、玩忽职守，构成犯罪的，依法追究刑事责任；尚不构成犯罪的，依法给予行政处分。

第六章　附　　则

第六十一条 军队律师的执业管理，按照国务院和中央军事委员会有关规定执行。

第六十二条 本办法自2016年11月1日起施行。此前司法部制定的有关律师执业管理的规章、规范性文件与本办法相抵触的，以本办法为准。

国家林业局关于修改部分部门规章的决定

（2016 年 9 月 22 日国家林业局令第 42 号公布　自公布之日起施行）

根据国务院关于清理不利于稳增长、促改革、调结构、惠民生、防风险的规章的要求，对下列部门规章进行修改：

一、《森林公园管理办法》（1994 年 1 月 22 日林业部令第 3 号，2011 年 1 月 25 日国家林业局令第 26 号修改）

（一）将第八条修改为："县级以上地方人民政府林业主管部门应当在上级林业主管部门的指导和同级人民政府的领导下，加强省级森林公园和市、县级森林公园的建设和管理。省级森林公园和市、县级森林公园设立、撤销、改变经营范围或者变更隶属关系的审批，按照地方有关规定执行。

"省级森林公园和市、县级森林公园可以按照有关规定晋升为国家级森林公园。"

（二）删除第九条。

另外，将条文顺序作相应的调整。

二、《普及型国外引种试种苗圃资格认定管理办法》（2005 年 9 月 23 日国家林业局令第 17 号）

将第五条第二项修改为："从事主要林木种子生产和林木种子经营的，应当提供《林木种子生产经营许可证》复印件"，并删除第五条第四项。

三、《松材线虫病疫木加工板材定点加工企业审批管理办法》（2005 年 9 月 23 日国家林业局令第 18 号）

删除第五条第四项。

四、《引进陆生野生动物外来物种种类及数量审批管理办法》（2005 年 9 月 23 日国家林业局令第 19 号，2015 年 4 月 30 日国家林

业局令第37号修改）

删除第五条第四项。

五、《大熊猫国内借展管理规定》（2011年7月25日国家林业局令第28号，2015年11月24日国家林业局令第38号修改）

删除第七条第八项。

六、《建设项目使用林地审核审批管理办法》（2015年3月30日国家林业局令第35号）

将第七条第四项修改为："建设项目使用林地可行性报告或者林地现状调查表。"

本决定自公布之日起施行。

根据本决定，对上述规章作相应修改，重新公布。

森林公园管理办法

（1994年1月22日林业部令第3号公布　2011年1月25日国家林业局令第26号第一次修改　2016年9月22日国家林业局令第42号第二次修改）

第一条　为了加强森林公园管理，合理利用森林风景资源，发展森林旅游，根据《中华人民共和国森林法》和国家有关规定，制定本办法。

第二条　本办法所称森林公园，是指森林景观优美，自然景观和人文景物集中，具有一定规模，可供人们游览、休息或进行科学、文化、教育活动的场所。

第三条　林业部主管全国森林公园工作。县级以上地方人民政府林业主管部门主管本行政区域内的森林公园工作。

第四条　在国有林业局、国有林场、国有苗圃、集体林场等单位经营范围内建立森林公园的，应当依法设立经营管理机构；但在国有林场、国有苗圃经营范围内建立森林公园的，国有林场、国有苗圃经营管理机构也是森林公园的经营管理机构,仍属事业单位。

第五条 森林公园经营管理机构负责森林公园的规划、建设、经营和管理。

森林公园经营管理机构对依法确定其管理的森林、林木、林地、野生动植物、水域、景点景物、各类设施等,享有经营管理权,其合法权益受法律保护,任何单位和个人不得侵犯。

第六条 森林公园分为以下三级:

(一)国家级森林公园:森林景观特别优美,人文景物比较集中,观赏、科学、文化价值高,地理位置特殊,具有一定的区域代表性,旅游服务设施齐全,有较高的知名度;

(二)省级森林公园:森林景观优美,人文景物相对集中,观赏、科学、文化价值较高,在本行政区域内具有代表性,具备必要的旅游服务设施,有一定的知名度;

(三)市、县级森林公园:森林景观有特色,景点景物有一定的观赏、科学、文化价值,在当地知名度较高。

第七条 建立国家级森林公园,由省级林业主管部门提出书面申请、可行性研究报告和图表、照片等资料,报林业部审批。

国家级森林公园的总体规划设计,由森林公园经营管理机构组织具有规划设计资格的单位负责编制,报省级林业主管部门审批,并报林业部备案。修改总体规划设计必须经原审批单位批准。

第八条 县级以上地方人民政府林业主管部门应当在上级林业主管部门的指导和同级人民政府的领导下,加强省级森林公园和市、县级森林公园的建设和管理。省级森林公园和市、县级森林公园设立、撤销、改变经营范围或者变更隶属关系的审批,按照地方有关规定执行。

省级森林公园和市、县级森林公园可以按照有关规定晋升为国家级森林公园。

第九条 森林公园的开发建设,可以由森林公园经营管理机构单独进行;由森林公园经营管理机构同其他单位或个人以合资、合作等方式联合进行的,不得改变森林公园经营管理机构的隶属关系。

第十条 森林公园的设施和景点建设，必须按照总体规划设计进行。

在珍贵景物、重要景点和核心景区，除必要的保护和附属设施外，不得建设宾馆、招待所、疗养院和其他工程设施。

第十一条 禁止在森林公园毁林开垦和毁林采石、采砂、采土以及其他毁林行为。

采伐森林公园的林木，必须遵守有关林业法规、经营方案和技术规程的规定。

第十二条 占用、征收、征用或者转让森林公园经营范围内的林地，必须征得森林公园经营管理机构同意，并按《中华人民共和国森林法》及其实施细则等有关规定，办理占用、征收、征用或者转让手续，按法定审批权限报人民政府批准，交纳有关费用。

依前款规定占用、征收、征用或者转让国有林地的，必须经省级林业主管部门审核同意。

第十三条 森林公园经营管理机构经有关部门批准可以收取门票及有关费用。在森林公园设立商业网点，必须经森林公园经营管理机构同意，并按国家和有关部门规定向森林公园经营管理机构交纳有关费用。

第十四条 森林公园经营范围内的单位、居民和进入森林公园内的游人，应当保护森林公园的各项设施，遵守有关管理制度。

第十五条 森林公园经营管理机构应当按规定设置防火、卫生、环保、安全等设施和标志，维护旅游秩序。

第十六条 森林公园经营管理机构应当按照林业法规的规定，做好植树造林、森林防火、森林病虫害防治、林木林地和野生动植物资源保护等工作。

第十七条 森林公园的治安管理工作，由所在地林业公安机构负责。

第十八条 在森林公园建设和管理工作中做出突出成绩的单位和个人，由林业主管部门或者森林公园经营管理机构给予奖励。

第十九条 破坏森林公园的森林和野生动植物资源，依照有关法律、法规的规定处理。

第二十条 本办法由林业部负责解释。

第二十一条 本办法自发布之日起施行。

普及型国外引种试种苗圃资格认定管理办法

（2005年9月23日国家林业局令第17号公布 2016年9月22日国家林业局令第42号修改）

第一条 为了防止外来林业有害生物传入国境，规范普及型国外引种试种苗圃资格认定活动，根据《中华人民共和国行政许可法》、《国务院对确需保留的行政审批项目设定行政许可的决定》（国务院令第412号）和国家有关规定，制定本办法。

第二条 实施普及型国外引种试种苗圃资格认定的行政许可，应当遵守本办法。

第三条 从事林木种子、苗木和其他繁殖材料生产、经营的单位或者个人，可以申请普及型国外引种试种苗圃资格认定。

第四条 申请普及型国外引种试种苗圃资格认定，应当具备以下条件：

（一）苗圃周围一定距离内无与所引种试种植物同科、同属的植物；

（二）具有围墙、防疫沟等引种试种隔离条件；

（三）具有检疫和除治病虫害的设施、设备；

（四）引种试种的管理措施和制度健全；

（五）配备林业有害生物防治专业技术人员；

（六）苗圃地使用权期限不少于3年。

第五条 申请普及型国外引种试种苗圃资格认定，应当提交以下材料：

（一）普及型国外引种试种苗圃资格申请表；

（二）从事主要林木种子生产和林木种子经营的，应当提供《林木种子生产经营许可证》复印件；

（三）符合本办法第四条规定条件的证明材料。

第六条 国家林业局应当在收到普及型国外引种试种苗圃资格认定申请后，对申请材料齐全、符合法定形式的，即时出具《国家林业局行政许可受理通知书》；对不予受理的，应当即时告知申请人并说明理由，出具《国家林业局行政许可不予受理通知书》；对申请材料不齐或者不符合法定形式的，应当在 5 日内出具《国家林业局行政许可补正材料通知书》，并一次性告知申请人需要补正的全部内容。

第七条 国家林业局受理普及型国外引种试种苗圃资格认定的申请，需要对申请材料的实质内容进行核实的，应当指派两名以上工作人员进行调查，并告知申请人。

进行调查所需时间，不计算在作出行政许可决定的期限内。

第八条 国家林业局应当自受理申请之日起 20 日内作出是否准予行政许可的决定，出具《国家林业局准予行政许可决定书》或者《国家林业局不予行政许可决定书》，并告知申请人。

第九条 在法定期限内不能作出行政许可决定的，经国家林业局主管负责人批准，国家林业局应当在法定期限届满前 5 日办理《国家林业局行政许可延期通知书》，并告知申请人。

第十条 普及型国外引种试种苗圃资格的行政许可决定，应当以适当的方式公示、公告，公众有权查阅。

第十一条 国家林业局应当依法对被许可人从事行政许可事项的活动进行监督检查。

第十二条 被许可人违反法律、法规的规定，致使外来林业有害生物传播蔓延的，应当按照有关法律、法规的规定予以处罚。

第十三条 被许可人以欺骗、贿赂等不正当手段取得普及型国外引种试种苗圃资格的，国家林业局应当依法撤销，并予以公示、公告。

作出撤销行政许可决定的,国家林业局应当以书面形式通知被许可人,并告知其享有依法申请行政复议或者提起行政诉讼的权利。

第十四条 国家林业局的有关工作人员在实施普及型国外引种试种苗圃资格认定的行政许可中,滥用职权、徇私舞弊的,依法给予行政处分;情节严重,构成犯罪的,依法追究刑事责任。

第十五条 本办法自2005年11月1日起施行。

松材线虫病疫木加工板材定点加工企业审批管理办法

(2005年9月23日国家林业局令第18号公布 2016年9月22日国家林业局令第42号修改)

第一条 为了预防和除治松材线虫病,规范松材线虫病疫木加工板材定点加工企业审批行为,根据《中华人民共和国行政许可法》、《国务院对确需保留的行政审批项目设定行政许可的决定》(国务院令第412号)和国家有关规定,制定本办法。

第二条 实施松材线虫病疫木加工板材定点加工企业审批的行政许可,应当遵守本办法。

松材线虫病疫木,是指松材线虫病疫区内的松科植物。

松材线虫病疫区,由省、自治区、直辖市人民政府或者国家林业局依法划定。

第三条 从事木材经营加工的企业,可以申请松材线虫病疫木加工板材定点加工企业资格。

第四条 申请松材线虫病疫木加工板材定点加工企业资格,应当具备以下条件:

(一)具有符合疫木加工板材要求和标准的生产设施;

(二)疫木板材加工工艺流程符合疫木除害处理要求;

（三）疫木板材加工管理措施和制度健全。

第五条 申请松材线虫病疫木加工板材定点加工企业资格，应当提交以下资料：

（一）申请报告；

（二）营业执照、木材经营加工资格批准文件的复印件；

（三）符合本办法第四条规定条件的证明材料。

第六条 国家林业局应当在收到松材线虫病疫木加工板材定点加工企业资格申请后，对申请材料齐全、符合法定形式的，即时出具《国家林业局行政许可受理通知书》；对不予受理的，应当即时告知申请人并说明理由，出具《国家林业局行政许可不予受理通知书》；对申请材料不齐或者不符合法定形式的，应当在5日内出具《国家林业局行政许可补正材料通知书》，并一次性告知申请人需要补正的全部内容。

第七条 国家林业局作出行政许可决定，需要组织专家评审论证的，应当自受理之日起10日内，出具《国家林业局行政许可需要听证、招标、拍卖、检验、检测、检疫、鉴定和专家评审通知书》，将专家评审论证所需时间告知申请人。

专家评审论证所需时间不计算在作出行政许可决定的期限内。

第八条 国家林业局应当自受理申请之日起20日内作出是否准予行政许可的决定，出具《国家林业局准予行政许可决定书》或者《国家林业局不予行政许可决定书》并告知申请人。

第九条 在法定期限内不能作出行政许可决定的，经国家林业局主管负责人批准，国家林业局应当在法定期限届满前5日办理《国家林业局行政许可延期通知书》，并告知申请人。

第十条 松材线虫病疫木加工板材定点加工企业资格的行政许可决定，应当以适当的方式公示、公告，公众有权查阅。

第十一条 国家林业局应当依法对被许可人的松材线虫病疫木加工情况进行监督检查。

第十二条 被许可人未按照法律、法规的规定或者有关标准加工松材线虫病疫木板材的，应当按照有关法律、法规的规定予以行政处罚。

第十三条 被许可人以欺骗、贿赂等不正当手段取得松材线虫病疫木加工板材定点加工企业资格的，国家林业局应当依法撤销，并予以公示、公告。

作出撤销行政许可决定的，国家林业局应当以书面形式通知被许可人，并告知其享有依法申请行政复议或者提起行政诉讼的权利。

第十四条 国家林业局的有关工作人员在实施松材线虫病疫木加工板材定点加工企业审批的行政许可中，滥用职权、徇私舞弊的，依法给予行政处分；情节严重，构成犯罪的，依法追究刑事责任。

第十五条 本办法自2005年11月1日起施行。

引进陆生野生动物外来物种种类及数量审批管理办法

（2005年9月27日国家林业局令第19号公布 2015年4月30日国家林业局令第37号第一次修改 2016年9月22日国家林业局令第42号第二次修改）

第一条 为了加强陆生野生动物外来物种管理，防止陆生野生动物外来物种入侵，保护生物多样性，维护国土生态安全，根据《中华人民共和国行政许可法》、《国务院对确需保留的行政审批项目设定行政许可的决定》（国务院令第412号）和国家有关规定，制定本办法。

第二条 实施引进陆生野生动物外来物种种类及数量审批的行政许可事项，应当遵守本办法。

第三条 本办法所称陆生野生动物外来物种，是指自然分布在境外的陆生野生动物活体及繁殖材料。

第四条 引进陆生野生动物外来物种的，应当采取安全可靠的防范措施,防止其逃逸、扩散,避免对自然生态造成危害。

第五条 需要从境外引进陆生野生动物外来物种的,申请人应当提交下列材料:

(一)申请报告、进出口申请表及进口目的的说明;

(二)当事人签订的合同或者协议,属于委托引进的,还应当提供委托代理合同或者协议;

(三)证明具备与引进陆生野生动物外来物种种类及数量相适应的人员和技术的有效文件或者材料,以及安全措施的说明。

申请首次引进境外陆生野生动物外来物种的,申请人还应当提交证明申请人身份的有效文件和拟进行隔离引种试验的实施方案。

第六条 申请材料齐全且符合下列条件的,国家林业局应当作出准予行政许可的决定:

(一)具备与引进陆生野生动物外来物种种类及数量相适应的人员和技术;

(二)具备适宜商业性经营利用和科学研究外来物种的固定场所和必要设施;

(三)有安全可靠的防逃逸管理措施;

(四)具有相应的紧急事件处置措施。

第七条 国家林业局在收到引进陆生野生动物外来物种种类及数量审批的申请后,对申请材料齐全、符合法定形式的,即时出具《国家林业局行政许可受理通知书》;对不予受理的,应当即时告知申请人并说明理由,出具《国家林业局行政许可不予受理通知书》;对申请材料不齐或者不符合法定形式的,应当在5日内出具《国家林业局行政许可补正材料通知书》,并一次性告知申请人需要补正的全部内容。

第八条 国家林业局作出行政许可决定,需要举行听证或者组织专家评审的,应当自受理之日起10日内,出具《国家林业局行政许可需要听证、招标、拍卖、检验、检测、检疫、鉴定和专家评审通知书》,并将听证或者专家评审所需时间告知申请人。

听证和专家评审所需时间不计算在作出行政许可决定的期限内。

第九条 国家林业局应当自受理之日起20日内作出是否准予行政许可的决定,出具《国家林业局准予行政许可决定书》或者《国家林业局不予行政许可决定书》,并告知申请人。

在法定期限内不能作出行政许可决定的,经国家林业局主管负责人批准,国家林业局应当在法定期限届满前5日办理《国家林业局行政许可延期通知书》,并告知申请人。

第十条 准予首次引进境外陆生野生动物外来物种进行驯养繁殖的,应当进行隔离引种试验。

隔离引种试验由省、自治区、直辖市林业主管部门指定的科研机构或者专家进行评估,评估通过后方可继续引进和推广。

隔离引种试验应当包含中间试验。中间试验未获成功的,评估不得通过。

在自然保护区、自然保护小区、森林公园、风景名胜区以及自然生态环境特殊或者脆弱的区域,不得开展隔离引种试验。

第十一条 禁止开展陆生野生动物外来物种的野外放生活动。

因科学研究、生物防治、野生动物种群结构调节等特殊情况,需要放生陆生野生动物外来物种的,应当按照《中华人民共和国陆生野生动物保护实施条例》的相关规定执行。

第十二条 经批准从境外引进的陆生野生动物外来物种及其繁殖后代、产品应当依照国家有关规定进行标记。

第十三条 陆生野生动物外来物种发生逃逸的,被许可人应当立即向当地林业主管部门报告,由当地林业主管部门责令其限期捕回或者采取其他补救措施。被责令限期捕回或者采取其他补救措施而拒绝执行的,当地林业主管部门或者其委托的单位可以代为捕回或者采取其他补救措施,并由被许可人承担全部捕回或者采取其他补救措施所需的经费;造成损害的,依照有关法律法规承担法律责任。

第十四条 依法查没的陆生野生动物外来物种,应当由当地县级以上林业主管部门按照国家有关规定处理。

第十五条 国家林业局成立陆生野生动物外来物种咨询科学委员会，负责陆生野生动物外来物种管理的科学论证、评估和咨询。

第十六条 各级林业主管部门应当建立防范陆生野生动物外来物种入侵的预警和应急防范机制。

在野外发现陆生野生动物外来物种的，当地林业主管部门应当立即向同级人民政府和上级林业主管部门报告，并会同有关部门采取监测和防治措施。

第十七条 省、自治区、直辖市之间引进本行政区域内没有天然分布的陆生野生动物外来物种的，按照国家和省、自治区、直辖市的相关规定办理。

第十八条 引进的陆生野生动物属于中国参加的国际公约限制进出口的濒危物种的，必须向国家濒危物种进出口管理机构申请办理允许进出口证明书。

第十九条 本办法自2005年11月1日起施行。

大熊猫国内借展管理规定

（2011年7月25日国家林业局令第28号公布 2015年11月24日国家林业局令第38号第一次修改 2016年9月22日国家林业局令第42号第二次修改）

第一条 为了加强大熊猫保护，规范大熊猫国内借展管理，保障大熊猫圈养种群健康发展，提高公众保护野生动物意识，促进生态文明建设，根据《中华人民共和国野生动物保护法》等有关法律法规，制定本规定。

第二条 本规定所称借展是指以文化交流、科普宣传或者公众教育等为目的，借出或者借入大熊猫进行展览的行为。

第三条 借展大熊猫应当遵循科学、适度的原则，不得危及大熊猫圈养种群的发展，不得以单纯营利为目的。

第四条 借展大熊猫的借入方应当具备与驯养繁殖大熊猫相适应的资金、设施和人员等条件，取得具有大熊猫物种的国家重点保护野生动物驯养繁殖许可证。

第五条 用于借展的大熊猫应当是人工繁殖的健康个体，年龄在2岁以上25岁以下。

禁止将非人工繁殖或者野外救护的大熊猫用于借展；禁止将2岁以下和25岁以上的大熊猫用于借展。

第六条 借展双方应当签订书面协议，对大熊猫生活条件、医疗条件、应急保障条件及应急预案、借展期限、费用、借展结束后大熊猫送返以及违约责任等进行约定。

借展大熊猫的期限不得少于1年，但因不可抗力等特殊情况除外。

第七条 申请借展大熊猫，应当提交下列书面材料：

（一）野生动物保护管理行政许可事项申请表；

（二）借展双方的单位证明材料；

（三）借展双方具有大熊猫物种的国家重点保护野生动物驯养繁殖许可证；

（四）借展双方签订的借展协议；

（五）借出方大熊猫圈养种群状况说明材料；

（六）借展大熊猫个体谱系号、标记等身份证明材料；

（七）借入方借展活动及大熊猫饲养管理、科普教育方案。

第八条 申请借展大熊猫按照下列程序办理：

（一）由借出方向国家林业局提出申请。

（二）国家林业局依法受理后，应当对申请材料进行审查。经过审查，符合本规定条件的，国家林业局应当在20个工作日内作出准予行政许可的决定。必要时，国家林业局可以组织专家在30日内对借入方借展活动、大熊猫饲养管理方案以及场馆设施进行论证或者实地检验。

（三）国家林业局作出行政许可决定后，借出、借入方所在地省级人民政府林业行政主管部门分别在借展开始前和结束后依据国家林业局行政许可文书核发大熊猫离开借出方、借入方的运输证件。

第九条 借展期间，借入方应当提供满足大熊猫生活、生理健康的饲养和医疗条件。

借展期间，借入方应当建立大熊猫病例档案和饲养日志，载明大熊猫饲养管理、医疗健康情况等内容。

借展期间，禁止采集借展大熊猫的血液、精液等样品，但是对大熊猫进行健康检查的除外。法律法规另有规定的，从其规定。

借展期间，借入方不得将借展大熊猫转借第三方。

第十条 借展期间，借出方应当对借入方的借展大熊猫的饲养管理和疫病防治等进行指导，并应当每年对借展大熊猫进行一次以上健康检查。

第十一条 国家林业局和借展双方所在地人民政府野生动物行政主管部门应当对大熊猫借展活动的情况进行监督检查，督促借展双方完善应急处置机制。

借展双方应当配合监督检查，如实提供有关材料。

第十二条 借展期间，借展大熊猫发生受伤、患病等突发事件的，借入方应当通知借出方，及时采取救护措施，并报告所在地县级以上地方人民政府野生动物行政主管部门；借展大熊猫发生致残、死亡等重大突发事件的，借入方应当立即通知借出方并报告所在地省级人民政府林业行政主管部门和国家林业局。

有关人民政府野生动物行政主管部门应当监督借展双方在发生突发事件时按照应急预案进行妥善处理。

第十三条 在借展期间，借出方或者借入方违反本规定的，由县级以上人民政府野生动物行政主管部门依照野生动物保护法律法规给予处罚；野生动物保护法律法规没有规定的，可以根据情节轻重作出如下处理：

（一）给予警告、责令限期改正；

（二）有违法所得的，处以违法所得一倍以上三倍以下且不超过三万元的罚款；没有违法所得的，处以一万元以下的罚款。

经责令改正仍拒不改正的，国家林业局可以责令终止借展活动，限期将大熊猫送返借出方。

借展期间，借出方或者借入方有违法行为、构成犯罪的，依法追究刑事责任。

第十四条 借出方或者借入方存在下列情形之一的，国家林业局1年内不予批准开展大熊猫借展活动：

（一）申请行政许可过程中隐瞒有关情况或者提供虚假材料的；

（二）擅自借出或者转借大熊猫的；

（三）重大过失造成大熊猫死亡的；

（四）拒不配合各级人民政府野生动物行政主管部门监督检查或者拒不执行野生动物行政主管部门处罚决定的。

借出方或者借入方以欺骗、贿赂等不正当手段取得行政许可的，国家林业局3年内不予批准开展大熊猫借展活动。

第十五条 各级人民政府野生动物行政主管部门有关工作人员在大熊猫借展管理过程中，滥用职权、徇私舞弊的，依法给予处分；情节严重、构成犯罪的，依法追究刑事责任。

第十六条 本规定所称“以上”包括本数，“以下”不包括本数。

第十七条 本规定自2011年9月1日起施行。

建设项目使用林地审核审批管理办法

（2015年3月30日国家林业局令第35号公布 2016年9月22日国家林业局令第42号修改）

第一条 为了规范建设项目使用林地审核和审批，严格保护和合理利用林地，促进生态林业和民生林业发展，根据《中华人民共和国森林法》、《中华人民共和国行政许可法》、《中华人民共和国森林法实施条例》，制定本办法。

第二条 本办法所称建设项目使用林地，是指在林地上建造永久性、临时性的建筑物、构筑物，以及其他改变林地用途的建设行为。包括：

（一）进行勘查、开采矿藏和各项建设工程占用林地。

（二）建设项目临时占用林地。

（三）森林经营单位在所经营的林地范围内修筑直接为林业生产服务的工程设施占用林地。

第三条 建设项目应当不占或者少占林地，必须使用林地的，应当符合林地保护利用规划，合理和节约集约利用林地。

建设项目使用林地实行总量控制和定额管理。

建设项目限制使用生态区位重要和生态脆弱地区的林地，限制使用天然林和单位面积蓄积量高的林地，限制经营性建设项目使用林地。

第四条 占用和临时占用林地的建设项目应当遵守林地分级管理的规定：

（一）各类建设项目不得使用Ⅰ级保护林地。

（二）国务院批准、同意的建设项目，国务院有关部门和省级人民政府及其有关部门批准的基础设施、公共事业、民生建设项目，可以使用Ⅱ级及其以下保护林地。

（三）国防、外交建设项目，可以使用Ⅱ级及其以下保护林地。

（四）县（市、区）和设区的市、自治州人民政府及其有关部门批准的基础设施、公共事业、民生建设项目，可以使用Ⅱ级及其以下保护林地。

（五）战略性新兴产业项目、勘查项目、大中型矿山、符合相关旅游规划的生态旅游开发项目，可以使用Ⅱ级及其以下保护林地。其他工矿、仓储建设项目和符合规划的经营性项目，可以使用Ⅲ级及其以下保护林地。

（六）符合城镇规划的建设项目和符合乡村规划的建设项目，可以使用Ⅱ级及其以下保护林地。

（七）符合自然保护区、森林公园、湿地公园、风景名胜区等规划的建设项目，可以使用自然保护区、森林公园、湿地公园、风景名胜区范围内Ⅱ级及其以下保护林地。

（八）公路、铁路、通讯、电力、油气管线等线性工程和水利水电、航道工程等建设项目配套的采石（沙）场、取土场使用林地按照主体建设项目使用林地范围执行，但不得使用Ⅱ级保护林地中的有林地。其中，在国务院确定的国家所有的重点林区（以下简称重点国有林区）内，不得使用Ⅲ级以上保护林地中的有林地。

（九）上述建设项目以外的其他建设项目可以使用Ⅳ级保护林地。

本条第一款第二项、第三项、第七项以外的建设项目使用林地，不得使用一级国家级公益林地。

国家林业局根据特殊情况对具体建设项目使用林地另有规定的，从其规定。

第五条 建设项目占用林地的审核权限，按照《中华人民共和国森林法实施条例》的有关规定执行。

建设项目占用林地，经林业主管部门审核同意后，建设单位和个人应当依照法律法规的规定办理建设用地审批手续。

第六条 建设项目临时占用林地和森林经营单位在所经营的林地范围内修筑直接为林业生产服务的工程设施占用林地的审批权限，由县级以上地方人民政府林业主管部门按照省、自治区、直辖市有关规定办理。其中，重点国有林区内的建设项目，由省级林业主管部门审批。

第七条 占用林地和临时占用林地的用地单位或者个人提出使用林地申请，应当填写《使用林地申请表》，同时提供下列材料：

（一）用地单位的资质证明或者个人的身份证明。

（二）建设项目有关批准文件。包括：可行性研究报告批复、核准批复、备案确认文件、勘查许可证、采矿许可证、项目初步设计等批准文件；属于批次用地项目，提供经有关人民政府同意的批次用地说明书并附规划图。

（三）拟使用林地的有关材料。包括：林地权属证书、林地权属证书明细表或者林地证明；属于临时占用林地的，提供用地单位与被使用林地的单位、农村集体经济组织或者个人签订的使用林地补偿协议或者其他补偿证明材料；涉及使用国有林场等国有林业企事业单位经营的国有林地，提供其所属主管部门的意见材料及用地单位与其签订的使用林地补偿协议；属于符合自然保护区、森林公园、湿地公园、风景名胜区等规划的建设项目，提供相关规划或者相关管理部门出具的符合规划的证明材料，其中，涉及自然保护区和森林公园的林地，提供其主管部门或者机构的意见材料。

（四）建设项目使用林地可行性报告或者林地现状调查表。

第八条 修筑直接为林业生产服务的工程设施的森林经营单位提出使用林地申请，应当填写《使用林地申请表》，提供相关批准文件或者修筑工程设施必要性的说明，并提供工程设施内容、使用林地面积等情况说明。

第九条 建设项目需要使用林地的，用地单位或者个人应当向林地所在地的县级人民政府林业主管部门提出申请；跨县级行政区域的，分别向林地所在地的县级人民政府林业主管部门提出申请。

第十条 县级人民政府林业主管部门对材料齐全、符合条件的使用林地申请，应当在收到申请之日起10个工作日内，指派2名以上工作人员进行用地现场查验，并填写《使用林地现场查验表》。

第十一条 县级人民政府林业主管部门对建设项目拟使用的林地，应当在林地所在地的村（组）或者林场范围内将拟使用林地用途、范围、面积等内容进行公示，公示期不少于5个工作日。但是，依照相关法律法规的规定不需要公示的除外。

第十二条 按照规定需要报上级人民政府林业主管部门审核和审批的建设项目，下级人民政府林业主管部门应当将初步审查意见和全部材料报上级人民政府林业主管部门。

审查意见中应当包括以下内容：项目基本情况，拟使用林地和采伐林木情况，符合林地保护利用规划情况，使用林地定额情况，以及现场查验、公示情况等。

第十三条 有审核审批权的林业主管部门对申请材料不全或

者不符合法定形式的，应当一次性书面告知用地单位或者个人限期补正；逾期未补正的，退还申请材料。

第十四条 符合本办法第三条、第四条规定的条件，并且符合国家供地政策，对生态环境不会造成重大影响，有审核审批权的人民政府林业主管部门应当作出准予使用林地的行政许可决定，按照国家规定的标准预收森林植被恢复费后，向用地单位或者个人核发准予行政许可决定书。不符合上述条件的，有关人民政府林业主管部门应当作出不予使用林地的行政许可决定，向用地单位或者个人核发不予行政许可决定书，告知不予许可的理由。

有审核审批权的人民政府林业主管部门对用地单位和个人提出的使用林地申请，应当在《中华人民共和国行政许可法》规定的期限内作出行政许可决定。

第十五条 建设项目需要使用林地的，用地单位或者个人应当一次申请。严禁化整为零、规避林地使用审核审批。

建设项目批准文件中已经明确分期或者分段建设的项目，可以根据分期或者分段实施安排，按照规定权限分次申请办理使用林地手续。

采矿项目总体占地范围确定，采取滚动方式开发的，可以根据开发计划分阶段按照规定权限申请办理使用林地手续。

公路、铁路、水利水电等建设项目配套的移民安置和专项设施迁建工程，可以分别具体建设项目，按照规定权限申请办理使用林地手续。

需要国务院或者国务院有关部门批准的公路、铁路、油气管线、水利水电等建设项目中的桥梁、隧道、围堰、导流（渠）洞、进场道路和输电设施等控制性单体工程和配套工程，根据有关开展前期工作的批文，可以由省级林业主管部门办理控制性单体工程和配套工程先行使用林地审核手续。整体项目申请时，应当附具单体工程和配套工程先行使用林地的批文及其申请材料，按照规定权限一次申请办理使用林地手续。

第十六条 国家或者省级重点的公路、铁路跨多个市（县），已经完成报批材料并且具备动工条件的，可以地级市为单位，由具有整体项目审核权限的人民政府林业主管部门分段审核。

大中型水利水电工程可以分别坝址、淹没区，由具有整体项目审核权限的人民政府林业主管部门分别审核。

第十七条 公路、铁路、输电线路、油气管线和水利水电、航道建设项目临时占用林地的，可以根据施工进展情况，一次或者分批次由具有整体项目审批权限的人民政府林业主管部门审批临时占用林地。

第十八条 抢险救灾等急需使用林地的建设项目，依据土地管理法律法规的有关规定，可以先行使用林地。用地单位或者个人应当在灾情结束后 6 个月内补办使用林地审核手续。属于临时用地的，灾后应当恢复林业生产条件，依法补偿后交还原林地使用者，不再办理用地审批手续。

第十九条 建设项目因设计变更等原因需要增加使用林地面积的，依据规定权限办理用地审核审批手续；需要改变使用林地位置或者减少使用林地面积的，向原审核审批机关申请办理变更手续。

第二十条 公路、铁路、水利水电、航道等建设项目临时占用的林地在批准期限届满后仍需继续使用的，应当在届满之日前3 个月，由用地单位向原审批机关提出延续临时占用申请，并且提供本办法第七条第三项规定的有关补偿材料。原审批机关应当按照本办法规定的条件进行审查，作出延续行政许可决定。

第二十一条 国家依法保护林权权利人的合法权益。建设项目使用林地的，应当对涉及单位和个人的森林、林木、林地依法给予补偿。

第二十二条 建设项目临时占用林地期满后，用地单位应当在一年内恢复被使用林地的林业生产条件。

县级人民政府林业主管部门应当加强对用地单位使用林地情况的监管，督促用地单位恢复林业生产条件。

第二十三条 上级人民政府林业主管部门可以委托下级人民政府林业主管部门对建设项目使用林地实施行政许可。

第二十四条　经审核同意使用林地的建设项目,依照有关规定批准用地后,县级以上人民政府林业主管部门应当及时变更林地管理档案。

第二十五条　经审核同意使用林地的建设项目,准予行政许可决定书的有效期为两年。建设项目在有效期内未取得建设用地批准文件的,用地单位应当在有效期届满前3个月向原审核机关提出延期申请,原审核同意机关应当在准予行政许可决定书有效期届满前作出是否准予延期的决定。建设项目在有效期内未取得建设用地批准文件也未申请延期的,准予行政许可决定书失效。

第二十六条　《使用林地申请表》、《使用林地现场查验表》式样,由国家林业局统一规定。

第二十七条　本办法所称Ⅰ、Ⅱ、Ⅲ、Ⅳ级保护林地,是指依据县级以上人民政府批准的林地保护利用规划确定的林地。

本办法所称国家级公益林林地,是指依据国家林业局、财政部的有关规定确定的公益林林地。

第二十八条　本办法所称“以上”均包含本数,“以下”均不包含本数。

第二十九条　本办法自2015年5月1日起施行。国家林业局于2001年1月4日发布、2011年1月25日修改的《占用征收征用林地审核审批管理办法》同时废止。

关于废止《导游人员管理实施办法》的决定

（2016年9月27日国家旅游局令第40号公布　自公布之日起生效）

为进一步推进简政放权、优化公共服务、激发市场活力,贯彻实施旅游法,推进导游管理体制机制改革,根据《国务院办公厅关于做好行政法规部门规章和文件清理工作有关事项的通知》(国办函〔2016〕12 号)的要求,国家旅游局决定废止 2001 年 12 月 27 日国家旅游局令第 15 号公布、2005 年 6 月 3 日国家旅游局令第 21 号修正的《导游人员管理实施办法》。

自本决定公布之日起,《导游人员管理实施办法》规定的导游岗前培训考核制度、计分管理制度、年审管理制度和导游人员资格证 3 年有效制度等停止实施,国家旅游局将根据导游管理体制机制改革工作的推进,逐步完善事中事后监管措施并加强监管。

本决定自公布之日起生效。

旅游安全管理办法

(2016 年 9 月 27 日国家旅游局令第 41 号公布　自 2016 年 12 月 1 日起施行)

第一章　总　　则

第一条　为了加强旅游安全管理,提高应对旅游突发事件的能力,保障旅游者的人身、财产安全,促进旅游业持续健康发展,根据《中华人民共和国旅游法》、《中华人民共和国安全生产法》、《中华人民共和国突发事件应对法》、《旅行社条例》和《安全生产事故报告和调查处理条例》等法律、行政法规,制定本办法。

第二条　旅游经营者的安全生产、旅游主管部门的安全监督管理,以及旅游突发事件的应对,应当遵守有关法律、法规和本办法的规定。

本办法所称旅游经营者,是指旅行社及地方性法规规定旅游主管部门负有行业监管职责的景区和饭店等单位。

第三条　各级旅游主管部门应当在同级人民政府的领导和上级旅游主管部门及有关部门的指导下,在职责范围内,依法对旅游安全工作进行指导、防范、监管、培训、统计分析和应急处理。

第四条 旅游经营者应当承担旅游安全的主体责任，加强安全管理，建立、健全安全管理制度，关注安全风险预警和提示，妥善应对旅游突发事件。

旅游从业人员应当严格遵守本单位的安全管理制度，接受安全生产教育和培训，增强旅游突发事件防范和应急处理能力。

第五条 旅游主管部门、旅游经营者及其从业人员应当依法履行旅游突发事件报告义务。

第二章 经营安全

第六条 旅游经营者应当遵守下列要求：

（一）服务场所、服务项目和设施设备符合有关安全法律、法规和强制性标准的要求；

（二）配备必要的安全和救援人员、设施设备；

（三）建立安全管理制度和责任体系；

（四）保证安全工作的资金投入。

第七条 旅游经营者应当定期检查本单位安全措施的落实情况，及时排除安全隐患；对可能发生的旅游突发事件及采取安全防范措施的情况，应当按照规定及时向所在地人民政府或者人民政府有关部门报告。

第八条 旅游经营者应当对其提供的产品和服务进行风险监测和安全评估，依法履行安全风险提示义务，必要时应当采取暂停服务、调整活动内容等措施。

经营高风险旅游项目或者向老年人、未成年人、残疾人提供旅游服务的，应当根据需要采取相应的安全保护措施。

第九条 旅游经营者应当对从业人员进行安全生产教育和培训，保证从业人员掌握必要的安全生产知识、规章制度、操作规程、岗位技能和应急处理措施，知悉自身在安全生产方面的权利和义务。

旅游经营者建立安全生产教育和培训档案，如实记录安全生产教育和培训的时间、内容、参加人员以及考核结果等情况。

未经安全生产教育和培训合格的旅游从业人员，不得上岗作业；特种作业人员必须按照国家有关规定经专门的安全作业培训，取得相应资格。

第十条 旅游经营者应当主动询问与旅游活动相关的个人健康信息，要求旅游者按照明示的安全规程，使用旅游设施和接受服务，并要求旅游者对旅游经营者采取的安全防范措施予以配合。

第十一条 旅行社组织和接待旅游者，应当合理安排旅游行程，向合格的供应商订购产品和服务。

旅行社及其从业人员发现履行辅助人提供的服务不符合法律、法规规定或者存在安全隐患的，应当予以制止或者更换。

第十二条 旅行社组织出境旅游，应当制作安全信息卡。

安全信息卡应当包括旅游者姓名、出境证件号码和国籍，以及紧急情况下的联系人、联系方式等信息，使用中文和目的地官方语言（或者英文）填写。

旅行社应当将安全信息卡交由旅游者随身携带，并告知其自行填写血型、过敏药物和重大疾病等信息。

第十三条 旅游经营者应当依法制定旅游突发事件应急预案，与所在地县级以上地方人民政府及其相关部门的应急预案相衔接，并定期组织演练。

第十四条 旅游突发事件发生后，旅游经营者及其现场人员应当采取合理、必要的措施救助受害旅游者，控制事态发展，防止损害扩大。

旅游经营者应当按照履行统一领导职责或者组织处置突发事件的人民政府的要求，配合其采取的应急处置措施，并参加所在地人民政府组织的应急救援和善后处置工作。

旅游突发事件发生在境外的，旅行社及其领队应当在中国驻当地使领馆或者政府派出机构的指导下，全力做好突发事件应对处置工作。

第十五条 旅游突发事件发生后,旅游经营者的现场人员应当立即向本单位负责人报告,单位负责人接到报告后,应当于1小时内向发生地县级旅游主管部门、安全生产监督管理部门和负有安全生产监督管理职责的其他相关部门报告;旅行社负责人应当同时向单位所在地县级以上地方旅游主管部门报告。

情况紧急或者发生重大、特别重大旅游突发事件时,现场有关人员可直接向发生地、旅行社所在地县级以上旅游主管部门、安全生产监督管理部门和负有安全生产监督管理职责的其他相关部门报告。

旅游突发事件发生在境外的,旅游团队的领队应当立即向当地警方、中国驻当地使领馆或者政府派出机构,以及旅行社负责人报告。旅行社负责人应当在接到领队报告后1小时内,向单位所在地县级以上地方旅游主管部门报告。

第三章　风险提示

第十六条 国家建立旅游目的地安全风险(以下简称风险)提示制度。

根据可能对旅游者造成的危害程度、紧急程度和发展态势,风险提示级别分为一级(特别严重)、二级(严重)、三级(较重)和四级(一般),分别用红色、橙色、黄色和蓝色标示。

风险提示级别的划分标准,由国家旅游局会同外交、卫生、公安、国土、交通、气象、地震和海洋等有关部门制定或者确定。

第十七条 风险提示信息,应当包括风险类别、提示级别、可能影响的区域、起始时间、注意事项、应采取的措施和发布机关等内容。

一级、二级风险的结束时间能够与风险提示信息内容同时发布的,应当同时发布;无法同时发布的,待风险消失后通过原渠道补充发布。

三级、四级风险提示可以不发布风险结束时间,待风险消失后自然结束。

第十八条 风险提示发布后,旅行社应当根据风险级别采取下列措施:

(一)四级风险的,加强对旅游者的提示;

(二)三级风险的,采取必要的安全防范措施;

(三)二级风险的,停止组团或者带团前往风险区域;已在风险区域的,调整或者中止行程;

(四)一级风险的,停止组团或者带团前往风险区域,组织已在风险区域的旅游者撤离。

其他旅游经营者应当根据风险提示的级别,加强对旅游者的风险提示,采取相应的安全防范措施,妥善安置旅游者,并根据政府或者有关部门的要求,暂停或者关闭易受风险危害的旅游项目或者场所。

第十九条 风险提示发布后,旅游者应当关注相关风险,加强个人安全防范,并配合国家应对风险暂时限制旅游活动的措施,以及有关部门、机构或者旅游经营者采取的安全防范和应急处置措施。

第二十条 国家旅游局负责发布境外旅游目的地国家(地区),以及风险区域范围覆盖全国或者跨省级行政区域的风险提示。发布一级风险提示的,需经国务院批准;发布境外旅游目的地国家(地区)风险提示的,需经外交部门同意。

地方各级旅游主管部门应当及时转发上级旅游主管部门发布的风险提示,并负责发布前款规定之外涉及本辖区的风险提示。

第二十一条 风险提示信息应当通过官方网站、手机短信及公众易查阅的媒体渠道对外发布。一级、二级风险提示应同时通报有关媒体。

第四章 安全管理

第二十二条 旅游主管部门应当加强下列旅游安全日常管理工作:

(一)督促旅游经营者贯彻执行安全和应急管理的有关法律、法规,并引导其实施相关国家标准、行业标准或者地方标准,提高其安全经营和突发事件应对能力;

(二)指导旅游经营者组织开展从业人员的安全及应急管理培训,并通过新闻媒体等多种渠道,组织开展旅游安全及应急知识的宣传普及活动;

(三)统计分析本行政区域内发生旅游安全事故的情况;

(四)法律、法规规定的其他旅游安全管理工作。

旅游主管部门应当加强对星级饭店和A级景区旅游安全和应急管理工作的指导。

第二十三条 地方各级旅游主管部门应当根据有关法律、法规的规定,制定、修订本地区或者本部门旅游突发事件应急预案,并报上一级旅游主管部门备案,必要时组织应急演练。

第二十四条 地方各级旅游主管部门应当在当地人民政府的领导下,依法对景区符合安全开放条件进行指导,核定或者配合相关景区主管部门核定景区最大承载量,引导景区采取门票预约等方式控制景区流量;在旅游者数量可能达到最大承载量时,配合当地人民政府采取疏导、分流等措施。

第二十五条 旅游突发事件发生后,发生地县级以上旅游主管部门应当根据同级人民政府的要求和有关规定,启动旅游突发事件应急预案,并采取下列一项或者多项措施:

(一)组织或者协同、配合相关部门开展对旅游者的救助及善后处置,防止次生、衍生事件;

(二)协调医疗、救援和保险等机构对旅游者进行救助及善后处置;

(三)按照同级人民政府的要求,统一、准确、及时发布有关事态发展和应急处置工作的信息,并公布咨询电话。

第二十六条 旅游突发事件发生后,发生地县级以上旅游主管部门应当根据同级人民政府的要求和有关规定,参与旅游突发事件的调查,配合相关部门依法对应当承担事件责任的旅游经营者及其责任人进行处理。

第二十七条 各级旅游主管部门应当建立旅游突发事件报告制度。

第二十八条 旅游主管部门在接到旅游经营者依据本办法第十五条规定的报告后,应当向同级人民政府和上级旅游主管部门报告。一般旅游突发事件上报至设区的市级旅游主管部门;较大旅游突发事件逐级上报至省级旅游主管部门;重大和特别重大旅游突发事件逐级上报至国家旅游局。向上级旅游主管部门报告旅游突发事件,应当包括下列内容:

(一)事件发生的时间、地点、信息来源;

(二)简要经过、伤亡人数、影响范围;

(三)事件涉及的旅游经营者、其他有关单位的名称;

(四)事件发生原因及发展趋势的初步判断;

(五)采取的应急措施及处置情况;

(六)需要支持协助的事项;

(七)报告人姓名、单位及联系电话。

前款所列内容暂时无法确定的,应当先报告已知情况;报告后出现新情况的,应当及时补报、续报。

第二十九条 各级旅游主管部门应当建立旅游突发事件信息通报制度。旅游突发事件发生后,旅游主管部门应当及时将有关信息通报相关行业主管部门。

第三十条 旅游突发事件处置结束后,发生地旅游主管部门应当及时查明突发事件的发生经过和原因,总结突发事件应急处置工作的经验教训,制定改进措施,并在30日内按照下列程序提交总结报告:

(一)一般旅游突发事件向设区的市级旅游主管部门提交;

(二)较大旅游突发事件逐级向省级旅游主管部门提交;

(三)重大和特别重大旅游突发事件逐级向国家旅游局提交。

旅游团队在境外遇到突发事件的,由组团社所在地旅游主管部门提交总结报告。

第三十一条　省级旅游主管部门应当于每月5日前，将本地区上月发生的较大旅游突发事件报国家旅游局备案，内容应当包括突发事件发生的时间、地点、原因及事件类型和伤亡人数等。

第三十二条　县级以上地方各级旅游主管部门应当定期统计分析本行政区域内发生旅游突发事件的情况，并于每年1月底前将上一年度相关情况逐级报国家旅游局。

第五章　罚　　则

第三十三条　旅游经营者及其主要负责人、旅游从业人员违反法律、法规有关安全生产和突发事件应对规定的，依照相关法律、法规处理。

第三十四条　旅行社违反本办法第十一条第二款的规定，未制止履行辅助人的非法、不安全服务行为，或者未更换履行辅助人的，由旅游主管部门给予警告，可并处2000元以下罚款；情节严重的，处2000元以上10000元以下罚款。

第三十五条　旅行社违反本办法第十二条的规定，不按要求制作安全信息卡，未将安全信息卡交由旅游者，或者未告知旅游者相关信息的，由旅游主管部门给予警告，可并处2000元以下罚款；情节严重的，处2000元以上10000元以下罚款。

第三十六条　旅行社违反本办法第十八条规定，不采取相应措施的，由旅游主管部门处2000元以下罚款；情节严重的，处2000元以上10000元以下罚款。

第三十七条　按照旅游业国家标准、行业标准评定的旅游经营者违反本办法规定的，由旅游主管部门建议评定组织依据相关标准作出处理。

第三十八条　旅游主管部门及其工作人员违反相关法律、法规及本办法规定，玩忽职守，未履行安全管理职责的，由有关部门责令改正，对直接负责的主管人员和其他直接责任人员依法给予处分。

第六章 附 则

第三十九条 本办法所称旅游突发事件，是指突然发生，造成或者可能造成旅游者人身伤亡、财产损失，需要采取应急处置措施予以应对的自然灾害、事故灾难、公共卫生事件和社会安全事件。

根据旅游突发事件的性质、危害程度、可控性以及造成或者可能造成的影响，旅游突发事件一般分为特别重大、重大、较大和一般四级。

第四十条 本办法所称特别重大旅游突发事件，是指下列情形：

（一）造成或者可能造成人员死亡（含失踪）30人以上或者重伤100人以上；

（二）旅游者500人以上滞留超过24小时，并对当地生产生活秩序造成严重影响；

（三）其他在境内外产生特别重大影响，并对旅游者人身、财产安全造成特别重大威胁的事件。

第四十一条 本办法所称重大旅游突发事件，是指下列情形：

（一）造成或者可能造成人员死亡（含失踪）10人以上、30人以下或者重伤50人以上、100人以下；

（二）旅游者200人以上滞留超过24小时，对当地生产生活秩序造成较严重影响；

（三）其他在境内外产生重大影响，并对旅游者人身、财产安全造成重大威胁的事件。

第四十二条 本办法所称较大旅游突发事件，是指下列情形：

（一）造成或者可能造成人员死亡（含失踪）3人以上10人以下或者重伤10人以上、50人以下；

（二）旅游者50人以上、200人以下滞留超过24小时，并对当地生产生活秩序造成较大影响；

（三）其他在境内外产生较大影响，并对旅游者人身、财产安全造成较大威胁的事件。

第四十三条 本办法所称一般旅游突发事件,是指下列情形:

(一)造成或者可能造成人员死亡(含失踪)3 人以下或者重伤 10 人以下;

(二)旅游者 50 人以下滞留超过 24 小时,并对当地生产生活秩序造成一定影响;

(三)其他在境内外产生一定影响,并对旅游者人身、财产安全造成一定威胁的事件。

第四十四条 本办法所称的“以上”包括本数;除第三十四条、第三十五条、第三十六条的规定外,所称的“以下”不包括本数。

第四十五条 本办法自 2016 年 12 月 1 日起施行。国家旅游局 1990 年 2 月 20 日发布的《旅游安全管理暂行办法》同时废止。

内地与香港股票市场交易互联互通机制若干规定

(2016 年 9 月 30 日中国证券监督管理委员会令第 128 号公布 自公布之日起施行)

第一条 为了规范内地与香港股票市场交易互联互通机制相关活动,保护投资者合法权益,维护证券市场秩序,根据《证券法》和其他相关法律、行政法规,制定本规定。

第二条 本规定所称内地与香港股票市场交易互联互通机制,是指上海证券交易所、深圳证券交易所分别和香港联合交易所有限公司(以下简称香港联合交易所)建立技术连接,使内地和香港投资者可以通过当地证券公司或经纪商买卖规定范围内的对方交易所上市的股票。内地与香港股票市场交易互联互通机制包括沪港股票市场交易互联互通机制(以下简称沪港通)和深港股票市场交易互联互通机制(以下简称深港通)。

沪港通包括沪股通和沪港通下的港股通。沪股通,是指投资者委托香港经纪商,经由香港联合交易所在上海设立的证券交易服务公司,向上海证券交易所进行申报(买卖盘传递),买卖沪港通规定范围内的上海证券交易所上市的股票。沪港通下的港股通,是指投资者委托内地证券公司,经由上海证券交易所在香港设立的证券交易服务公司,向香港联合交易所进行申报(买卖盘传递),买卖沪港通规定范围内的香港联合交易所上市的股票。

深港通包括深股通和深港通下的港股通。深股通,是指投资者委托香港经纪商,经由香港联合交易所在深圳设立的证券交易服务公司,向深圳证券交易所进行申报(买卖盘传递),买卖深港通规定范围内的深圳证券交易所上市的股票。深港通下的港股通,是指投资者委托内地证券公司,经由深圳证券交易所在香港设立的证券交易服务公司,向香港联合交易所进行申报(买卖盘传递),买卖深港通规定范围内的香港联合交易所上市的股票。

沪港通下的港股通和深港通下的港股通统称港股通。

第三条 内地与香港股票市场交易互联互通机制遵循两地市场现行的交易结算法律法规。

相关交易结算活动遵守交易结算发生地的监管规定及业务规则,上市公司遵守上市地的监管规定及业务规则,证券公司或经纪商遵守所在地的监管规定及业务规则,投资者遵守其委托的证券公司或经纪商所在地的投资者适当性监管规定及业务规则,本规定另有规定的除外。

第四条 中国证券监督管理委员会(以下简称中国证监会)对内地与香港股票市场交易互联互通机制相关业务进行监督管理,并通过监管合作安排与香港证券及期货事务监察委员会和其他有关国家或地区的证券监督管理机构,按照公平、公正、对等的原则,维护投资者跨境投资的合法权益。

第五条 上海证券交易所、深圳证券交易所和香港联合交易所开展内地与香港股票市场交易互联互通机制相关业务,应当履行下列职责:

（一）提供必要的场所和设施；

（二）上海证券交易所、深圳证券交易所分别在香港设立证券交易服务公司，香港联合交易所分别在上海和深圳设立证券交易服务公司；对证券交易服务公司业务活动进行管理，督促并协助其履行本规定所赋予的职责；

（三）制定相关业务规则，对市场主体的相关交易及其他活动进行自律管理，并开展跨市场监管合作；

（四）制定证券交易服务公司开展相关业务的技术标准；

（五）对相关交易进行实时监控，并建立相应的信息交换制度和联合监控制度，共同监控跨境的不正当交易行为，防范市场风险；

（六）管理和发布相关市场信息；

（七）中国证监会规定的其他职责。

上海证券交易所、深圳证券交易所应当按照有关监管要求，分别制定港股通投资者适当性管理的具体标准和实施指引，并报中国证监会备案。

上海证券交易所、深圳证券交易所应当制定相关业务规则，要求香港联合交易所及其证券交易服务公司提供有关交易申报涉及的投资者信息。

第六条 证券交易服务公司应当按照证券交易所的相关业务规则或通过证券交易所的相关业务安排履行下列职责：

（一）上海证券交易所证券交易服务公司提供沪港通下的港股通相关服务，深圳证券交易所证券交易服务公司提供深港通下的港股通相关服务；香港联合交易所在上海设立的证券交易服务公司提供沪股通相关服务；香港联合交易所在深圳设立的证券交易服务公司提供深股通相关服务；

（二）提供必要的设施和技术服务；

（三）履行沪股通、深股通或港股通额度管理相关职责；

（四）制定沪股通、深股通或港股通业务的操作流程和风险控制措施，加强内部控制，防范风险；

（五）上海证券交易所、深圳证券交易所设立的证券交易服务公司应当分别制定内地证券公司开展港股通业务的技术标准,并对拟开展业务公司的技术系统进行测试评估;香港联合交易所在上海和深圳设立的证券交易服务公司应当分别制定香港经纪商开展沪股通、深股通业务的技术标准,并对拟开展业务公司的技术系统进行测试评估;

(六)为证券公司或经纪商提供技术服务,并对其接入沪股通、深股通或港股通的技术系统运行情况进行监控;

(七)中国证监会规定的其他职责。

第七条 中国证券登记结算有限责任公司(以下简称中国证券登记结算公司)、香港中央结算有限公司(以下简称香港中央结算公司)开展内地与香港股票市场交易互联互通机制相关业务,应当履行下列职责:

(一)提供必要的场所和设施;

(二)提供登记、存管、结算服务;

(三)制定相关业务规则;

(四)依法提供名义持有人服务;

(五)对登记结算参与机构的相关活动进行自律管理;

(六)中国证监会规定的其他职责。

第八条 内地证券公司开展港股通业务,应当遵守法律、行政法规、本规定、中国证监会其他规定及相关业务规则的要求,加强内部控制,防范和控制风险,并根据中国证监会及上海证券交易所、深圳证券交易所投资者适当性管理有关规定,制定相应的实施方案,切实维护客户权益。

第九条 因交易异常情况严重影响内地与香港股票市场交易互联互通机制部分或全部交易正常进行的,上海证券交易所、深圳证券交易所和香港联合交易所可以按照业务规则和合同约定,暂停部分或者全部相关业务活动并予以公告。

第十条 上海证券交易所、深圳证券交易所和香港联合交易所开展内地与香港股票市场交易互联互通机制相关业务,限于规定范围内的股票交易业务和中国证监会认可的其他业务。

第十一条　证券交易服务公司和证券公司或经纪商不得自行撮合投资者通过内地与香港股票市场交易互联互通机制买卖股票的订单成交，不得以其他任何形式在证券交易所以外的场所对通过内地与香港股票市场交易互联互通机制买卖的股票提供转让服务，中国证监会另有规定的除外。

第十二条　境外投资者的境内股票投资，应当遵循下列持股比例限制：

（一）单个境外投资者对单个上市公司的持股比例，不得超过该上市公司股份总数的10%；

（二）所有境外投资者对单个上市公司A股的持股比例总和，不得超过该上市公司股份总数的30%。

境外投资者依法对上市公司战略投资的，其战略投资的持股不受上述比例限制。

境内有关法律法规和其他有关监管规则对持股比例的最高限额有更严格规定的，从其规定。

第十三条　投资者依法享有通过内地与香港股票市场交易互联互通机制买入的股票的权益。

投资者通过港股通买入的股票应当记录在中国证券登记结算公司在香港中央结算公司开立的证券账户。中国证券登记结算公司应当以自己的名义，通过香港中央结算公司行使对该股票发行人的权利。中国证券登记结算公司行使对该股票发行人的权利，应当通过内地证券公司、托管银行等机构事先征求投资者的意见，并按照其意见办理。

中国证券登记结算公司出具的股票持有记录，是港股通投资者享有该股票权益的合法证明。投资者不能要求提取纸面股票，中国证监会另有规定的除外。

投资者通过沪股通、深股通买入的股票应当登记在香港中央结算公司名下。投资者通过沪股通、深股通买卖股票达到信息披露要求的，应当依法履行报告和信息披露义务。

第十四条　对于通过港股通达成的交易，由中国证券登记结算公司承担股票和资金的清算交收责任。对于通过沪股通、深股通达成的交易，由香港中央结算公司承担股票和资金的清算交收责任。

中国证券登记结算公司及香港中央结算公司，应当按照两地市场结算风险相对隔离、互不传递的原则，互不参加对方市场互保性质的风险基金安排；其他相关风险管理安排应当遵守交易结算发生地的交易结算风险管理有关规定。

第十五条　投资者通过内地与香港股票市场交易互联互通机制买卖股票，应当以人民币与证券公司或经纪商进行交收。使用其他币种进行交收的，以中国人民银行规定为准。

第十六条　对违反法律法规、本规定以及中国证监会其他有关规定的，中国证监会依法采取监督管理措施；依法应予行政处罚的，依照《证券法》《行政处罚法》等法律法规进行处罚；涉嫌犯罪的，依法移送司法机关，追究刑事责任。

中国证监会与香港证券及期货事务监察委员会和其他有关国家或地区的证券监督管理机构，通过跨境监管合作机制，依法查处内地与香港股票市场交易互联互通机制相关跨境违法违规活动。

第十七条　上海证券交易所、深圳证券交易所和中国证券登记结算公司依照本规定的有关要求，分别制定内地与香港股票市场交易互联互通机制相关业务规则，报中国证监会批准后实施。

第十八条　证券交易所、证券交易服务公司及结算机构应当妥善保存履行本规定所规定的职责形成的各类文件、资料，保存期限不少于20年。

第十九条　本规定自公布之日起施行。《沪港股票市场交易互联互通机制试点若干规定》（证监会令第101号）同时废止。

关于废止《食盐价格管理办法》的决定

（2016年10月8日国家发展和改革委员会令第43号公布）

根据国务院印发的《盐业体制改革方案》精神，决定自2017年1月1日起，废止《食盐价格管理办法》（2003年中华人民共和国国家发展计划委员会令第27号）。

涉及人的生物医学研究伦理审查办法

（2016年10月12日国家卫生和计划生育委员会令第11号公布　自2016年12月1日起施行）

第一章　总　则

第一条　为保护人的生命和健康，维护人的尊严，尊重和保护受试者的合法权益，规范涉及人的生物医学研究伦理审查工作，制定本办法。

第二条　本办法适用于各级各类医疗卫生机构开展涉及人的生物医学研究伦理审查工作。

第三条　本办法所称涉及人的生物医学研究包括以下活动：

（一）采用现代物理学、化学、生物学、中医药学和心理学等方法对人的生理、心理行为、病理现象、疾病病因和发病机制，以及疾病的预防、诊断、治疗和康复进行研究的活动；

（二）医学新技术或者医疗新产品在人体上进行试验研究的活动；

（三）采用流行病学、社会学、心理学等方法收集、记录、使用、报告或者储存有关人的样本、医疗记录、行为等科学研究资料的活动。

第四条 伦理审查应当遵守国家法律法规规定，在研究中尊重受试者的自主意愿，同时遵守有益、不伤害以及公正的原则。

第五条 国家卫生计生委负责全国涉及人的生物医学研究伦理审查工作的监督管理，成立国家医学伦理专家委员会。国家中医药管理局负责中医药研究伦理审查工作的监督管理，成立国家中医药伦理专家委员会。

省级卫生计生行政部门成立省级医学伦理专家委员会。

县级以上地方卫生计生行政部门负责本行政区域涉及人的生物医学研究伦理审查工作的监督管理。

第六条 国家医学伦理专家委员会、国家中医药伦理专家委员会（以下称国家医学伦理专家委员会）负责对涉及人的生物医学研究中的重大伦理问题进行研究，提供政策咨询意见，指导省级医学伦理专家委员会的伦理审查相关工作。

省级医学伦理专家委员会协助推动本行政区域涉及人的生物医学研究伦理审查工作的制度化、规范化，指导、检查、评估本行政区域从事涉及人的生物医学研究的医疗卫生机构伦理委员会的工作，开展相关培训、咨询等工作。

第二章 伦理委员会

第七条 从事涉及人的生物医学研究的医疗卫生机构是涉及人的生物医学研究伦理审查工作的管理责任主体，应当设立伦理委员会，并采取有效措施保障伦理委员会独立开展伦理审查工作。

医疗卫生机构未设立伦理委员会的，不得开展涉及人的生物医学研究工作。

第八条 伦理委员会的职责是保护受试者合法权益，维护受试者尊严，促进生物医学研究规范开展；对本机构开展涉及人的生物医学研究项目进行伦理审查，包括初始审查、跟踪审查和复审等；在本机构组织开展相关伦理审查培训。

第九条 伦理委员会的委员应当从生物医学领域和伦理学、法学、社会学等领域的专家和非本机构的社会人士中遴选产生,人数不得少于7人,并且应当有不同性别的委员,少数民族地区应当考虑少数民族委员。

必要时,伦理委员会可以聘请独立顾问。独立顾问对所审查项目的特定问题提供咨询意见,不参与表决。

第十条 伦理委员会委员任期5年,可以连任。伦理委员会设主任委员一人,副主任委员若干人,由伦理委员会委员协商推举产生。

伦理委员会委员应当具备相应的伦理审查能力,并定期接受生物医学研究伦理知识及相关法律法规知识培训。

第十一条 伦理委员会对受理的申报项目应当及时开展伦理审查,提供审查意见;对已批准的研究项目进行定期跟踪审查,受理受试者的投诉并协调处理,确保项目研究不会将受试者置于不合理的风险之中。

第十二条 伦理委员会在开展伦理审查时,可以要求研究者提供审查所需材料、知情同意书等文件以及修改研究项目方案,并根据职责对研究项目方案、知情同意书等文件提出伦理审查意见。

第十三条 伦理委员会委员应当签署保密协议,承诺对所承担的伦理审查工作履行保密义务,对所受理的研究项目方案、受试者信息以及委员审查意见等保密。

第十四条 医疗卫生机构应当在伦理委员会设立之日起3个月内向本机构的执业登记机关备案,并在医学研究登记备案信息系统登记。医疗卫生机构还应当于每年3月31日前向备案的执业登记机关提交上一年度伦理委员会工作报告。

伦理委员会备案材料包括:

(一)人员组成名单和每位委员工作简历;

(二)伦理委员会章程;

(三)工作制度或者相关工作程序;

(四)备案的执业登记机关要求提供的其他相关材料。

以上信息发生变化时,医疗卫生机构应当及时向备案的执业登记机关更新信息。

第十五条 伦理委员会应当配备专(兼)职工作人员、设备、场所等,保障伦理审查工作顺利开展。

第十六条 伦理委员会应当接受所在医疗卫生机构的管理和受试者的监督。

第三章 伦理审查

第十七条 伦理委员会应当建立伦理审查工作制度或者操作规程,保证伦理审查过程独立、客观、公正。

第十八条 涉及人的生物医学研究应当符合以下伦理原则:

(一)知情同意原则。尊重和保障受试者是否参加研究的自主决定权,严格履行知情同意程序,防止使用欺骗、利诱、胁迫等手段使受试者同意参加研究,允许受试者在任何阶段无条件退出研究;

(二)控制风险原则。首先将受试者人身安全、健康权益放在优先地位,其次才是科学和社会利益,研究风险与受益比例应当合理,力求使受试者尽可能避免伤害;

(三)免费和补偿原则。应当公平、合理地选择受试者,对受试者参加研究不得收取任何费用,对于受试者在受试过程中支出的合理费用还应当给予适当补偿;

(四)保护隐私原则。切实保护受试者的隐私,如实将受试者个人信息的储存、使用及保密措施情况告知受试者,未经授权不得将受试者个人信息向第三方透露;

(五)依法赔偿原则。受试者参加研究受到损害时,应当得到及时、免费治疗,并依据法律法规及双方约定得到赔偿;

(六)特殊保护原则。对儿童、孕妇、智力低下者、精神障碍患者等特殊人群的受试者,应当予以特别保护。

第十九条 涉及人的生物医学研究项目的负责人作为伦理审查申请人,在申请伦理审查时应当向负责项目研究的医疗卫生机构的伦理委员会提交下列材料:

（一）伦理审查申请表；

（二）研究项目负责人信息、研究项目所涉及的相关机构的合法资质证明以及研究项目经费来源说明；

（三）研究项目方案、相关资料，包括文献综述、临床前研究和动物实验数据等资料；

（四）受试者知情同意书；

（五）伦理委员会认为需要提交的其他相关材料。

第二十条 伦理委员会收到申请材料后，应当及时组织伦理审查，并重点审查以下内容：

（一）研究者的资格、经验、技术能力等是否符合试验要求；

（二）研究方案是否科学，并符合伦理原则的要求。中医药项目研究方案的审查，还应当考虑其传统实践经验；

（三）受试者可能遭受的风险程度与研究预期的受益相比是否在合理范围之内；

（四）知情同意书提供的有关信息是否完整易懂，获得知情同意的过程是否合规恰当；

（五）是否有对受试者个人信息及相关资料的保密措施；

（六）受试者的纳入和排除标准是否恰当、公平；

（七）是否向受试者明确告知其应当享有的权益，包括在研究过程中可以随时无理由退出且不受歧视的权利等；

（八）受试者参加研究的合理支出是否得到了合理补偿；受试者参加研究受到损害时，给予的治疗和赔偿是否合理、合法；

（九）是否有具备资格或者经培训后的研究者负责获取知情同意，并随时接受有关安全问题的咨询；

（十）对受试者在研究中可能承受的风险是否有预防和应对措施；

（十一）研究是否涉及利益冲突；

（十二）研究是否存在社会舆论风险；

（十三）需要审查的其他重点内容。

第二十一条 伦理委员会委员与研究项目存在利害关系的，应当回避;伦理委员会对与研究项目有利害关系的委员应当要求其回避。

第二十二条 伦理委员会批准研究项目的基本标准是:

(一)坚持生命伦理的社会价值;

(二)研究方案科学;

(三)公平选择受试者;

(四)合理的风险与受益比例;

(五)知情同意书规范;

(六)尊重受试者权利;

(七)遵守科研诚信规范。

第二十三条 伦理委员会应当对审查的研究项目作出批准、不批准、修改后批准、修改后再审、暂停或者终止研究的决定,并说明理由。

伦理委员会作出决定应当得到伦理委员会全体委员的二分之一以上同意。伦理审查时应当通过会议审查方式,充分讨论达成一致意见。

第二十四条 经伦理委员会批准的研究项目需要修改研究方案时,研究项目负责人应当将修改后的研究方案再报伦理委员会审查;研究项目未获得伦理委员会审查批准的,不得开展项目研究工作。

对已批准研究项目的研究方案作较小修改且不影响研究的风险受益比的研究项目和研究风险不大于最小风险的研究项目可以申请简易审查程序。

简易审查程序可以由伦理委员会主任委员或者由其指定的一个或者几个委员进行审查。审查结果和理由应当及时报告伦理委员会。

第二十五条 经伦理委员会批准的研究项目在实施前,研究项目负责人应当将该研究项目的主要内容、伦理审查决定在医学研究登记备案信息系统进行登记。

第二十六条 在项目研究过程中,项目研究者应当将发生的严重不良反应或者严重不良事件及时向伦理委员会报告;伦理委员会应当及时审查并采取相应措施,以保护受试者的人身安全与健康权益。

第二十七条 对已批准实施的研究项目,伦理委员会应当指定委员进行跟踪审查。跟踪审查包括以下内容:

(一)是否按照已通过伦理审查的研究方案进行试验;

(二)研究过程中是否擅自变更项目研究内容;

(三)是否发生严重不良反应或者不良事件;

(四)是否需要暂停或者提前终止研究项目;

(五)其他需要审查的内容。

跟踪审查的委员不得少于2人,在跟踪审查时应当及时将审查情况报告伦理委员会。

第二十八条 对风险较大或者比较特殊的涉及人的生物医学研究伦理审查项目,伦理委员会可以根据需要申请省级医学伦理专家委员会协助提供咨询意见。

第二十九条 多中心研究可以建立协作审查机制,确保各项目研究机构遵循一致性和及时性原则。

牵头机构的伦理委员会负责项目审查,并对参与机构的伦理审查结果进行确认。

参与机构的伦理委员会应当及时对本机构参与的研究进行伦理审查,并对牵头机构反馈审查意见。

为了保护受试者的人身安全,各机构均有权暂停或者终止本机构的项目研究。

第三十条 境外机构或者个人与国内医疗卫生机构合作开展涉及人的生物医学研究的,应当向国内合作机构的伦理委员会申请研究项目伦理审查。

第三十一条 在学术期刊发表涉及人的生物医学研究成果的项目研究者,应当出具该研究项目经过伦理审查批准的证明文件。

第三十二条 伦理审查工作具有独立性,任何单位和个人不得干预伦理委员会的伦理审查过程及审查决定。

第四章 知情同意

第三十三条 项目研究者开展研究，应当获得受试者自愿签署的知情同意书；受试者不能以书面方式表示同意时，项目研究者应当获得其口头知情同意，并提交过程记录和证明材料。

第三十四条 对无行为能力、限制行为能力的受试者，项目研究者应当获得其监护人或者法定代理人的书面知情同意。

第三十五条 知情同意书应当含有必要、完整的信息，并以受试者能够理解的语言文字表达。

第三十六条 知情同意书应当包括以下内容：

（一）研究目的、基本研究内容、流程、方法及研究时限；

（二）研究者基本信息及研究机构资质；

（三）研究结果可能给受试者、相关人员和社会带来的益处，以及给受试者可能带来的不适和风险；

（四）对受试者的保护措施；

（五）研究数据和受试者个人资料的保密范围和措施；

（六）受试者的权利，包括自愿参加和随时退出、知情、同意或不同意、保密、补偿、受损害时获得免费治疗和赔偿、新信息的获取、新版本知情同意书的再次签署、获得知情同意书等；

（七）受试者在参与研究前、研究后和研究过程中的注意事项。

第三十七条 在知情同意获取过程中，项目研究者应当按照知情同意书内容向受试者逐项说明，其中包括：受试者所参加的研究项目的目的、意义和预期效果，可能遇到的风险和不适，以及可能带来的益处或者影响；有无对受试者有益的其他措施或者治疗方案；保密范围和措施；补偿情况，以及发生损害的赔偿和免费治疗；自愿参加并可以随时退出的权利，以及发生问题时的联系人和联系方式等。

项目研究者应当给予受试者充分的时间理解知情同意书的内容，由受试者作出是否同意参加研究的决定并签署知情同意书。

在心理学研究中,因知情同意可能影响受试者对问题的回答,从而影响研究结果的准确性的,研究者可以在项目研究完成后充分告知受试者并获得知情同意书。

第三十八条 当发生下列情形时,研究者应当再次获取受试者签署的知情同意书:

(一)研究方案、范围、内容发生变化的;

(二)利用过去用于诊断、治疗的有身份标识的样本进行研究的;

(三)生物样本数据库中有身份标识的人体生物学样本或者相关临床病史资料,再次使用进行研究的;

(四)研究过程中发生其他变化的。

第三十九条 以下情形经伦理委员会审查批准后,可以免除签署知情同意书:

(一)利用可识别身份信息的人体材料或者数据进行研究,已无法找到该受试者,且研究项目不涉及个人隐私和商业利益的;

(二)生物样本捐献者已经签署了知情同意书,同意所捐献样本及相关信息可用于所有医学研究的。

第五章 监督管理

第四十条 国家卫生计生委负责组织全国涉及人的生物医学研究伦理审查工作的检查、督导;国家中医药管理局负责组织全国中医药研究伦理审查工作的检查、督导。

县级以上地方卫生计生行政部门应当加强对本行政区域涉及人的生物医学研究伦理审查工作的日常监督管理。主要监督检查以下内容:

(一)医疗卫生机构是否按照要求设立伦理委员会,并进行备案;

(二)伦理委员会是否建立伦理审查制度;

(三)伦理审查内容和程序是否符合要求;

(四)审查的研究项目是否如实在我国医学研究登记备案信息

系统进行登记；

（五）伦理审查结果执行情况；

（六）伦理审查文档管理情况；

（七）伦理委员会委员的伦理培训、学习情况；

（八）对国家和省级医学伦理专家委员会提出的改进意见或者建议是否落实；

（九）其他需要监督检查的相关内容。

第四十一条 国家医学伦理专家委员会应当对省级医学伦理专家委员会的工作进行指导、检查和评估。

省级医学伦理专家委员会应当对本行政区域内医疗卫生机构的伦理委员会进行检查和评估，重点对伦理委员会的组成、规章制度及审查程序的规范性、审查过程的独立性、审查结果的可靠性、项目管理的有效性等内容进行评估，并对发现的问题提出改进意见或者建议。

第四十二条 医疗卫生机构应当加强对本机构设立的伦理委员会开展的涉及人的生物医学研究伦理审查工作的日常管理，定期评估伦理委员会工作质量，对发现的问题及时提出改进意见或者建议，根据需要调整伦理委员会委员等。

第四十三条 医疗卫生机构应当督促本机构的伦理委员会落实县级以上卫生计生行政部门提出的整改意见；伦理委员会未在规定期限内完成整改或者拒绝整改，违规情节严重或者造成严重后果的，其所在医疗卫生机构应当撤销伦理委员会主任委员资格，追究相关人员责任。

第四十四条 任何单位或者个人均有权举报涉及人的生物医学研究中存在的违规或者不端行为。

第六章　法 律 责 任

第四十五条 医疗卫生机构未按照规定设立伦理委员会擅自开展涉及人的生物医学研究的，由县级以上地方卫生计生行政部门责令限期整改;逾期不改的,由县级以上地方卫生计生行政部门予以警告,并可处以3万元以下罚款;对机构主要负责人和其他责任人员,依法给予处分。

第四十六条 医疗卫生机构及其伦理委员会违反本办法规定,有下列情形之一的,由县级以上地方卫生计生行政部门责令限期整改,并可根据情节轻重给予通报批评、警告;对机构主要负责人和其他责任人员,依法给予处分:

(一)伦理委员会组成、委员资质不符合要求的;

(二)未建立伦理审查工作制度或者操作规程的;

(三)未按照伦理审查原则和相关规章制度进行审查的;

(四)泄露研究项目方案、受试者个人信息以及委员审查意见的;

(五)未按照规定进行备案的;

(六)其他违反本办法规定的情形。

第四十七条 项目研究者违反本办法规定,有下列情形之一的,由县级以上地方卫生计生行政部门责令限期整改,并可根据情节轻重给予通报批评、警告;对主要负责人和其他责任人员,依法给予处分:

(一)研究项目或者研究方案未获得伦理委员会审查批准擅自开展项目研究工作的;

(二)研究过程中发生严重不良反应或者严重不良事件未及时报告伦理委员会的;

(三)违反知情同意相关规定开展项目研究的;

(四)其他违反本办法规定的情形。

第四十八条 医疗卫生机构、项目研究者在开展涉及人的生物医学研究工作中,违反《执业医师法》、《医疗机构管理条例》等法律法规相关规定的,由县级以上地方卫生计生行政部门依法进行处理。

第四十九条 违反本办法规定的机构和个人,给他人人身、财产造成损害的,应当依法承担民事责任;构成犯罪的,依法追究刑事责任。

第七章 附 则

第五十条 本办法自 2016 年 12 月 1 日起施行。本办法发布前，从事涉及人的生物医学研究的医疗卫生机构已设立伦理委员会的，应当自本办法发布之日起 3 个月内向本机构的执业登记机关备案，并在医学研究登记备案信息系统登记。

司法解释

最高人民检察院关于加强未成年人检察工作专业化建设的意见

（2016 年 3 月 25 日　高检发未检字〔2016〕1 号）

各省、自治区、直辖市人民检察院，新疆生产建设兵团人民检察院：

我国有 3 亿多未成年人，加强对未成年人的司法保护，关系到未成年人的健康成长，也关系到国家和民族的长远发展，既是全社会的共同责任，也是检察机关的重要职责。实现未成年人检察专业化，是做好未成年人检察工作的前提和基础。为此，现就加强未成年人检察工作专业化建设提出如下意见：

一、充分认识未成年人检察工作专业化建设的重要意义

未成年人检察工作具有特殊性，在职责任务、内在规律、司法理念、评价标准等方面都与成人司法有显著的区别，是独立的检察业务类别。未成年人检察不以实现惩罚为首要目的，而以保护未成年人权益、预防再犯、帮教未成年人为出发点、着力点和落脚点，除司法办案和诉讼监督职能外，还承担着帮扶教育、预防犯罪等社会职能。未成年人检察不以定罪量刑和定分止争为最终目标，而是以案件事实为切入点，探究未成年人问题产生的原因，采取必要的干预手段，改善未成年人的心理状况、家庭教养和社会环境，帮助陷入困境的未成年人重回正常轨道，呵护其健康成长。未成年人检察部门实行“捕、诉、监、防”一体化工作模式，是检察机关其他内设部门都不能涵盖的。实践证明，未成年人检察专业化建设比较扎实，专门机构、专门人员比较充实的地方，未成年人检察工作的成效就比较突出。

我国未成年人检察工作经过30年发展,专业化建设已取得长足进步。但同时必须认识到,目前全国只有900多个独立的未成年人检察专门机构,很多地方专人不专,全国有半数以上的省级人民检察院还没有设置专门的未成年人检察机构,专业化建设仍然任重而道远。尤其是近年来,一些地方检察机关对未成年人检察工作的重要性、特殊性认识不够,按照成人司法的标准来衡量未成年人检察工作,导致在司法责任制改革中"一刀切"地将未成年人检察部门并入其他部门,或者没有为未成年人检察部门配置单独的检察官员额,削弱了未成年人检察专业力量。专业性不足已经成为制约未成年人检察工作发展的突出问题之一。各级人民检察院对此要高度重视,进一步提高对未成年人检察工作重要性、特殊性的认识,妥善处理好司法责任制改革与未成年人检察专业化建设的关系,抓住改革的有利契机,认真加以解决。

二、准确把握未成年人检察工作专业化建设的路径方法

为加强未成年人检察专业化建设,各级人民检察院要切实做好以下五个方面工作:

一要努力推动未成年人检察专门机构建设。各级检察机关在推进司法责任制改革中,无论机构怎样整合,一定要保证未成年人检察专门办案力量,不得将已经设立的未成年人检察机构并入到其他部门中。要认真执行《人民检察院办理未成年人刑事案件的规定》和《最高人民检察院关于进一步加强未成年人刑事检察工作的决定》要求,推动省级、地市级人民检察院和未成年人案件较多的基层人民检察院设立独立的未成年人检察机构。案件数量少的地方,地市级人民检察院可以指定一个基层人民检察院设立独立机构,集中管辖,统一办理辖区范围内的未成年人案件。为充分发挥省级人民检察院承上启下、统筹指导作用,促进未成年人检察工作整体进展,各省级人民检察院在2016年年底前都要成立独立的未成年人检察专门机构。

二要按照精简、统一、效能原则,规范未成年人检察专门机构的职能。要整合检察机关未成年人保护职能，统一由未成年人检察专门机构行使，实行“捕、诉、监、防”一体化工作模式，以实现对未成年人全程、全面、有效的司法保护。各级人民检察院未成年人检察专门机构的职责范围应当做到上下对应，横向统一，在办理未成年人犯罪案件、侵害未成年人人身权利犯罪案件以及相关立案监督、侦查活动监督和审判监督案件的基础上，探索开展涉及未成年人的刑事执行监督和民事、行政诉讼监督。

*三要建立科学的未成年人检察专门评价机制。*要改变完全以侦查监督、公诉业务标准甚至单纯以办案数量来评价未成年人检察工作的做法，建立符合未成年人检察规律和特点，涵盖未成年人检察各项职能，体现未成年人权益保护、教育感化、犯罪预防成效的工作评价机制，更好地引导未成年人检察工作科学、健康发展。要立足未成年人检察的特殊性，建立未成年人检察条线检察官业绩评价体系，不仅要考查办案数量和质量，还要评价办理的每一个案件落实特殊程序及教育矫治、帮扶工作情况，激励、提升未成年人检察条线检察官工作积极性和责任感，促使他们依法充分履行职责。

*四要合理设置未成年人检察专门机构检察官员额比例和权力清单。*要改变简单以受案数量为基准确定员额比例的做法，根据未成年人检察机构受案范围和业务范围扩大的实际情况，立足未成年人检察工作特殊性，科学核算实际工作量，合理设置检察官员额比例，留住业务骨干，保持未成年人检察队伍相对稳定性。要建立符合未成年人检察工作规律，有利于贯彻特殊刑事政策和法律规定的检察官权力清单。同一个案件的捕、诉、监督、预防工作应当由一个检察官或者检察官办案组负责，以提高帮教、保护的效果，但同时也要研究健全监督管理机制，适当限权，以加强监督制约。

*五要加强未成年人检察专业化队伍的培养。*要选择认同未成年人检察司法理念，具备过硬办案能力和帮教、沟通能力的检察官从事未成年人检察工作。要分级、分类实施未成年人检察全员业务培训，积极开展多种形式的岗位练兵，推动以司法保护能力为核心的未成年人检察能力建设。积极培养未成年人检察专家型人才，选

拔、储备和使用优秀高端人才，增加评选未成年人检察业务类别的检察业务专家，发挥引领示范作用。要与专家学者、研究机构、高等院校建立合作机制，加强未成年人检察理论研究，以成熟的理论指导未成年人检察工作。

三、切实加强未成年人检察工作专业化建设的组织领导

一要把未成年人检察专业化建设作为司法责任制改革的重要内容统筹把握。各级人民检察院要严格落实高检院《关于完善人民检察院司法责任制的若干意见》等文件的要求，坚持遵循司法规律，符合检察职业特点，认真研究论证，科学规划设计，确保在促进机构扁平化管理过程中加强专业化建设，以建立独立的未成年人检察业务类别为目标，进一步加强未成年人检察专门机构、专业力量建设，建立科学的未成年人检察工作评价体系，推动未成年人检察工作不断发展。

二要认真做好组织协调和请示汇报工作。各级人民检察院尤其是省级人民检察院政治部和负责未成年人检察工作的业务部门要结合本意见的要求，共同对本地未成年人检察专业化建设情况进行分析，查找问题和不足，提出解决意见和办法，向院党组作出专题汇报。各级院党组要针对本地实际情况，研究制定加强未成年人检察专业化建设的得力措施，统筹协调本院有关部门，积极推动这项工作。检察长要亲自向党委、政府做好汇报、协调工作，在机构、人员编制上争取支持。

三要抓好督促落实。各省级人民检察院要及时掌握本意见的贯彻落实情况，做好督促检查和指导，及时上报有关工作信息，并在2016 年6 月底前向高检院政治部上报整体进展情况。下级院检察长向上级院述职，特别是省级人民检察院检察长向高检院述职时，要把未成年人检察专业化建设情况作为报告内容之一。

最高人民法院关于依法审理和执行民事商事案件保障民间投资健康发展的通知

（2016年9月2日　法〔2016〕334号）

各省、自治区、直辖市高级人民法院，解放军军事法院，新疆维吾尔自治区高级人民法院生产建设兵团分院：

公有制经济和非公有制经济都是社会主义市场经济的重要组成部分，都是我国经济社会发展的重要基础。促进民间投资健康发展，既利当前又惠长远，对稳增长、保就业具有重要意义，也是推进供给侧结构性改革的重要内容。各级人民法院要牢固树立为大局服务、为人民司法的意识，深刻认识开展好当前形势下涉民间投资民事商事审判工作的重要意义。为切实抓好涉民间投资民事商事审判工作，根据相关法律和国家政策规定，现就司法实践中应当注意的问题通知如下：

一、积极贯彻落实中央精神，依法保障民间投资健康发展

非公有制经济是稳定经济的重要基础，是国家税收的重要来源，是技术创新的重要主体，是金融发展的重要依托，是经济持续健康发展的重要力量。党的十八届三中、四中、五中全会对完善产权保护制度、平等保护各种所有制经济提出了明确要求。习近平总书记强调，国家保护各种所有制经济产权和合法利益，坚持权利平等、机会平等、规则平等，激发非公有制经济活力和创造力。依法平等保护非公有制经济，促进民间投资健康发展，是推进供给侧结构性改革的重要内容。各级人民法院要深入贯彻落实中央精神，充分发挥民事商事审判职能作用，坚持保护产权、契约自由、平等保护、权利义务责任相统一、诚实守信、程序公正与实体公正相统一六大原则，依法化解民间投资中的各类矛盾纠纷，保障民间投资健康发展，服务“创新、协调、绿色、开放、共享”五大发展。

二、统一严格执法，依法平等保护非公有制经济

法律面前人人平等是我国宪法确立的基本原则。各级人民法院审理民事商事案件时，要依法平等保护非公有制经济的合法权益，坚持各类市场主体的诉讼地位平等、法律适用平等、法律责任平等，为各种所有制经济提供平等司法保障。坚持诉讼地位平等，公有制经济主体与非公有制经济主体享有相同的诉讼权利，承担相同的诉讼义务。坚持法律适用平等，公有制经济主体与非公有制经济主体适用相同的交易规则，平等使用生产要素、公平参与市场竞争。坚持法律责任平等，公有制经济主体和非公有制经济主体都必须遵守法律，违反法律应依法承担法律责任。

三、依法妥善审理合同纠纷案件，保护合法交易

及时审理与民间投资相关的买卖、借款、建筑、加工承揽等合同纠纷案件，正确划分当事人合同责任，保护各类投资主体的合法权利。正确处理意思自治与行政审批的关系，对法律、行政法规规定应当办理批准、登记等手续生效的合同，应当根据《最高人民法院关于适用〈中华人民共和国合同法〉若干问题的解释(一)》，尽量促使合同合法有效。要正确理解、识别和适用合同法第五十二条第(五)项中的“违反法律、行政法规的强制性规定”，注意区分效力性强制规定和管理性强制规定，严格限制认定无效的范围。当事人一方要求解除合同的，应当严格依照合同法第九十三条、第九十四条，审查合同是否具备解除条件，防止不诚信一方当事人通过解除合同逃避债务。

四、依法妥善审理权益纠纷案件，保护合法投资利益

充分发挥民事商事审判职能，理顺产权关系，既要依法保护公有制经济，有效防止国有资产流失，也要防止超越法律规定和合同约定，不当损害非公有制经济主体的正当权利。对产权有争议的挂靠企业，要在认真查明投资事实的基础上明确所有权，防止非法侵占非公有制经济主体财产。严格按照有关法律、法规和政策，审理企业改制纠纷案件，准确界定产权关系，保护非公有制经济主体的合法权益。妥善审理涉及境外投资案件，保障非公有制经济主体实施“走出去”战略，扩大对外投资。严格按照《最高人民法院关于适用〈中华人民共和国公司法〉若干问题的规定(三)》，妥善审理各类股东资格纠纷案件，依法维护实际出资的非公有制经济股东的合法权益。依法审理股东的知情权、利润分配请求权、请求确认董事会、股东会或者股东大会决议无效或撤销董事会、股东会或者股东大会决议等纠纷案件，维护各类投资主体的股东权益。通过股权转让纠纷案件的审理，畅通股权转让渠道，依法保障各类投资主体退出公司的权利。在审理公司债权人请求公司偿还债务的纠纷案件时，依法区分公司财产与股东个人财产、家庭共有财产，正确认定公司的责任财产，防止在没有法律依据的情况下将股东个人财产和家庭共有财产用于偿还公司债务，切实维护非公有制经济股东的合法权益。

五、依法妥善审理知识产权案件，加大知识产权保护力度

充分运用知识产权司法保护手段，加大对各种侵犯知识产权行为的惩治力度。妥善审理技术改造升级过程中引发的技术开发、技术转让、技术咨询和技术服务合同纠纷案件，鼓励非公有制经济主体通过技术进步和科技创新实现产业升级，提升核心竞争力。及时受理反不正当竞争纠纷案件，依法制裁各种形式的不正当竞争行为，保障非公有制经济主体平等地参与市场竞争。加强反垄断案件的审理，依法制止占有市场支配地位的垄断者滥用垄断地位，严格追究违法垄断行为的法律责任，为各种所有制经济主体提供竞争高效公平的市场环境。

六、依法妥善审理融资纠纷案件，缓解融资难、融资贵问题

依法审理涉及非公有制经济主体的金融借款、融资租赁、民间借贷等案件，依法支持非公有制经济主体多渠道融资。根据物权法定原则的最新发展，正确认定新型担保合同的法律效力，助力提升非公有制经济主体的融资担保能力。正确理解和适用《最高人民法院关于审理民间借贷案件适用法律若干问题的规定》，在统一规范的金融体制改革范围内，依法保护民间金融创新，促进民间资本的市场化有序流动，缓解中小微企业融资困难的问题。严格执行借贷利率的司法保护标准，对商业银行、典当公司、小额贷款公司等以利息以外的不合理收费变相收取的高息不予支持。要区分正常的借贷行为与利用借贷资金从事违法犯罪的行为，既要依法打击和处理非法集资犯罪，又要保护合法的借贷行为，依法维护合同当事人的合法权益。在案件审理过程中，发现有高利率导致的洗钱、暴力追债、恶意追债等犯罪嫌疑的，要及时将相关材料移交公安机关，推动形成合法有序的民间借贷市场。

七、依法妥善审理劳动纠纷案件，降低企业用工成本

继续坚持依法保障劳动者合法权益与企业生存发展并重的理念，坚持保护劳动者权益和企业生存发展的有机统一，努力找准利益平衡点，把保护劳动者眼前利益、现实利益同保护劳动者长远利益、根本利益结合起来。要根据企业能否适应市场需要的具体情况，有针对性地开展好劳动争议案件的审理，优化劳动力要素配置。对暂时存在资金困难但有发展潜力的企业，特别是中小微企业，尽量通过和解、调解等方式，鼓励劳动者与企业共渡难关；对因产能过剩被倒逼退出市场的企业，要防止用人单位对劳动者权益的恶意侵害，加大审判和财产保全、先予执行力度，最大限度保护劳动者权益；对地区、行业影响较大的产业结构调整，要提前制定劳动争议处置预案，形成多层次、全方位的协同联动机制和纠纷化解合力。要保护企业的各种合法用工形式，平衡劳动者和企业之间的利益，降低企业用工成本，提高企业的产业竞争力。要依法保护劳动者创业权利，注重引导劳动者转变就业观念，促进形成以创业带就业的新机制。

八、依法审慎采取强制措施，保护企业正常生产经营

平等对待各种所有制经济主体，不因申请执行人和被执行人的所有制性质不同而在执行力度、执行标准上有所不同，公正高效地保护守信方当事人的合法权益。要以执行工作信息化建设为依托，逐步实现执行信息查询和共享，力求破解被执行人难找、被执行财产难查问题。在采取财产保全和查封、扣押、冻结、拘留等强制执行措施时，要注意考量非公有制经济主体规模相对较小、抗风险能力相对较低的客观实际，对因宏观经济形势变化、产业政策调整所引起的涉诉纠纷或者因生产经营出现暂时性困难无法及时履行债务的被执行人，严格把握财产保全、证据保全的适用条件，依法慎用拘留、查封、冻结等强制措施，尽量减少对企业正常生产经营活动可能造成的不当影响，维持非公有制经济主体的经营稳定。确需采取查封、扣押、冻结等强制措施的，要严格按照法定程序进行，尽可能为企业预留必要的流动资产和往来账户，最大限度降低对企业正常生产经营活动的不利影响。

关于印发《关于全面履行检察职能为推进健康中国建设提供有力司法保障的意见》的通知

（最高人民检察院　2016年9月29日）

各省、自治区、直辖市人民检察院，军事检察院，新疆生产建设兵团人民检察院：

现将《关于全面履行检察职能为推进健康中国建设提供有力司法保障的意见》印发给你们，请结合实际贯彻执行。

关于全面履行检察职能为推进健康中国建设提供有力司法保障的意见

党和国家历来高度重视人民健康，党的十八届五中全会提出推进健康中国建设。习近平总书记在全国卫生与健康大会上发表重要讲话，从实现“两个一百年”奋斗目标、实现中华民族伟大复兴中国梦的战略高度，深刻阐述了建设健康中国的大政方针、总体要求、目标任务，为党和国家卫生与健康事业长远发展指明了方向，提供了基本遵循。全国各级检察机关要深入学习贯彻这次大会特别是习近平总书记重要讲话精神，深刻认识推进健康中国建设的重大意义，始终坚持以人民为中心，把人民健康放在突出位置，立足检察职能，全面加强检察工作，努力为推进健康中国建设提供有力司法保障。

一、充分认识健康中国建设的重大意义，切实增强检察机关为推进健康中国建设提供司法保障的责任感和使命感

1. 深刻认识健康中国建设在全面建成小康社会进程中的重要地位和作用。各级检察机关要深刻认识推进健康中国建设是我们党立党为公、执政为民，着眼于全面建成小康社会，实现社会主义现代化和中华民族伟大复兴"五位一体"总体布局的重要举措和重大战略任务，把思想和行动统一到党中央决策部署上来，找准检察机关服务、保障和促进健康中国建设的工作定位和切入点，善于运用法治思维和法治方式，把党中央关于卫生与健康事业的各项部署要求落实到检察工作中。

2. 充分发挥检察职能，依法保障和促进健康中国建设。各级检察机关要树立大卫生、大健康理念，围绕服务中心和大局，积极应对健康中国建设对检察工作带来的新机遇和新挑战，及时回应人民群众对健康中国建设的新期待、新要求，综合发挥惩治、预防、监督、教育、保护等检察职能，依法维护人民群众身体健康和生命安全，保障卫生与健康事业发展环境，促进健康中国建设顺利进行。

二、依法惩治食品药品领域犯罪，维护人民群众身体健康和生命安全

3. 依法惩治危害食品安全犯罪，保障人民群众"舌尖上的安全"。深入贯彻新修订的食品安全法，依法惩治制售含有严重超标致病性微生物、农药兽药残留、生物毒素、重金属等污染物质的食品，病死或者死因不明的禽、畜、兽、水产动物肉类及其制品，国家为防病等特殊需要明令禁止生产经营的食品，以及超范围、超限量滥用食品添加剂、农药兽药等生产、销售不符合安全标准食品的犯罪；

依法惩治使用有毒、有害的非食品原料加工食品，使用禁用农药兽药种植、养殖食用农产品，在食品中非法添加国家禁用药物等生产、销售有毒、有害食品的犯罪；依法惩治制售不符合安全标准的食品添加剂、食品相关产品，制售国家禁用的非食品原料、农药兽药以及私屠滥宰等生产、销售伪劣产品、非法经营的犯罪。重点打击、从严惩处危害食品安全犯罪活动比较集中的“黑作坊”“黑工厂”“黑市场”“黑窝点”，长期以来高发多发的涉及“地沟油”“瘦肉精”“病死猪”“毒奶粉”等严重危害食品安全的犯罪，以及走私冷冻肉品、利用互联网实施危害食品安全的犯罪。强化对食品生产、加工、销售、运输、贮存等各个环节犯罪的打击力度，着力切断犯罪利益链条，始终保持对危害食品安全犯罪的高压严打态势。

4. 依法惩治危害药品安全犯罪，促进解决医药领域乱象。依法惩治生产、销售假药劣药，生产、销售不符合标准的医用器材等犯罪。重点打击、从严惩处具有以孕产妇、婴幼儿、儿童或者危重病人为主要使用对象，属于疫苗、血液制品、急救药品、注射剂药品，在自然灾害、事故灾难、公共卫生事件、社会安全事件等突发事件期间制售假药劣药，以及医疗机构及其工作人员明知是假药劣药而有偿提供给他人使用等恶劣情节的危害药品安全犯罪。严肃查处药物临床试验数据造假涉及的相关犯罪。严肃查办药品流通领域的商业贿赂、虚开发票、洗钱、非法经营等经济犯罪。办案中要严格落实罪刑法定原则，贯彻宽严相济刑事政策，对于销售少量根据民间传统配方私自加工的药品，或者销售少量未经批准进口的国外、境外药品，没有造成他人伤害后果或者延误诊治的行为，以及病患者实施的不以营利为目的带有自救、互助性质的制售药品行为，不作为犯罪处理。对于认定罪与非罪争议较大的案件，及时向上级检察机关请示报告。

5. 依法惩治损害人民群众生命健康的其他犯罪，确保人民群众生活安全、放心。依法惩治打着健康健身招牌严重危害人民群众健康的犯罪，以及相关的诈骗、虚假广告、非法集资、组织传销等犯罪。加强对妇女、儿童、老年人、残疾人、流动人口、低收入人群等重点人群生命健康安全的司法保护力度。继续加大对毒品犯罪特别是走私、制造毒品、大宗贩卖毒品等源头性毒品犯罪,以及职业毒犯、累犯、毒品再犯等人身危险性大的毒品犯罪分子的打击力度。从严打击引诱、教唆、欺骗或者强迫未成年人吸食、注射毒品,以及组织利用未成年人、孕妇走私、贩卖、运输毒品的犯罪,教育群众特别是青少年远离毒品。

三、依法惩治破坏生态环境等犯罪,打造绿色安全健康环境

6. 依法惩治破坏环境资源和危害生态安全的犯罪,守护好绿水青山。依法惩治偷排偷放有毒有害污染物、非法排放严重超标污染物、篡改伪造环境监测数据、无证为他人处置危险废物、故意提供虚假环境影响评价意见等环境污染犯罪;妨害国境卫生检疫、妨害动植物防疫检疫等危害生态安全犯罪。从严惩处在医院、学校、居民区等人口集中地区以及饮用水水源保护区、沙漠、滩涂、盐碱地、沼泽地等非法排放有毒有害污染物的犯罪;在重污染天气预警期间、突发环境事件期间、限期整改期间恶意排放超标污染物的犯罪;重点排污单位篡改伪造环境监测数据、干扰环境监测设施,致使监测数据严重失真的犯罪;非法采矿采砂破坏航道交通、影响河势稳定、危害防洪安全的犯罪,以及具有阻挠环境保护等行政主管部门监督检查、擅自闲置拆除污染防治设施、非法排放有毒有害污染物危害公共安全等恶劣情形的犯罪。办案中应当贯彻恢复性司法理念,根据案件情况可以要求行为人修复环境、赔偿损失,降低环境污染的损害程度。行为人主动采取补救措施,消除污染,积极赔偿,防止损失扩大的,依法从宽处理。

7. 依法惩治危害生产安全、公共安全等犯罪,努力减少公共安全事件对人民生命健康的威胁。依法惩治重大责任事故、强令违章冒险作业、重大劳动安全事故,不报、谎报安全事故等危害生产安全犯罪。从严惩处具有故意阻挠开展事故抢救、遗弃事故受害人等恶劣情节的犯罪,切实保障职工生命健康。依法惩治追逐竞驶、醉酒驾车、超员超速、交通肇事等危害道路交通安全的犯罪,着力构筑公共安全的司法保护屏障。

四、加大对涉医犯罪的打击力度,保障正常医疗秩序和医务人员人身安全

8. 依法惩治扰乱医疗机构正常秩序的犯罪,为创建“平安医院”提供司法保障。依法惩治聚众打砸、任意损毁占用医疗机构财物,在医疗机构起哄闹事,致使医疗无法进行的犯罪;依法惩治在医疗机构私设灵堂、违规停尸、摆放花圈、焚烧纸钱、悬挂横幅、封堵大门、阻塞交通,严重扰乱公共场所秩序的犯罪;非法携带枪支、弹药、管制器具或者爆炸性、放射性、毒害性、腐蚀性物品进入医疗机构危及公共安全的犯罪;非法行医、非法采供血液、妨害传染病防治等严重扰乱医疗秩序的犯罪。重点打击、从严惩处在医疗机构进行寻衅滋事、敲诈勒索、扰乱医疗秩序等犯罪行为的职业“医闹”,专门捏造、寻找、介入他人医患矛盾,故意扩大事态,挑动、教唆他人实施违法犯罪的首要分子和积极参加者,从事非法行医、组织出卖人体器官、非法采供血液违法犯罪活动的游医、假医、“黑诊所”“血头”,以及具有幕后组织、网络策划、涉黑涉恶、内外勾结等恶劣情节的犯罪分子或者团伙。对上述重点打击对象,应当依法提出从严处理、不适用缓刑、适用禁止令等量刑建议。

9. 依法惩治侵害医务人员合法权益的犯罪,维护医务人员的执业安全。加强与卫生计生委、公安等部门的协作配合,深入开展严厉打击涉医违法犯罪专项行动,坚决从严查处涉医突发案件,维护正常医疗秩序,保护医务人员安全。正确区分医疗纠纷与医疗事故、医疗事故罪与非罪界限,依法维护医患双方合法权益与社会和谐稳定,保障医疗服务环境。依法惩治故意伤害、杀害医务人员,公然侮辱或者捏造事实诽谤、诬告陷害医务人员,以及在医疗机构内殴打、追逐、拦截、辱骂、恐吓医务人员或者非法限制医务人员人身自由的犯罪。从严惩处无端猜疑、蓄意发泄,手段残忍、情节恶劣的犯罪;以不特定的医务人员、就诊患者为侮辱、威胁、殴打、伤害、杀害对象,危害医疗场所公共安全的犯罪;利用互联网等媒体恶意炒作,侮辱、诽谤、诬告陷害医务人员,挑拨医患矛盾,引发涉医突发案件、群体性事件或者造成恶劣社会影响的犯罪。

五、积极发挥查办和预防职务犯罪职能，为健康中国建设营造风清气正的环境

10. 依法查办医疗、医保、医药和食品等重点领域的贪污贿赂犯罪。突出查办药品、医疗设备采购活动中，医疗机构及工作人员索取、收受销售方财物，为他人谋取利益的犯罪；残疾人公益事业、健康养老服务、健康扶贫工程、医疗保险特别是新型农村合作医疗领域的职务犯罪；贪污、挪用医疗救助补助资金、防疫资金等特定款物的犯罪；发生在贫困地区青少年营养餐或营养包行动中的贪污、挪用犯罪；医药卫生、食药安全、安全生产等领域，为谋取不正当利益或者寻求庇护，拉拢腐蚀围猎国家工作人员，大搞利益输送，情节严重、性质恶劣的行贿犯罪。

11. 依法查办食品药品安全、环境资源保护、安全生产等领域的失职渎职犯罪。突出查办人民群众反映强烈、危害后果严重、社会影响恶劣的危害食品药品安全和破坏环境资源等恶性事件背后的滥用职权、玩忽职守、徇私舞弊等犯罪；医保管理和支付结算、医疗设备和医药产品招标、采购等领域审批、监管环节发生的失职渎职犯罪；以罚代刑，对依法应当移交司法机关处理的危害食品药品安全和破坏环境资源犯罪案件不移交，帮助犯罪分子逃避处罚的犯罪；徇私舞弊，伪造食品检验结果及动植物检疫结果，或者严重不负责任，对应当检验检疫的不检验检疫以及延误出证、错误出证的犯罪；重点生态功能区建设、山水林田湖生态保护修复工程等环节不作为、乱作为，环评和治理工作中失职渎职，以及突破生态保护红线、主体功能区定位、城镇开发边界，违反城乡土地利用、生态环境保护规划等规定的职务犯罪。积极参与安全生产专项治理，完善同步介入生产安全责任事故调查和处理机制，严肃查办安全责任事故所涉职务犯罪，最大程度减少公共安全事件对人民群众生活和生命健康的不利影响。

12. 加强协作配合，切实做好相关职务犯罪预防工作。要加强与食品药品、卫生、环境资源、安全生产、动植物检验检疫、公安等监管执法部门的工作联系和协作配合，加强案例剖析，认真排查相关领域职务犯罪风险点,通过检察建议督促相关单位纠正改进,努力将各类风险隐患消除在萌芽阶段。通过举办展览、讲座、开展预防咨询等形式,对相关监管执法部门和医疗、医保等行业工作人员进行法治宣传和警示教育,筑牢防范犯罪的思想防线,提高防腐拒变的能力。深入查摆食品药品安全、环境资源保护、安全生产监管等机制体制的漏洞和问题,从完善制度、严格管理、加强监督等方面,形成高质量的预防专题调查报告,促进行业监管部门细化职责分工、堵塞监管漏洞和解决监管空白、边界不清等问题。研究提出完善食品安全法、药品管理法、环境保护法等实施的配套法规规章和规范性文件的建议,为建立科学完善的食品药品安全、环境治理体系建言献策。

六、立足检察职能,促进健康中国法治环境建设

13. 加强批捕、起诉工作,确保依法、准确、及时、有效打击犯罪。对于严重危害食品药品安全、破坏环境资源、扰乱医疗场所秩序等破坏健康中国建设、损害广大人民群众生命健康的犯罪,要实行挂牌督办,及时介入侦查引导取证。要全面审查案件证据,在依法查明犯罪事实的基础上,对于符合逮捕、起诉条件的,依法从严从快批捕、起诉,体现打击力度,确保办案质量。

14. 强化刑事诉讼监督,促进公正司法。继续深化破坏环境资源和危害食品药品安全犯罪专项立案监督活动,积极配合行政执法机关、公安机关对辖区内污染水域、排污企业、基本功能丧失的耕地、制售假药劣药的高发区域、生产销售不合格食品的作坊等进行拉网式排查,形成打击合力。依法监督行政执法机关移送、公安机关立案侦查破坏环境资源和危害食品药品安全涉嫌犯罪的案件,营造依法严惩犯罪的执法氛围。会同相关行政执法机关、公安机关建立行政执法与刑事司法衔接的长效机制,推进执法司法信息共享平台建设,提升打击犯罪的能力和水平。加强侦查活动监督,促进解决侦查质量不高,收集证据不合法以及适用强制措施、查封扣押冻结款物不当等问题,保证查处犯罪的合法性、有效性。加强刑事审判监督,对于认定事实或者适用法律错误、量刑畸轻畸重、严重违反法定诉讼程序可能影响公正裁判的案件,依法提出抗诉。加强刑事执行监督,强化对刑罚执行、刑事强制措施执行和强制医疗执行的监督,切实维护司法公正,维护社会和谐稳定。

15. 依法办理环境、医疗、食品药品等领域民事行政诉讼监督案件,维护健康中国法治秩序。依法办理环境污染民事行政诉讼监督案件,正确行使调查核实权,准确把握事实认定和法律适用标准,符合法定条件的案件,依法提出抗诉或者再审检察建议;依法办理医疗损害责任民事行政诉讼监督案件,准确理解和适用侵权责任法关于医疗损害责任的专门规定,化解医患矛盾,促进医疗纠纷依法妥善解决;依法办理食品药品、医疗器械等产品责任民事行政诉讼监督案件,正确把握缺陷产品、因果关系等认定标准,促进司法统一规范。办理案件中,要积极借鉴医疗纠纷专业化管理解决机制,借助专业力量化解社会矛盾。充分发挥行政检察职能,加强对环境、卫生、食品药品领域行政违法行为的法律监督。

16. 积极稳妥开展民事行政公益诉讼试点工作,着力营造绿色安全的健康环境。要重点关注生态环境和资源保护、食品药品安全等领域造成国家和社会公共利益严重侵害的案件;生态环境和资源保护领域负有监督管理职责的行政机关违法行使职权或者不作为,致使国家和社会公共利益受到严重侵害的案件。要充分运用调查核实权,切实发挥鉴定机构和专家辅助人的作用,查清违法行为、损害后果及其因果关系。要充分利用诉前程序,依法科学运用检察建议、支持起诉、公益诉讼等监督方式,促使行政机关纠正违法行为或者依法正确履行职责。要实现行政公益诉讼与民事公益诉讼的有效衔接,增强监督实效,使违法者承担相应的行政责任和民事责任。

17. 全面发挥检察职能,促进健康产业创新发展。依法惩治医药、医疗器械、医疗服务等健康产业领域的侵犯财产和侵犯知识产权犯罪,加大对自主知识产权、关键核心技术和科研成果转化的保护力度。强化对涉及健康养老产业、健康旅游产业、智慧健康产业、健身休闲运动产业、健康食品产业领域相关案件的法律监督,维护有关单位和从业人员的合法权益。认真听取来自健康产业领域对检察工作的意见和建议，努力为健康产业创新发展提供更好的法律服务。

七、加强组织领导，将健康中国建设的司法保障落到实处

18. 加强组织领导。各级检察机关要把为推进健康中国建设提供有力司法保障作为当前的一项重要任务，切实加强领导，强化措施，严格责任，狠抓落实。利用检察一体化工作机制的优势，统筹办案力量，排除干扰阻力，突出查办大案要案和窝案串案，打好整体战。侦查监督、公诉、民事行政检察等部门在行使职能中发现职务犯罪线索的，要及时向职务犯罪侦查部门移送，形成打击犯罪合力。积极参与健康中国建设相关领域的社会治安综合治理，主动争取和依靠当地党委、人大、政府的领导、监督和支持，与行政执法机关、公安机关和人民法院加强联系与协作配合，努力解决办案中遇到的困难和问题，创造良好的办案环境。

19. 加强业务指导。最高人民检察院和省级检察机关对有重大影响的案件实行挂牌督办，要加强对办案工作的统筹和指导，及时分析犯罪规律，总结办案经验，帮助下级检察机关解决办案中的困难和问题；地市级检察机关要充分发挥办案龙头作用，带头查办大案要案，进一步加强对办案工作的组织指挥；基层检察机关要充分发挥办案主体作用，进一步增强办理相关案件的能力和水平。下级检察机关对于办案中遇到的困难和问题要及时向上级检察机关请示报告，必要时层报最高人民检察院；最高人民检察院应当加强法律政策研究和案件指导工作。

20. 加强普法宣传。落实"谁执法谁普法"的普法责任制，认真实行检察官以案释法制度，结合人民群众关注的典型案例，向社会公众释法说理，及时回应社会关切。充分利用检察机关宣传主阵地、"两微一端"、微电影、微视频等媒体平台，加强与主流媒体、重点商业媒体和自媒体的联系协作，广泛宣传党和国家关于健康中国建设的理念和方针政策，宣传检察机关服务和保障健康中国建设的重大举措和成果，引导广大人民群众尊法、学法、守法、用法，积极营造推进健康中国建设的法治环境和氛围。

附：

2016年10月份报国务院备案的地方性法规和地方政府规章目录

地方性法规

天津市

天津市人大常委会关于修改《天津市地方性法规制定条例》的决定
（2016年9月28日）

山西省

山西省通信设施建设与保护条例
（2016年9月30日）
山西省实施《中华人民共和国老年人权益保障法》办法（修订）
（2016年9月30日）

上海市

上海市街道办事处条例（修订）
（2016年9月14日）
上海市统计条例
（2016年9月14日）
上海市华侨权益保护条例
（2016年9月14日）

浙江省

杭州市禁止销售燃放烟花爆竹管理规定
（2016年8月4日）
浙江省工会劳动法律监督条例
（2016年9月29日）
浙江省人大常委会关于修改《浙江省统计工作监督管理条例》等四件地方性法规的决定
（2016年9月29日）
杭州市大气污染防治规定
（2016年8月4日）
台州市城市市容和环境卫生管理条例
（2016年8月9日）

福建省

福建省湿地保护条例
（2016年9月30日）
福建省人大常委会关于修改《福建省人民防空条例》的决定
（2016年9月30日）
厦门经济特区促进中国（福建）自由贸易试验区厦门片区建设规定
（2016年9月1日）

江西省

江西省实施《中华人民共和国老年人权益保障法》办法（修订）
（2016年9月22日）

江西省传统村落保护条例

（2016 年 9 月 22 日）

江西省河道采砂管理条例

（2016 年 9 月 22 日）

南昌市燃气管理条例（修订）

（2016 年 10 月 8 日）

山东省

山东省预防未成年人犯罪条例

（2016 年 9 月 23 日）

山东省水路交通条例

（2016 年 9 月 23 日）

济南市人大常委会关于废止《济南市民办学校管理办法》的决定

（2016 年 9 月 23 日）

青岛市崂山风景区条例

（2016 年 9 月 23 日）

青岛市城市地下管线管理条例

（2016 年 9 月 23 日）

东营市城镇容貌和环境卫生管理条例

（2016 年 9 月 23 日）

烟台市森林防火条例

（2016 年 9 月 23 日）

济宁市大气污染防治条例

（2016 年 9 月 23 日）

威海市城市风貌保护条例

（2016 年 9 月 23 日）

菏泽市大气污染防治条例

（2016 年 9 月 23 日）

滨州市供热条例

（2016 年 9 月 23 日）

湖北省

湖北省人大常委会关于修改《湖北省流动人口服务和管理条例》的决定

（2016 年 9 月 14 日）

湖北省华侨权益保护条例

（2016 年 9 月 14 日）

湖北省乡镇人民代表大会工作条例

（2016 年 9 月 14 日）

黄石市工业遗产保护条例

（2016 年 9 月 20 日）

广东省

珠海经济特区公共安全技术防范条例

（2016 年 9 月 28 日）

江门市潭江流域水质保护条例

（2016 年 9 月 30 日）

海南省

海南省人大常委会关于修改《海南经济特区农药管理若干规定》的决定

（2016 年 9 月 28 日）

海南省乡镇人民代表大会工作条例（修订）

（2016 年 9 月 28 日）

海南经济特区渡口渡船安全管理规定

（2016 年 9 月 28 日）

海口市人大常委会关于修改《海口市城镇园林绿化条例》的决定

（2016 年 9 月 30 日）

三亚市山体保护条例

（2016 年 9 月 30 日）

三亚市河道生态保护管理条例
（2016 年 9 月 30 日）

重 庆 市

重庆市人大常委会关于修改《重庆市户外广告管理条例》等十三件地方性法规的决定
（2016 年 9 月 29 日）

重庆市旅游条例（修订）
（2016 年 9 月 29 日）

四 川 省

四川省人大常委会关于修改《四川省乡镇人民代表大会主席团工作条例》的决定
（2016 年 9 月 28 日）

成都市建设施工现场管理条例
（2016 年 10 月 17 日）

攀枝花市地方立法条例
（2016 年 10 月 11 日）

甘孜藏族自治州立法程序规定
（2016 年 10 月 8 日）

甘孜藏族自治州实施《四川省城乡环境综合治理条例》的补充规定
（2016 年 10 月 8 日）

甘孜藏族自治州集体人工商品林管理条例
（2016 年 10 月 8 日）

贵 州 省

贵州省乡镇人民代表大会工作条例
（2016 年 9 月 30 日）

贵州省大扶贫条例
（2016 年 9 月 30 日）

云 南 省

云南省大理白族自治州禁毒条例（修订）
（2016 年 6 月 29 日）

云南省大理白族自治州水资源保护管理条例
（2016 年 6 月 29 日）

云南省贡山独龙族怒族自治县独龙江保护管理条例
（2016 年 8 月 3 日）

云南省文山壮族苗族自治州广南坝美旅游区管理条例
（2016 年 8 月 2 日）

云南省文山壮族苗族自治州文山国家级自然保护区管理条例
（2016 年 8 月 2 日）

地方政府规章

天 津 市

天津市食品生产加工小作坊和食品摊贩监督管理办法
（2016 年 9 月 21 日）

河 北 省

河北省专职消防队伍建设管理办法
（2016 年 9 月 14 日）

辽 宁 省

本溪市电梯安全管理办法
（2016 年 9 月 23 日）
本溪市行政权力管理暂行规定
（2016 年 9 月 28 日）

上 海 市

上海市道路公共服务设施指示标志管理规定
（2016 年 9 月 22 日）
上海市行政规范性文件制定和备案规定
（2016 年 10 月 9 日）

江 苏 省

江苏省自然灾害救助办法
（2016 年 10 月 19 日）
南京市海上丝绸之路史迹保护办法
（2016 年 10 月 13 日）

浙 江 省

浙江省行政程序办法
（2016 年 10 月 1 日）
杭州市电梯安全管理办法
（2016 年 9 月 29 日）
杭州市人民政府关于修改《杭州市基本医疗保障违规行为处理办法》部分条款的决定
（2016 年 10 月 9 日）
宁波市人民政府关于委托下放一批行政许可事项的决定
（2016 年 9 月 12 日）
宁波市公路超限运输管理办法
（2016 年 9 月 14 日）

福 建 省

福建省碳排放权交易管理暂行办法
（2016 年 9 月 22 日）
福建省征地补偿和被征地农民社会保障办法
（2016 年 9 月 26 日）
福建省政务数据管理办法
（2016 年 10 月 15 日）

江 西 省

江西省人民政府关于修改《江西省流动人口服务和管理办法》的决定
（2016 年 9 月 21 日）
新余市人民政府拟订地方性法规草案和制定规章程序规定
（2016 年 9 月 22 日）

山 东 省

潍坊市人民政府规章制定程序规定
（2016 年 9 月 28 日）
滨州市城市供水管理办法
（2016 年 9 月 14 日）

河 南 省

郑州市规范性文件管理规定
（2016 年 9 月 23 日）
安阳市人民政府规章制定程序规定
（2016 年 9 月 8 日）

湖北省

湖北省人民政府关于修改《湖北省碳排放权管理和交易暂行办法》第五条第一款的决定
（2016年9月26日）

广东省

广州市人民政府关于保留下放取消行政许可备案事项的决定
（2016年9月30日）

深圳市人民政府关于废止《深圳经济特区城市绿化管理办法》等三项规章的决定
（2016年9月30日）

珠海经济特区城乡规划条例实施办法
（2016年9月21日）

广西壮族自治区

广西壮族自治区人民政府关于废止和修改部分政府规章的决定
（2016年9月26日）

柳州市政府规章制定程序办法
（2016年9月9日）

海南省

三亚市海岸带保护规定
（2016年10月11日）

三亚湾滨海公园保护规定
（2016年10月11日）

重庆市

重庆市居住证实施办法
（2016年9月12日）

云南省

云南省反走私综合治理规定
（2016年9月22日）

陕西省

榆林市人民政府规章制定程序规定
（2016年9月30日）

新疆维吾尔自治区

乌鲁木齐市建设工程安全生产管理办法
（2016年9月21日）

图书在版编目(CIP)数据

中华人民共和国新法规汇编. 2016年. 第11辑:总第237辑/国务院法制办公室编. —北京:中国法制出版社, 2016.11

ISBN 978-7-5093-7974-5

Ⅰ.①中… Ⅱ.①国… Ⅲ.①法规-汇编-中国-2016 Ⅳ.①D920.9

中国版本图书馆CIP数据核字(2016)第264740号

中华人民共和国新法规汇编

ZHONGHUA RENMIN GONGHEGUO XIN FAGUI HUIBIAN

(2016年第11辑)

编者/国务院法制办公室

经销/新华书店

印刷/三河市紫恒印装有限公司

开本/850毫米×1168毫米 32开 印张/9.75 字数/228千

版次/2016年11月第1版 2016年11月第1次印刷

中国法制出版社出版

书号 ISBN 978-7-5093-7974-5 定价:18.00元

北京西单横二条2号 值班电话:66026508

邮政编码100031 传真:66031119

网址:http://www.zgfzs.com **编辑部电话:66066621**

市场营销部电话:66033393 **邮购部电话:66033288**

(如有印装质量问题,请与本社编务印务管理部联系调换。电话:010-66032926)